马克思列宁主义
哲学文献丛书

❶

主　编　胡孝红
副主编　范　畅　郑来春　周德清　王　燕

人民日报出版社
北京

图书在版编目（CIP）数据

马克思列宁主义哲学文献丛书 . 1 / 胡孝红编 . –
北京：人民日报出版社，2020.12
ISBN 978-7-5115-6804-5

Ⅰ . ①马… Ⅱ . ①胡… Ⅲ . ①马列著作–哲学–汇编
Ⅳ . ① A563

中国版本图书馆 CIP 数据核字 (2020) 第 243778 号

书　　名：马克思列宁主义哲学文献丛书. 1
MAKESI LIENING ZHUYI ZHEXUE WENXIAN CONGSHU.1
主　　编：胡孝红

出 版 人：刘华新
责任编辑：刘　悦
封面设计：人文在线

出版发行：人民日报出版社
社　　址：北京金台西路 2 号
邮政编码：100733
发行热线：（010）65369527　65369512　65369509　65369510
邮购热线：（010）65369530
编辑热线：（010）65363105
网　　址：www.peopledailypress.com
经　　销：新华书店
印　　刷：天津雅泽印刷有限公司

开　　本：787mm × 1092mm　1/16
字　　数：328 千字
印　　张：41
版次印次：2020 年 12 月第 1 版　2020 年 12 月第 1 次印刷

书　　号：ISBN 978-7-5115-6804-5
定　　价：2980（全 5 册）

出版说明

经典的马克思主义理论体系包括马克思主义哲学、马克思主义政治经济学、科学社会主义三大部分。其中，马克思主义哲学是马克思主义理论体系的基础，其基本理论和方法论贯穿马克思主义的始终。马克思主义哲学是关于自然、社会和思维发展普遍规律的科学，是科学的世界观和方法论的统一，是辩证唯物主义和历史唯物主义的统一。马克思主义哲学伴随着资本主义生产关系的确立、阶级斗争的尖锐，以及自然科学的新发展而产生，是以实践为核心的、完整的、科学的理论体系。实践的观点是马克思主义哲学首要的和基本的观点，因此在世界范围内的传播与应用时，本土化、民族化是必不可少的环节，也是学说的内在要求。

列宁哲学思想，是马克思主义哲学俄国化的产物，也是马克思主义哲学的新发展。它根植于俄国思想与文化传统之中，源于俄国革命和社会主义建设实践，并随着革命与建设实践的深入而不断丰富、发展。列宁不仅是卓越的革命家，也是理论家与实践家。在继承马克思主义哲学的基础上，他结合本民族的历史与现实，进行了一系列积极探索：以唯物辩证法为理论武器，提出“帝国主义论”；指出要辩证地看待资本主义的文明和文化，利用“国家资本主义”这一形式和途径，向社会主义过渡，等等。民族性、实践性、批判性、党性是列宁哲学思想的主要特色。

十月革命的伟大胜利、世界第一个社会主义国家的诞生，是马克思主义俄国化的最重要成果，也对中国产生了深远影响。中国一大批先进的知识分子就是在十月革命的感召下，成为马克思主义者，并推动马克思主义哲学在中国的广泛传播。这一过程大体可分为启蒙传播和系统传播两个阶段。19世纪末，早在俄国十月革命以前，马克思学说已经通过一些留洋国外的学生和先进知识分子介绍到中国。1899年，中国的《万国公报》通过翻译登载的英国社会进化论者基尔特的《社会进化》这篇文章，首次介绍了马克思主义理论。“戊戌变法”失败后，资产阶级维新派领袖梁启超流亡日本，开始接触到马克思的著作。随后，梁启超在《新民丛报》上发表了一系列介绍马克思主义的文章，成为最早介绍马克思及其学说的中国人。与梁启超同时接触并开始传播马克思主义的，还有留日或者曾经长期居住在日本的同盟会革命者或早期国民党人，其主要代表人物有孙中山、朱执信、马君武、宋教仁、廖仲恺等。“五四”运动以来，中国早期的共产主义者中，李大钊、陈独秀、李达、李汉俊、瞿秋白、蔡和森等，为了寻找救国救民的道路，开始研究与翻译马克思列宁主义著作，并有意识地将之与中国的共产主义运动联系起来。由此，马克思主义的文章较多地见诸报纸杂志。1919年5月，李大钊在《新青年》第六卷第五期“马克思主义专号”上发表了全面系统地介绍马克思主义的专著《我的马克思主义观》。这标志着马克思主义在中国进入比较系统的传播阶段。1920年3月，李大钊在北京发起了中国最早的一个学习和研究马克思主义的团体——马克思学说研究会，促进马克思主义在中国更大范围的传播。随后，各地共产主义小组相继成立，其主要任务就是有计划、有组织地通过大众传播媒介宣传马克思主义，马克思主义经典著作也开始了有组织的译介与出版。在中国共产党发起组织之一的上海党组织支持、帮助下，1920年8月陈望道翻译的《共产党宣言》第一个中文版全译本以“社会主义研究社”名义出版，这是中国首次以单行本形式出版的马克思主义经典著作。1920年9月，《新青年》杂志成为上海共产主义小组的机关刊物，公开进行马克思主义的宣传，马克思主义在中国的传播有专门的理论阵地。1921年中国共产党成立后，这一点得到进一步强化。苏联、德国、日本等国学者撰写的大量马克主义著作被译介至国内。这一时期的中国人对马克思主义已经有了一个较为系统、全面的了解。1937年，李达的《社会学大纲》出版，该书被毛泽东誉为“中国人自己写的第一本马列主义哲学教科书”。毛泽东哲学思想是马克思主义哲学中国化的第一个系统化的标志性成果，是毛泽东思想的重要组成部分。《反对本本主义》（原题为《调查工作》）写于1930年5月，是毛泽东为了反对当时红军中的教条主义思想而写的，是奠定了毛泽东哲学思想基础的一篇极其重要的文章。

如果说马克思主义哲学的出现为世界回答了“人类向何处去”的时代问题，那么马克思主义哲学在中国的传播、“中国化”的过程，则是中国马克思主义者不断探索将马克思主义哲学与中国实际相结合，回答“中国向何处去”的问题。中国共产党坚持把马克思主义基本原理同中国具体实际相结合，不断推进马克思主义中国化，先后形成了毛泽东思想、邓小平理论、“三个代表”重要思想、科学发展观、习近平新时代中国特色社会主义思想等重大理论创新成果，指引中国人民取得一个又一个伟大胜利。这其中蕴含的哲学思想，也印证了马克思主义哲学强大的生命力。当下，中国特色社会主义进入新时代，如何让马克思列宁主义哲学在新的历史时期绽放新的光彩，是我们这个时代所要回答的问题。为此，我们系统整理了我国20世纪20年代至40年代出版的马克思列宁主义哲学相关文献，以期为读者清晰地呈现马克思列宁主义哲学在中国早期的传播路径，从而为我国新时代马克思列宁主义哲学研究提供历史参考。

总目录

第一册

第二册

第三册

第四册

第五册

第一册

目录

馬恩通信選集

解 放 社 編

目　　錄

爲無產階級政黨而鬥爭的書信

——柯柏年譯·徐冰校——

一　馬克思致恩格斯的信*

一八六四年十一月四日於倫敦

國際工人聯合會**

不久以前，倫敦的工人爲了波蘭事件，致書巴黎的工人，要他們在此事件中採取共同行動。

巴黎工人派了代表到倫敦來，爲首者是工人託蘭

---

* 馬克思不祗是工人階級底偉大理論家，而且是世界共產黨底指導者與創始者。馬克思與恩格斯爲了無產階級黨底創造與團結，而進行頑强的鬥爭，歷數十年。一八八九年，恩格斯在致丹麥社會主義者特里爾 (Trier) 的一封信中，關於這種鬥爭寫過以下的話：『無產階級爲要在决定勝負的日子有充分的力量可以勝利，他必須建立一個特別的政黨，與一切其他的政黨分開，與他們相對立，這卽是說建立一個有階級意識的階級政黨；——馬克思與我自從一八四七年以來就抱着這種主張。』（恩格斯致特里爾的信，一八八九年十二月十八日

一八四六年時，恩格斯便已經進行反對『真正的社會主義』[illegible]小資產階級觀點的鬥爭；（參閱『共產黨宣言』中文本解放社版第四十九頁）

(Tolain)。託蘭是在巴黎最近選舉時本來的工人候選者，是一位很和藹可親的人（他的同伴也都是很和藹可親的青年）。一八六四年九月二十八日，在聖馬丁堂(St. Martin Hall)舉行公開的大會；這個大會是由爲特

他在巴黎的一個德國工人訓練班中，對於共產黨底任務曾有如下的規定：一、與有產者利益相違反着，實現無產者的利益；二、以廢除私有財產與代之以財產共有制來實現之；三、除了暴力的民主革命外，不承認有其他實行此種意見的方法。（一八四六年十月二十三日恩格斯致馬克思的信，見『馬恩全集』，第三部，第一卷，第五十頁）

馬克思與恩格斯所進行的建立一個眞正的無產階級政黨的鬥爭，在他們底通信中反映得十分明顯。

列寧說：這通信集寫道，它包含着『無產階級基本目的之最深刻的了解，並依據着這些革命目的底觀點，對策略底某些任務之異常富有伸縮性的規定，對機會主義或對革命的空談毫不讓步』。（見『列寧全集』，俄文版，第十七卷，第三十頁）

馬克思與恩格斯往來的書信，顯示出他們兩人五十年來在國際工人運動底隊伍間的不屈不撓的鬥爭。我們這裏所選印出來的他們的書信，只不過一些個別例子，例示馬克思與恩格斯兩人爲建立一個眞正的工人階級革命政黨，而對各式各樣的右的與『左的』機會主義進行澈底的、頑强的與熱烈的鬥爭。馬克思與恩格斯在他們致第三者的書信中所論及的一切本質上的問題，他們兩人的意見，是完全一致的。所以，恩格斯當馬克思在世時寫給柏克爾(Becker)、左爾格(Sorge)、倍倍爾(Bebel)、伯因斯坦(Bernstein)和別人的信，所發表的見解，是這兩位國際無產階級導師底共同見解。——編輯部註

格（Odger）（鞋匠，全倫敦工會聯合會底會長，又特別是與布萊特（Bright）有關係的『工會選舉權鼓動協會』底會長）與克雷麥（Cremer）（建築工人與建築工人工會底書記）所召集的。（這兩人，在布萊特指導之下，爲北美事件***召集工會大會開會於聖哲姆堂（St. James Hall），爲加里波的宣言（Garibaldi manifestations）也同樣召集大會）他們派勒路伯茲（Le Lubez）來見我，問我願否代表德國工人參加，特別是問我能否派一個德國工人到大會去演講。我派厄卡里亞斯（Eccarius）去，他演講得很好。我自己在講台上做一個啞角幫助他。我知道，在倫敦與巴黎這兩面，這一次出現了眞正的『勢力』，所以，我決定把我對這類邀請都加以拒絕的常規取消了……又決議於一八六五年召集工人大會於比利時****。大會又任命下列諸人，組織一個臨時委

** 這封信是討論第一國際——它『安下了無產者爲社會主義的、國際的鬥爭底基礎』。（列寧）——之創立，及第一國際底『創立宣言』是在什麽條件下寫成的。 ——編輯部註

*** 這是指美國的內戰，工業的北部與擁有奴隸的南部之間的內戰（一八六一——六五年）。 ——編輯部註

**** 第一國際底第一次大會，不是在一八六五年，而是在一八六六年舉行的；不是在比利時，而是在瑞士開會（日內瓦）。

——編輯部註

員會：烏特格、克雷麥，還有別的好幾位——一部分是老的憲章運動者，一部分是老的歐文主義者等等——代表英國；烏爾佛、馮丹那（Fontana），和其他意大利人，代表意國；勒路伯茲諸人代表法國；厄卡里亞斯與我代表德國。大會授權與臨時委員會恣意選收會員。

（勒路伯茲是一個三十幾歲的法國青年，但他生長於澤稷與倫敦，英語說得極好，是法國工人與英國工人之很好的居間人。）（音樂教師與法文教師）

會場的人，擁擠得透不過氣來（現在顯然表現出工人階級底再活躍）。在大會中，烏爾佛少佐（圖恩·塔西斯，加里波的底副官）代表着倫敦的意大利工人協會。大會決定創立國際工人聯合會，總委員會設於倫敦，爲德國、意國、法國和英國各國工人協會間的『媒介』。

到這裏爲止，情形是很好的。我出席了委員會底第一次會議。任命一個小委員會（我也在內），以起草原則宣言與臨時規約。我因爲身體不好，不克出席小委員會底會議，以及隨後的全體委員會底會議。

在我所沒有出席的兩次會議——小委員會底會議與隨後的全體委員會底會議——中，發生了下面這些事情：

烏爾佛少佐提出意大利工人協會（它沒有一個中央組織，可是後來顯露出它在本質上是聯合的協濟會）底規約，以備新協會採用。我後來看到了那份規約，它顯然是馬志尼（Mazzini）底著作，所以，你已可知道它討論眞正的問題——工人問題——時，是抱着那種精神，用着那種辭句了，而且是怎樣把民族問題插進去的。

此外，又有一個老歐文主義者威斯頓——他自己現在是一個製造廠主，是一位非常可愛可敬的人物——起草了一個思想極紊亂而又冗長的綱領。

後來的總委員會會議，就委託小委員會去修改威斯頓底綱領與烏爾佛底規約。烏爾佛自己離開倫敦，往那波里出席意大利工人協會大會，以決定使它加入倫敦的中央聯合會。

另一次小委員會會議，我又沒有出席，因爲通知我開會是通知得太遲了。在這次會議中，勒路伯茲提出了『原則宣言』與烏爾佛底規約底改作，由小委員會通過交付總委員會討論。總委員會於十月十八日開會。厄卡里亞斯寫信給我說，遲延就有危險。我於是赴會，當聆聽可敬的勒路伯茲誦讀一篇辭句修飾得太過、但寫得很不好、而又完全未成熟的序言——冒稱爲原則宣言時，我確爲之吃驚。那篇序言隨處都可發覺出馬志尼的思想，而其全部是披蓋着法國社會主義底最模糊的爛衣。此外意大利的規約是大體上被通過了，除了其他的一切錯誤之外，還企圖要建立一種在事實上完全不可能的歐洲工人階級底中央政府（站在這中央政府背後的，自然是馬志尼）。我提出很溫和的反對，經過了長時間的一來一往的討論，厄卡里亞斯提議小委員會應將此事再交給它底『起草委員會』修改。同時又表決通過了勒路伯茲底宣言所包含的『旨趣』。

二天之後，十月二十日，克雷麥（代表英國工人）、馮丹那（代表意國工人）與勒路伯茲在我家中開會（威斯頓不能出席），一直到現在，我還沒有拿到這些文件（烏爾佛與勒路伯茲的），所以事先不能有什麼準備；但堅決地確定，如果是可能的話，決不許原文有一行留存。爲要取得時間，我提議在我們『修改』之前，我們應先『討論』規約，照我這個提議實行。當大家對四十條規約底第一條得到同意時，已是午夜後一點鐘了。克雷麥就說（這正是我所期望的）：在十月二十五日委員會開會的時候，我們並沒有什麼東西可提出，我們必須把會期延到十一月。這樣，小委員會可以在十月二十七日開會，努力求得一個確定的結果。這個提議通過了，『文件』就『留給』我研究。

我見到，從這些草案中是作不出什麼東西的。爲了辯解我整理這已經『通過的旨趣』所用的一種極特別的方式，我就寫了『告工人階級書』（An Address to The Working Class），（一種對於一八四五年以來工人階級底各種事件的回顧；這是原來計劃所無的），因而藉口說一切事實的東西都已經包括於『告工人階級書』，我們不應把同一的東西重複說三遍，就把序言全部變更，把原則宣言刪去，最後又把四十條規約改爲十條。在『告工人階級書』中，論及國際政治時，我不說各民族，而說各國，我不申斥小國，而申斥俄國。我底建議，全部爲小委員會所通過。不過要我負責把『義務』與『權利』這兩個名詞採用入於規約底序言中，同樣地，也要採用『眞理、道德與正義』；但我把它們安插得不會發生什麽害處。……

要使我們的見解表現在爲工人運動底現在的立場所能接受的方式內；——這件事情是很困難的。這些人在幾個星期後，就會爲選舉權而與布萊特和柯勃登（Cobden）開會去了。要復醒了的工人運動容許言辭底老的勇敢性，是還需要時間的。內容强硬而形式溫和；這是必要的。東西一印出，我就送給您*。

* 參閱第一國際底「創立宣言」。

——編輯部註

二　馬克思致顧格曼的信

一八六五年二月二十三日於倫敦

我昨天接到你底非常有興味的信，現在我在各點上來回答你。

最先，我簡單說明我對拉薩爾的關係。在他從事實際鼓動時期，我們的關係是斷絕了：（一）因爲他自畫自讚的吹法螺，同時他最無恥的剽竊我的著作等等；（二）因爲我非難他的政治策略；（三）因爲在他的鼓動以前，我已在倫敦這裏，對他很詳細解釋並『證明』了：『普魯士國家』底直接的社會主義的干與，是很荒謬的。在他寫給我的許多信（從一八四八至一八六三年）中，和在我們兩人親自會見中一樣，他總是聲明他是我所代表的那個黨底信徒，當他（於一八六二年末）在倫敦自己確知不能再對我玩弄他的詭計時，他就決定反對我，把舊時的黨僭稱爲『工人底獨裁者』。雖有這一切，就是在他的短促的生命底末年時他底鼓動對於我是兩面性的，我還是承認他的鼓動底功績。他底驟然的死，舊日的友情，哈茨斐爾德伯爵夫人寫來的悲哀的信，對於資產階級報紙之憤懣（因爲資產階級報紙當他在世的時候對他非常懼怕，他死後却以卑怯的無禮對待他）——這一切使着我發表了一篇簡短的聲明，反對貧困的盲目，可是在這篇聲明中並沒有講到拉薩爾活動底內容。（哈茨斐爾德把這篇聲明送到『北星』發表）

爲着同樣的理由，並希望能夠把我認爲危險的因素除去，恩格斯和我就答應寄稿給『社會民主主義者』（他發表了『創立宣言』底德譯文，當蒲魯東死時，由於編輯者的請求，我爲他寫了一篇關於蒲魯東的論文，在舒維澤（Schweitzer）把他的令人滿意的編輯工作計劃送給我們之後，我們就答應列名爲撰稿者。李卜克內西担任編輯部底非正式的編輯，對我們又多一層保證）。

可是，不久，我們得到了證據，知道拉薩爾事實上叛變了黨*。拉薩爾與俾斯麥訂立正式的契約（自然，

* 不久之後，舒維澤『繼續執行』拉薩爾底政策，擁護俾斯麥，已成爲顯明的事。因爲這個緣故，馬克思與恩格斯以及李卜克內西，都公開拒絕再投稿於『社會民主主義者』。

——編輯部註

他手中是沒有什麼保證的）。在一八六四年九月末，他到漢堡去，在那裏（連同癲狂的斯拉姆與普魯士的警探麥爾）强迫俾斯麥合併什列斯威——好斯坦(Schleswig-Holstein)*，這卽是說，以『工人』底名義來宣佈這種合併等等。俾斯麥答應普遍選舉權與幾種冒牌社會主義的設施，作爲酬報。可惜，拉薩爾不能把喜劇演舉。他把他顯露爲一個非常滑稽的受愚弄的！一切企圖着使這種方式永遠不會再行發生。

拉薩爾陷入這個歧途，因爲他是密圭爾（Miquel）一型的『現實政治家』，只是規模比較大，目的比較遠〔順便說一說，我對於密圭爾早就看得很清楚，我認爲他的得勢是由於國民聯合會（Nationalverein）**，對於這位渺小的漢諾威(Hanover)的律師是一個光彩的藉

* 什列斯威與好斯坦這兩個公國。已是通過一個個人聯合與丹麥聯繫着，普魯士企圖吞併這兩個公國。拉薩爾建議於俾斯麥對丹麥宣戰與合併什列斯威——好斯坦，他並且答應『以工人底名義』擁護俾斯麥此舉，如果俾斯麥答應施行普選制。 ——編輯部註

** 國民聯合會成立於一八五九年九月，是一部分普魯士資產階級底組織，宣傳日耳曼各邦——除奧地利之外——底統一，以普魯士爲盟主。從這個國民聯合會，後來產生出大資產階級的國民自由黨；國民自由黨是俾斯麥政策底的主要擁護者之一。

——編輯部註

口，使全德國在它的四個區域以外都聽到他的言論，這樣提高了的『現實』，把他自己再反應到漢諾威內地，使他在『普魯士』保護之下扮演『漢諾威的』米拉波(Mirabeau)』。一如密圭爾及其現在的朋友拉住的普魯士攝政親王所創始的『新時代』，以便使國民聯合會會員緊靠『普魯士的元首』，一如他們是一般地在普魯士保護之下發展着他們底『市民的自負心』；拉薩爾也這樣以烏可馬克(Uckermark)的腓力普第二(Philip II)來扮演無產階級底波莎侯爵(Marquis Posa)，而俾斯麥則做他與普魯士王國之中間人。他不過是仿效着國民聯合會底先生們。雖然那些引起了有利於中等階級的普魯士的『反動』，拉薩爾是爲着無產階級的利益與俾斯麥握手。那些先生們的行爲，是比拉薩爾更爲正當，因爲資產階級已慣於把在他眼前的利益視爲『現實者』，而且在事實上，這個階級到處都甚至對封建主義也已妥協，依事件底性質，勞動階級却是眞正革命的。

對於像拉薩爾那樣的戲劇似的自負的天性（可是他不是官職、市長職等等這一類的微末的廢物所能賄買的），是一個極有誘惑力的思想：一件直接爲着無產階級的利益而由拉薩爾執行的事業！他事實上對於這事業底眞實的經濟條件是太無知了，使他不能誠實地批評自己！在另一方面，卑劣的『現實政治』——使德國資產階級容忍一八四九至五九年的反動並對於人民底愚化旁觀的『現實政治』——使德國工人『墮落』了，要他們不歡迎這位答應幫助他們一躍就進入樂土的大言不慚的救主，是辦不到的啊！

前面中斷了的話頭，現在再拾起來吧。『社會民主主義者』才創立，年老的哈茨斐爾德就要執行拉薩爾底『遺囑』。她經過華格納（『十字報』的）與俾斯麥發生關係。她把工人協會（全德國的），『社會民主主義者』等等都交歸他處理。什列斯威—好斯坦之合併，將在『社會民主主義者』上宣佈，並一般承認俾斯麥爲保護者等等。這整個美妙的計劃失敗了，因爲我們有李卜克內西在柏林在『社會民主主義者』底編輯部。恩格斯與我對於『社會民主主義者』的編輯法，對於它之阿諛拉薩爾，對於它之不時向俾斯麥賣俏等等雖然都厭惡，但我們暫時還是要公開贊助這份報紙，使年老的哈茨斐爾德底陰謀失敗，並阻止工人黨底完全妥協，這自然是更爲重要的。因此，我們要以良好的態度，去應付惡劣的工作，雖然我們時常私下寫信給『社會民主主義者』叫它對俾斯麥也要像對進步主義者一樣反對。我們甚至對高慢的妄人柏克爾——他對拉薩爾在遺囑中給他的重要性十分當眞——反對國際工人聯合會的陰謀，也加以容忍。

在這個時候，舒維澤在『社會民主主義者』所發表的論文，更加俾斯麥氣味了。我以前曾寫信給他說，在『結社問題』(Koalitionsfrage) 上是能夠威嚇進步主義者的，而普魯士政府却永遠不會承認完全廢除結社條例(Koalitionsgesetze)，因爲這會引起官僚主義之破壞，工人之開放，僱傭制度之毀滅，農村中貴族壓制之廢除等等，這一些，都是俾斯麥所决不容許的，而且，都是與普魯士的官僚主義的國家完全不相容的。我來補充說，如果議會把結社條例否决了，政府一定會借助詞令（如像『社會問題需要「更深刻的」步驟』這類的詞句），以維持它。這一切都證實了。舒維澤做什麽呢？他寫了一篇擁護俾斯麥的論文；把他所有的勇氣都節省來對付像舒爾茨 (Schulze)、佛查 (Faucher) 等等這一類無限微小的人物。

我相信舒維澤等等是誠意地思量着，但他們是『現實政治家』。他們要順應着現存的情况，而不願把『現實政治』底特權讓給密圭爾這一派所獨享（密圭爾派好像是要保留着他們與政府相融合之權利）。他們知道工人報紙與工人運動，在普魯士（因而在德國的其他各地）之所以能存在，完全是靠着警察底恩寵。所以，他們承受原來的事態，而不願激怒政府，正如我們的『共和主義的』現實政治家願意『容忍』一個荷亨左倫王室的人物做皇帝一樣。

我既然不是一個『現實政治家』，覺得有與恩格斯共同簽名發表一封公開聲明書宣佈與『社會民主主義者』斷絕一切關係之必要（這封公開聲明書你不久就可在這份或那份報紙看到的）。你同時也將了解爲什麼目前我在普魯士已不能有所作爲。那裏的政府直接拒絕恢復我在普魯士的公民權。在那裏只容許我在俾斯麥所合意的形式內從事鼓動。

我在這裏百倍地通過國際工人聯合會從事鼓動。國際工人聯合會對英國無產階級的影響是直接的，而且是有最高的重要性。現在我們在這裏從事鼓動普選權的問題，這個問題在這裏與在普魯士有完全不同的意義。

就整個來說，國際工人聯合會底進步，在這裏，巴黎、比利時、瑞士和意大利，全超出預料之外。只是在德國，拉薩爾底後繼者自然反對着我，第一，他們愚蠢地怕失去他們的重要性，第二，是他們知道我是斷然地反對德國人所稱爲『現實政治』的（使德國比所有的文明國落後這麼遠的，正是這一類的『現實』）。

既然是每個人只要付出一個先令買會員證就算是聯合會底會員；既然是法國人（比利時人也同樣）採擇這種個人會員底形式，因爲法律禁止他們以團體來加入我們的聯合會；既然在德國的情形也是相同，我現在就決定要求在這裏的和在德國的朋友們，不論他們在什麽地方，都組織小團體——會員人數之多少是沒有關係的——每人都買一張英國會員證。英國的團體既然是公開的，連在法國這樣進行也不遭受什麽阻礙。如果您也在鄰近的地方用這樣的方法與倫敦聯絡，我是很高興的。

三　馬克思致顧格曼的信

一八六六年十月九日於倫敦

……我對於在日內瓦的第一次大會*，曾經十分担心。可是，就整個來說，超過我的預期，結果良好。在法國、英國，和美國的影響是出乎預想之外。我不能，也不願到日內瓦去，但寫了倫敦代表團底綱領。我故意把綱領只限於容許工人直接和協與共同行動，以及直接給予階級鬥爭底需要和工人組織成爲階級之需要以養料與推動的幾點。

巴黎的先生們腦子充滿着最空洞的蒲魯東主義的文句。他們空談着科學，實則一無所知。他們輕蔑一切的

---

* 第一國際底第一次大會，是在一八六六年開會於日內瓦，討論第一國際底規約和組織，工會問題，合作社問題，以及許多別的問題。主要依靠於法國代表特別是巴黎代表們的蒲魯東信徒們在大會上有着大的影響。

——編輯部註

革命的行動——卽是，從階級鬥爭本身所發生的行動，一切集中的社會運動，因而一切以政治方法（如，在法律上規定工作時間底縮短）來實現的運動。借着自由底口實，借着反政府主義或反強權個人主義底口實——這些先生們在十六年來，泰然地忍受了最悲慘的專制主義，而現在還忍受着呢！*——他們在實際上是宣傳着正規的資產階級的經濟，不過是把它蒲魯東式地理想化罷了！蒲魯東惹起了極大的禍害。他的對空想主義者之似是而非的批判與似是而非的反對（他自己是一個庸俗的空想家，可是在傅立葉、歐文等人底空想中，却有一個新的世界之預見與想像的描寫），最先吸引並誘惑『優秀的青年』、學生，後來又吸引並誘惑工人，尤其是巴黎的工人，這些奢侈工人，緊附着於舊垃圾，而不自知。他們是無學識的、虛浮的、傲慢的、空談的、誇張的、自負的，已到了將要敗壞一切的地步，因爲他們赴會的人數完全不合乎他們的會員人數的比例。我將在報告中隱蔽地打擊他們。

同時在巴爾提摩開會的美國工人大會，給了我大的喜悅。那裏的口號是：『組織起來，以進行反對資本的

---

* 路易·波拿巴（Louis bonaparte）政變後的十六年。（參看「拿破崙第三政變記」）
——編輯部註

鬥爭。』可注意的是，我爲日內瓦大會所提出的那些要求之大部分，在那裏同樣由工人底正確本能提出來了。

這裏的由我們的中央委員會——我在裏面是進行了好的工作——所喚起的改良運動，現已達到很廣大的和不能抗禦的範圍了*。我始終是在幕後。現在既已在進行着，我也就用不着再掛慮它了。

* 英國的工會，與第一國際底中央委員會合作，發展了一八六六年至六七年的廣大的改革選舉制度的運動（擴大選舉權，使更廣泛的工人與人民中的較貧的階層都有選舉權）。

——編輯部註

四　馬克思致恩格斯的信

一八六七年九月十一日於倫敦

……在下次的布魯塞爾大會*上，我將親自對那些蒲魯東派底蠢才們給以最後的打擊。我曾用外交的方式來處理了整個事件，而且，在我的書還沒有出版與我們的國際工人聯合會還沒有鞏固以前，我不願親自出面。再者，在總委員會底報告中，我將鞭打他們一頓（這些巴黎空談家雖然極力反對可是阻止不了我們的再當選）**。

在這個時候，我們的國際工人聯合會有了很大的進步。卑污的『星報』，它以前企圖完全抹殺我們，昨天却在一篇社論中說我們是比和平會議還要重要。舒爾茨·

* 第一國際底布魯塞爾會議，開會於一八六八年。馬克思沒有出席那次大會，但他領導着它底準備工作。——編輯部註

** 馬克思是指在一八六七年九月第一國際底洛桑大會中的總委員會的選舉。在此大會上馬克思又被選入總委員會。——編輯部註

德里茲(Schulze Delitzsch)並不能阻止他的柏林的『工人協會』加入我們的國際工人聯合會。英國工會主義者中的豬狗們，以前我們對於他們『太遠』，現在却跑步走向我們這裏了。除了『法國信使』(Courier Francais)之外，紀蘭丁(Girandin)底『自由』(Liberte)，『世紀』(Siecle)，『世界』(Mode)，『法國新聞』(Gazette de France) 這些報紙，都登載着我們大會底消息。事態是在進展着的。在下次的革命(它也許比它所表露還要近些)時，我們(即是你與我)握有着這一架强有力的機器在我們手裏。將這來與馬志尼等在近三十年來的活動底效果比比看！而且，沒有金錢工具與巴黎的蒲魯東派，意大利的馬志尼，倫敦的嫉妬的烏特格、克雷麥、普德(Potter)諸人底陰謀比比看，與德國的舒爾茨•德里茲派和拉薩爾派比比看！我們大可以滿足呢！

五　馬克思致恩格斯的信

一八六九年三月五日於倫敦

……巴枯寧（Bakunin）想：如果我們承認他底『急進綱領』（Programme radical），他對此能大加宣傳，就可與我們——儘管是這樣少——妥協＊。如果我們聲明反對他底『急進綱領』，他就詆毀我們爲反革命者。此外，如果我們容認他們，他就準備在巴塞爾大會上以幾個流氓來幫助。我以爲應當在這個路線中來回答：

＊　這封信是討論第一國際總委員會與巴枯寧派之間的談判。巴枯寧是一個無政府主義者。巴枯寧派加入第一國際時，還保持着他們的祕密組織「社會民主主義聯盟」（„Alliance de la democratic socialiste''）。他們進行着猛烈的派別鬥爭，反對在馬克思領導下的總委員會，他們特別劇烈反對承認工人階級有進行政治鬥爭之必要，反對在第一國際隊伍中的中央集權與紀律。在一八七二年，巴枯寧被開除出第一國際。

——編輯部註

根據規約第一條，『抱着同一的目的，卽工人階級底保護、進步與完全的解放』的工人團體都得加入。

因爲在同一國內，各工人支部底發展階段，以及各國工人階級底發展階段必然地極不相同，因此，現實的運動，必然是表現於相差很大的理論形態中。

國際工人聯合會所產生的共同行動，通過各國支部底各機關之交換思想，最後，在大會上的直接的討論，將逐步創造出一般的工人運動之共通的理論綱領。

所以關於『同盟』底綱領，總委員會不必將它提付精密的審查。總委員會不用研究它是不是工人運動底適當的科學的表現；而只要問綱領底一般的目的是否不與國際工人聯合會底一般的目的——工人階級底完全解放——相矛盾就得啦！

這樣的非難，只適用於綱領第二條中的一句：『它最先是要各階級底政治的、經濟的與社會的平等化。』『各階級底平等化』，照字面上的解釋，就不過是資產階級的社會主義者所宣傳的『資本與勞動的協調』之另一說法。國際工人聯合會努力的最後目標並不是那在邏輯上不可能的『階級底平等』，而是那在歷史上爲必然的『階級底廢除』。但從那句話在綱領中的前前後後的關係看來，不過是一個筆誤。所以總委員會將這句可以引起嚴重的誤解的話，從綱領中删去，是沒有遲疑的。

以此爲前提，那末，讓每一個支部對它自己的綱領負責，是與國際工人聯合會底原則相符合的。所以沒有什麼東西妨礙着把『同盟』底諸支部轉變成爲國際工人聯合會底支部。

這事一經實現，新加入的支部之按照國籍、住所，與數目的統計，就應按照規則送到總委員會來。……

六　馬克思致波爾德的信

一八七一年十一月二十九日於倫敦

……國際工人聯合會已建立起來，以便以工人階級底眞實的鬥爭組織來代替社會主義的或半社會主義的宗派。這只要看最初的規約與『創立宣言』，就可一目瞭然。另一方面，如果歷史底進程不是已經把宗派主義打得粉碎了，國際工人聯合會也就不能保持。社會主義的宗派主義底發展與眞實的工人運動底發展常爲反比例。當宗派還是（歷史地）正當的時候，工人階級就還沒有成熟到可進行獨立的歷史的運動。工人階級一朝達到成熟，所有的宗派在本質上就都是反動的。歷史在各處所顯示的在國際工人聯合會底歷史中也重複着。陳腐的東西企圖在新獲得的形態之內，重新恢復並保持着。

有許多宗派與好事者底實驗企圖在國際工人聯合會內保持其地位，反對工人階級底眞實的運動；國際工人聯合會底歷史，就是總委員會對於它們的不斷的鬥爭。

這種鬥爭在大會中進行；但在總委員會與各個宗派個別討論中進行的，還要多得許多。

在巴黎，因爲蒲魯東主義者（互助主義者）*是國際工人聯合會底共同建立者，在最初的數年間，自然握有那個地方的指導權。後來，自然有集產主義派、實證主義派等等集團成立起來，與他們相對峙。

在德國是拉薩爾派。我自己與惡名昭著的舒維澤通信了二年；在這些通信中，我對他無可辯駁地證明了拉薩爾底組織只是宗派組織，與國際工人聯合會所期求的眞正工人運動底組織是不相容的。他不理解此事，自有他的『理由』。

一八六八年末，俄國人巴枯寧加入國際工人聯合會，他抱着一個目的，要在國際工人聯合會內造成一個以他爲領袖的第二國際，命名爲『社會民主主義同盟』，他——一個沒有任何理論知識的人——要求在那個特殊團體內代表國際工人聯合會底科學宣傳，而同時在國際工人聯合會內作爲這個第二個國際底特殊職務。

他的綱領，是膚淺地採取左派與右派一些東西而成

* 蒲魯東主義者自稱爲互助主義者；這個名稱是從 Mutuel（相互的）這個字出來的；蒲魯東主義者提出『互助』底口號。

——編輯部註

的混雜物——階級底平等（！）；財產繼承權底廢除作爲社會運動底出發點（聖西門底謬論）；無神主義作爲會員都必須遵守的教義等等；而主要的教義（蒲魯東主義的教義）是逃避政治運動。

這本兒童入門書，在意大利與西班牙（那裏的工人運動底現實的條件還不大發展）受到了歡迎，並且還有相當的立足地，而在說法語的瑞士與在比利時也有少數的虛榮的、野心的、空虛的理論家，歡迎着它。

教義（他從蒲魯東、聖西門等等所採取來的一堆廢物）對於巴枯寧是一種次要的東西——不過是達到他的個人主張之手段。如果他在理論上是等於零，他做一個陰謀家却是擅長的。

總委員會與這種陰謀（這陰謀是得到了法國的蒲魯東主義者——尤其是法國南部的蒲魯東主義者——之某種程度的支持）鬥爭了許多年。最後，總委員會由大會底決議第一之（二）與（三）項，第九，第十六與第十七，給它一個準備了好久的打擊＊。

總委員會在歐洲所反對的，在美洲也顯然不會擁護的。決議第一之（二）與（三）項和第九，現在給了紐約委員會以合法的武器，以終結一切的宗派與好事者集團，必要時可將他們開除。……

工人階級底政治運動，當然是以奪取政權爲其最終目的。爲此，工人階級之一種從經濟鬥爭自身中生長出來而已發展到一定程度的以前的組織自然是必要的。

可是，別一方面，每一個運動，在這兒工人階級是作爲一個階級去與統治階級相對立並企圖從外部以壓力強制他們，都是一個政治運動。例如：在某一個別工廠，或某一作坊中，以罷工等等強制個別資本家把工作時間縮短，這是一個純粹的經濟運動；反之，這運動如果是要以強力爭取八小時制等等的法律，那就是政治運動。在這個方式下到處都是從工人底個別的經濟運動中生長出政治的運動，這即是說，階級底運動，以便在一般的形態（具有一般的社會的強制力之形態）中實現它底利益。如果這些運動是以某種從前的組織爲前提的，那末，這些運動之本身也同樣是促進這個組織發展之手段。

在工人階級於組織上還沒有進步到能與集體權力

---

* 馬克思是指第一國際底倫敦大會（一八七一年九月）而言。這次大會是特別討論工人階級底政治組織之問題。馬克思說到的決議，是關涉下列的問題：第一之（二）與（三）項，國際工人聯合會之鞏固，總委員會底中央集權與領導作用之加强；第九，無產階級底獨立的政黨之必要，政治鬥爭與經濟鬥爭最密切的結合之必要；第十六與第十七，巴枯寧主義的小組織（『社會民主主義同盟』）之取消。

——編輯部註

——即統治階級底政治權力——作決戰的地方，不論如何，必須經過不斷的鼓動以反對統治階級底政治，對統治階級底政治採取敵視的態度，以訓練工人階級。否則，工人階級將依然爲統治階級所玩弄；法國九月革命，就證明此點，格蘭斯頓一派在英國到現在還在玩弄得很成功的把戲在一定程度內也證明了此點*。

* 關於法國一八七〇年九月四日的革命，參閱『法蘭西內戰』。馬克思所說的『格蘭斯頓底把戲』，是指格蘭斯頓所領導的資產階級黨與自由黨員對於工會領袖之影響。——編輯部註

七　恩格斯致顧諾的信

一八七二年一月二十四日

……巴枯寧直到一八六八年一向是陰謀反對國際工人聯合會的，到了他在伯恩和平會議*大失敗之後，他加入了國際工人聯合會，但立即又在國際工人聯合會內部陰謀反對總委員會。巴枯寧有他的獨有的理論——蒲魯東主義與共產主義底混雜物，而對於第一個的主要點是，他不把資本，因而不把由社會的發展所發生的資本家與工資勞動者之階級對立，視爲應廢除的主要弊害，而反以爲國家是主要弊害。社會民主主義工人底廣大羣衆，抱着與我們相同的見解，認爲國家政權不過是統治階級——地主與資本家——所造出的組織，以保護他們底社會的特權；巴枯寧却主張謂國家創造出資本，資本

---

* 資產階級的政治的和平聯盟，在一八六八年九月開大會於伯恩。巴枯寧參加那個大會。——編輯部註

家只是由於國家底恩澤得到他的資本。因爲國家是主要弊害，一定要首先把國家廢除，然後資本自己就會滅亡。反之，我們主張說：廢除資本，即廢除全部生產手段之爲少數人所佔有，然後國家自己就會滅亡。這個差別，是本質上的差別：不先有社會革命而要廢除國家，這是胡說；資本底廢除，其本身就是社會革命，並包含着生產方法全部之變更。可是因爲巴枯寧以爲國家是主要弊害，凡能維持任何國家（不論是共和國，君主國，或其他）底存在的行爲，都不應作。所以，完全逃避一切的政治。幹政治的行動，尤其是參加選舉，那就是背叛了原則。應該從事宣傳，咒罵國家，進行組織，當所有的工人都信從時，這即是說，已取得大多數時，就能免一切官吏，廢除國家，而以國際工人聯合會底組織代替之。這個偉大的行動——千年王國便是以此開始的——稱爲社會的清算。

這一切，似乎是極急進的，而且是簡單到五分鐘就能記熟；所以這種巴枯寧學說在西班牙與意大利的青年律師、醫生與別的理論家之中，很快地受到歡迎。但是，工人羣衆決不會相信他們自己國內的公共事務，並不就是他們自己的事務；他們在本性上就是政治的，誰要欺瞞他們說他們應該放棄政治，結局他們會使他停止的。宣傳叫工人不論在什麼情況之下都不可參加政治，就是驅工人入於僧侶或資產階級共和主義者之手。

因爲據巴枯寧底意見，國際工人聯合會並不是爲政治鬥爭而建立的，爲要使它在社會的清算實現之後，就可立即以它代替舊有的國家組織，這樣它就必須盡可能地接近於巴枯寧底未來社會的理想。在這個未來社會中，最重要的，就是沒有『權力』，因爲權力等於國家，等於絕對禍害。（怎樣經營一個工廠，怎樣管理一條鐵路，或者怎樣開駛一隻船，如果沒有一個最後的決定的意志，沒有一個統一的指導，他們自然是沒有告訴我們的）多數者對於少數者的權力也應停止的。每一個人，每一個市鎮，都是自治的。但是，一個社會，就使是只由二個人組成的，如果各人都不放棄他底自治權底一小部分，怎樣可能組成社會呢？巴枯寧對這個問題，又是默無一言。國際工人聯合會也一定要依照這個模型修改：每一支部，支部中的每一個人，都是自治的。該死的巴塞爾決議案＊，它把有害的甚至使其墮落的權力，給予總委員會。即使這種權力是自由讓與的，也必須停止，因爲它是權力。

你在這兒便簡短地看到了欺騙者底主要點。……

＊ 恩格斯所指的，是國際工人聯合會巴塞爾大會（一八六九年九月）底決議，這些決議擴大了總委員會底權限。巴枯寧主義者進行一個猛烈的運動，要把這些決議取消。 ——編輯部註

八　恩格斯致倍倍爾的信

一八七三年六月二十日於倫敦

……不要被『團結』的叫喊迷惑住。那些在口頭上最常說『團結』的，就是那些最會引起分離的人，正如現在瑞士的傑拉·巴枯寧主義者(『Jura bakunisten』)，一切分裂底創始者，但他們嘴裏所叫喊的再沒有比『團結』二字更多的了。這些團結狂熱者，或者是愚人，他們要把所有一切都攪在一種曖昧的粥裏，只是靜坐着，便可以重行恢復更尖銳的對立中的區別，因爲它們現在是攪在一個鍋裏（在德國那些宣傳工人與小資產階級相協調的人中便是最好的例證）——或者是有意識地或無意識地（如米爾伯格）僞造運動。因此最大的宗派主義者，與最大的吵鬧者和惡棍，在某種情形下是最響亮的叫喊團結者。在我們一生中，沒有什麽人比這些團結叫喊者給予我們更多的麻煩與詭計的。

每一個黨的指導自然都是期望成功；這也是極好

的。但是，有些場合，我們必須有勇氣犧牲暫時的成功，以求取更重要的東西。尤其是像我們的這樣的政黨，其最後的勝利是這樣的絕對確定，在我們一生中親眼看見它有這樣巨大的發展，暫時的成功決非總是絕對必要的。例如，國際工人聯合會在巴黎公社之後有巨大的成功。嚇慌的資產階級，以爲它是全能的。極大多數的會員以爲這樣的情形會永久繼續下去。我們却深知泡沫一定要爆裂的。一切的歹人都依附它。在它內部的宗派主義者，開始繁盛起來並濫用國際工人聯合會，希望人家會容許其最愚蠢的與卑劣的行爲。我們並不容許。我們深知泡沫總有一天要爆裂的，因此，我們所努力的，並不在於使破裂延緩，而是在於使國際工人聯合會一經過了這個破裂後能夠成爲潔白無垢的。泡沫在海牙大會爆裂了，你知道，大會會員大多數懷着失望的心情回去。可是，這些幻想着在國際工人聯合會中一定可以找到普遍的友愛與協調底理想而現在已告失望的人，他們回歸本國，差不多全都從事比在海牙大會所爆發的還要更劇痛的爭吵呢！現在，宗派主義的爭吵家宣傳着協調，並詆毀我們爲量窄者和獨裁者。如果我們在海牙大會中採取調和的態度，如果我們把分裂之爆發隱飾起——會得到什麼結果呢？宗派主義者，尤其是巴枯寧主義者，就會得到一年的長時間，藉着國際工人聯合會底名義，幹更重大的、愚蠢的與卑汚的事；最進步的國家中的工人，就會厭惡而離去了；泡沫便不爆裂，但已被針刺傷，定然會徐徐瓦解；而下次大會還是免不了爆發危機，變成爲最卑鄙的人們底醜史，因爲在海牙大會中早已把原則犧牲了。那末，國際工人聯合會當然滅亡了——因『團結』而滅亡了！然而我們現在已榮譽地把腐敗分子排除出去——列席於上次重要會議之公社會員說，沒有一次公社會議如像這一次對歐洲無產階級底叛徒的裁判會議，給了他們這麼可怕的印象——我們讓他們在十個月中用他們的全部力量從事於說謊、中傷、陰謀——而他們在那裏呢？他們，國際工人聯合會底多數者底所謂代表，現在聲稱他們不敢出席下次大會（詳見與這封信一同送往『人民國家報』的一篇論文）。如果我們再作一次的話，就大體來說，是不會有什麼不同的——策略上的錯誤自然是常犯的。

不論如何，我相信：拉薩爾派中的幹練分子，經過了一個時間，自己會歸向您，所以，在果子還沒有成熟時就要摘取下來，如團結論者所想的那樣，是不聰明的。

此外，年老的黑格爾已經說過：一個政黨發生分裂，並經得起分裂——這保證它是一個勝利的政黨。無產階級底運動，必然要經過種種的發展階段；在每一個階段都有一部分人落後，不再跟着前進。……

九　恩格斯致左爾格的信

一八七四年九月十二日於倫敦

……跟着您的辭職，舊的國際就完全結束了。這是好的。它是屬於第二帝國（Zweiten Kaiserreichs）底時代*，當時，風靡全歐洲的壓迫，使剛剛再甦生的工人運動不得不保持統一，並抑止一切內部的論爭。那正是無產階級底共同的世界主義的利益能夠顯示出來的時機。德國、西班牙、意大利、丹麥，已加入運動中或正在加入。運動底理論的性質，在全歐洲，即在羣衆中間，於一八六四年時，實在還是極不明確的。德國共產主義還沒有成爲一個工人政黨；蒲魯東主義還太微弱，沒有能力誇示其特有的幻想；巴枯寧底新雜貨，在他自己的頭腦中也還未有存在；連英國工會底首領們，也以

* 第二帝國，是一八五二——七〇年，拿破崙第三（路易·波拿泊）當法國皇帝的時候。　——編輯部註

為在『規約』底『詮議書』中所述的綱領之基礎上能夠加入運動的＊。第一次的偉大成功破壞了各派底素樸的結合。這一次的成功，就是巴黎公社。巴黎公社在精神上無疑地是國際工人聯合會底兒子——雖然國際工人聯合會並沒有動一隻手指去製造它——而且對於它，國際工人聯合會也很正當地被負起責任來。

當『公社』使國際在歐洲成為一個道德的力量的時候，爭吵就開始了。各派都要利用這個成功。不能避免的崩壞就到來了。德國共產主義者眞實願依照廣博的舊綱領而繼續努力，他們底勢力，一天比一天增加；對於他們勢力伸張之嫉妬，使比利時的蒲魯東主義者投入巴枯寧主義的冒險者底懷抱。海牙會議，就確實到了終末——對兩派都是個終末。只在一個國家，還能用國際工人聯合會底名義來幹點事：這就是美國。可幸的本能把指導部轉到美國去。現在，它底威望，在美國也已喪失了。要使它再有新生命的任何企圖，都是愚蠢的，白費氣力的。國際工人聯合會支配着歐洲——十年間歷史之一方面——未來所在的那一方面；是可以自豪地回顧其事業的。但是，在其舊形式中，它是已經過時了。要產

＊ 關於「詮議書」，請參看第一國際底『創立宣言』。

——編輯部註

生出一個新的國際，像舊國際一樣，爲各國所有無產階級政黨底同盟，會是工人運動底一種普遍的失敗，如像一八四九至六四年那時的情形一樣。可是，無產階級的世界現在已經太大、太廣了。我相信，下一個國際——在馬克思底著作已有好幾年影響之後——將直接是共產主義的，並將直接提出我們的原則。……

十 馬克思致左爾格的信

一八七七年十月十九日於倫敦

……在德國，我們底黨有一種腐敗的精神流行着；羣衆之間，還沒有像在領導者（上級的與『工人』）之間那麽盛行。

與拉薩爾派的妥協＊，也引起了與其他不澈底分子的妥協。在柏林(經過莫斯特)與杜林及其『崇拜者們』妥協。此外也與一羣半熟的大學生和超等聰明的博士們妥協；——他們要給社會主義一個『更高的理想的』轉變，這卽是說，要以近代的神話及其正義、自由、平等和博愛等女神來代替它底物質的基礎（如果是要使用它，就必須認眞地從事客觀的研究）。霍希伯格博士

＊ 這是指愛森那哈派與拉薩爾派在一八七五年哥達統一大會中所成立的妥協。詳見『哥達綱領批判』一書中『馬克思致勃拉克的信』。

——編輯部註

——他出版着『未來』這份雜誌——就是這一個傾向底代表者，他已把自己『買入』黨了——我假定他是具着『最高貴的』存心，但我對於『存心』是視爲不值一文的。如像他底『未來』底綱領的可憐的東西用它的更多『謙遜的自負』是很少看到光明的。

工人自己，當他們像莫斯特這一夥人一樣放棄了工作而成爲職業的文人時，他們就時常散佈理論的害毒，而且他們時常依附於那些從所謂『博學的』等級來的思想錯亂的人物。我們數十年來費了許多工作和努力從德國工人底頭腦中肅清了的東西，使德國工人在理論上（因而在實踐上），優越於法國和英國工人的東西——未來社會建設之幻想的空想社會主義——却又流行起來，不但與法國和英國的偉大的空想家來比，而且與魏特林來比，是採取着一種更空虛的形態。很自然的，在未有『唯物的批判的社會主義』的時期，『唯物的批判的社會主義』底萌芽是包含於空想主義裏面，現在既有了『唯物的批判的社會主義』，空想主義重來，它就只能是更愚蠢的；是愚蠢的，陳腐的，根本上反動的。……

十一　恩格斯致柏克爾的信

一八七九年七月一日

……在議會中，李卜克內西底不合時的溫和，很瞭然地在拉丁歐洲生出了一極不愉快的影響，而在德國人之間，也到處感到不愉快＊。我們立卽就在信札中這樣說出了。舊時的柔和的低聲鼓動會被監禁六個星期至六個月，這在德國已永遠告終了。不論現在的狀態是如何終結，新的運動是在一個或多或少的革命的基礎之上開

＊　恩格斯是指着一八七九年三月十七日李卜克內西在德國國會中的演講。李卜克內西在這演說中有一段說：

『……我們的黨是一個改良（照『改良』這名辭底最嚴格的意義來說）底黨，而不是作暴力革命的黨；以暴力的革命爲目標，那完全是胡說。……我決然否認我們的努力是「準對着」推翻「現在的國家與社會制度」。』（見『德國國會會議報告』，柏林，一八七九年，『北德一般新聞』書店出版，第四四一頁）

——編輯部註

始的，所以，必然有一個比既往的第一個運動時期要堅決得多的性質。『和平完成目的』這句話，或者是不再用得着，或者是要用得更認眞。當俾斯麥使這句話成爲不可能而把運動擲入革命的方向時，他對於我們有非常巨大的貢獻，不只是足以抵消那由於抑止我們的鼓動所生的些微的害處。

另一方面，這種在國會中的溫和態度，結果使那些善於玩弄革命言辭的英雄們又開始趾高氣揚，並企圖以小組織與陰謀使黨解體。這些陰謀底中心，就是此地的『工人協會』*。

---

* 在一八七九年，倫敦工人教育協會落入莫斯特底「左傾」機會主義策略底擁護者之手。後來，莫斯特及其信徒都墮落到採取公開的無政府主義的立場。在一八八〇年被開除出德國社會民主黨之行列。

——編輯部註

十二　馬克思與恩格斯致倍倍爾、李卜克內西、勃拉克等的信（傳觀的信）

一八七九年九月於倫敦

……他（舒維澤）復受人非難他『拒絕資產階級的民主主義』＊。資產階級的民主主義要在社會民主黨中幹什麼呢？如果它是由『誠實的人』所組織的，它就絕不願意加入，如果它是想着加入，那就只爲要爭吵。

拉薩爾黨『願在最片面的方式內作爲一個工人政黨』。寫那篇文章的先生們，他們自己也就是這樣好一

＊　在這封信中，馬克思與恩格斯對咀立克『社會科學與社會政策年報』中的一篇論文『德國社會主義運動底回顧——批判的箴言』、給以批判的分析。這篇文章的作者是翟希伯格、伯因斯坦與斯拉姆。馬克思與恩格斯稱他們三人爲『咀立克的三位一體』。

——編輯部註

個在最片面的方式作爲工人政黨的那種政黨底黨員，他們現在在這個政黨中担負着重要的職位。這裏有一個絕對的矛盾：如果他們所寫的話就是他們所想的，他們就應該脫離黨，至少也要辭去他們底重要職位；如果他們不這麽做，那末，他們就承認了只是想利用他們底負責地位來與黨底無產階級的性質作鬥爭。所以，如果黨讓他們保有其職位，就是出賣了它自己。

照這些先生們底意見，社會民主黨不該成爲片面的工人政黨，而應成爲『所有充滿着眞正的人類之愛的人們』底全面的政黨。他首先應證明這個，就必須放棄它底粗野的無產階級熱情，在有教養的博愛的資產階級指導之下，『培養優良的嗜好』與『學習美好的音調』（第八五頁）。那末一些領袖們底『流氓態度』就將變換爲十分高貴的『資產階級態度』（好像這裏所指的那些外表上的流氓態度，還不是人家能非難他們之最微小的）。然後，也就可從有教養的與有財產的階級得到許多的信徒。但是，如果所進行的鼓動要獲得顯著的成功，就一定要先爭取這些人。

德國社會主義『太過重視爭取羣衆，因此忽略了在所謂上層社會中作有力的（！）宣傳』。因爲『黨還缺少適於在國會中充當黨的代表的人物』。可是，『把委任狀給與那些有充分時間與機會可對當前的諸問題作根本研究的人們，是合適的而且是必要的，簡單的工人與手工業者，只極少的例外，才有這樣的必要餘暇』。所以，選舉資產階級分子！

簡單地說，工人階級自己不能解放自己。工人階級爲要解放他自己，一定要受『有教養的與有財產的』資產階級分子所指導，因爲只有他們才有『時間與機會』可來研究什麼是對工人有利益的。

第二，工人階級決不是要對資產階級鬥爭，而是要以有力的宣傳去爭取他們。

但是，如果我們要爭取上層社會，或只是爭取上層社會中善意的分子，那末，我們就決不可驚嚇他們。叫立克的三位先生以爲他們已有這個最穩的發見：

> 『正在現在，處於「社會主義者法令」底壓迫之下，黨表明它並不願意從事暴力的流血的革命底道路，而是決心採用合法的道路，卽改良底道路。』

所以，如果五十萬至六十萬的社會民主黨底選舉者——佔選舉者總數十分之一至八分之一，散處於全國各地——是有理性的，不會用頭去碰壁，也不企圖發動一個以一對十的『流血革命』，這就證明他們也永久不許他們自己利用外界的巨大事變，不許利用由此而起的突發的革命高潮，或甚至不許利用在革命高潮所生的衝突中的人民之勝利。倘若是柏林還這麼下流，又來一次三月十八*，那麼社會民主黨不應成爲『熱狂於障礙物戰鬥的流氓』參加鬥爭（第八八頁），而必須『走上合法底道路』，採取和平的行動，淸除障礙物，必要時偕同光榮的軍隊一同進攻那些片面的、粗魯的和下流的民衆。如果這些先生們固持說他們的意思不是這樣，那末，他們的意思是什麼呢？

還有更好的呢。

『黨在對於現制度的批判與改革現制度的建議中表現的越鎭靜、客觀和周審，那末，現在（在社會主義者法令實施之時）已獲了成功的那着棋——有意識的反動以赤色魔影底恐怖把資產階級驅至山羊角裏的那着棋——是更少能再重複的。』

爲要把資產階級的憂懼底最後痕跡掃除，就一定要明瞭而又有力地對他們證明赤色魔影實在只是一個魔影而並不存在的。但是，如果赤色魔影不是資產階級對於他與無產階級間不能避免的生死鬥爭之恐怖，對於近代階級鬥爭底不能避免的結局之恐怖，那末，赤色魔影底祕密究竟是什麼呢？取消了階級鬥爭，資產階級與『所

---

* 這是指一八四八年三月十八至十九日柏林的革命的障礙物戰鬥。——編輯部註

有的獨立的人們』就『不怕與無產階級攜手前進』。被欺騙的恰恰就是無產階級。

所以，讓黨以其謙卑的可憐態度來證明它永久放棄了那種惹起社會主義者法令的『不當行爲與暴行』。黨如果自動答應只在社會主義者法令之範圍內活動，那末，俾斯麥與資產階級就一定會有把這多餘的法律廢去的好意呵！

『要了解我們』；我們並不想要『取消我們的黨和我們的綱領，但我們以爲：在我們能考慮到實現更遠大的任務之前，必先完成一定的最近的目標，那末，在今後的許多年間，我們如果集中全部力量以完成一定的最近的目標，就已夠我們幹了』。於是，資產階級，小資產階級，與工人，『現在被我們的遠大的要求所嚇跑的，就將成羣加入我們了』。

綱領並非取消，而只是延緩——延緩到無限期。接受那個綱領，並不是眞正自己接受，並不是對於它自己的一生，而是把它當做一件遺產，遺傳給兒孫輩。在目前用我們全部精力從事各種微細的事情，補綴資本主義的社會制度，使它在表面上好像是有些變動，但又並沒有把資產階級嚇倒。因此，我稱讚共產主義者米葵爾，他這樣來證明他堅決相信在數百年之後資本主義底不能避免的崩潰，他盡心進行欺詐，說他盡力促進了一八七三年底大恐慌*，因而確實是做了一些工作以促進現存社會制度之崩潰。

另一件違反了美好音調之事，是『過度攻擊發起者』，這些發起者『只是時代底兒女』啊；『對於斯特勞茲堡**與這一類人物之侮辱………所以，最好是免去』。惜乎一切人們只是『時代底兒女』，如果這是一個充分的寬恕理由，那末，就不許再攻擊任何人，我們底一切的論爭，一切的鬥爭，都應停止；我們安然地聽任敵人底蹴踢，因爲我們賢者知道這些敵人是『時代底兒女』，行爲不能不如此。我們不能連本帶利地報復他們的蹴踢，而反而是應可憐這些不幸的人們。

同樣，黨之贊助巴黎公社是有害處的，把『那些不然便可以對我們同情的人衝回去了，而且，一般地增加了資產階級對我們的憎惡』。還有，『對於「十月法令」***之頒佈，黨是不能完全無咎的，因爲黨不必要地增加了資產階級底憎惡』。

* 一八七三年底大恐慌，終結了所謂『企業狂』（Gründertaumel）——在德國統一（一八七一年）之後的狂烈的投機與證券交易所的賭博之時期。

——編輯部註

** 斯特勞茲堡（一八二三——八四年）。德國金融家，是一八七一至七三年的「企業狂」之最著名的參加者之一。

——編輯部註

這就是明立克三個檢查員的綱領。他們底綱領是再明顯也沒有了。至少是對於我們，因爲我們從一八四八年以來，對於這一類的辭句都極熟悉，他們是小資產階級底代表，他們十分恐懼地聲明無產階級因受其革命地位的迫使而『趨於過激』。他們所主張的，不是堅决的政治的反對，而是一般的和解；不是對政府與資產階級作鬥爭，而是企圖爭取與說服他們；不是對上層的虐待加以大胆的反抗，而是卑鄙的服從與讓步，並承認懲罰是應得的。一切在歷史上是必然的衝突，都被重行說明作誤解，而一切的討論，都以『我們究竟在主要點上意見都是一致的』這斷語作結束。一八四八年作爲資產階級民主主義者而出台的人們，現在也可以自稱爲社會民主主義者。一如民主共和國對於那些人一樣，資本主義制度之沒落對於這些人也是很遙遠的，所以，在現代政治實踐上是絕對沒有意義的；我們可以恣意地調停、妥協和博愛。無產階級與資產階級間的階級鬥爭也是如此。在紙上承認階級鬥爭，因爲是無法否認它的，但在實際上却掩飾它，冲淡它，減弱它。

*** 對付社會主義者的『非常法令』於一八七八年十月十九日發生效力。它禁止了社會民主黨。黨因而被迫從事祕密的活動。『非常法令』到一八九〇年才取消。 ——編輯部註

社會民主黨不應是工人政黨，不應以資產階級底憎惡或任何別人底憎惡來重壓自己；它主要應該在資產階級中作有力的宣傳；與其着重於究竟非我們這一代人所能完成而只是把資產階級嚇怕的遠大目標，就不如用全部精力從事那些小資產階級的補綴的改良，以新支柱給予舊社會制度，因而把最後的崩潰轉化爲徐緩的、逐漸的、盡可能和平的解體過程。這些人也就是那些在忙於活動的假裝下不但自己不幹什麼事情，而且阻止凡是除了空談外要作任何事情的人們；也就是那些怕懼一八四八至一八四九年底每一行動，阻礙了運動之每一步，最後使之失敗的人；也就是那些看到了反動，而很吃驚地發覺他們自己最終跑入於既不能抵抗又不能逃走的絕路的人；也就是那些要把歷史局限於他們的狹隘的小資產階級的視界之內——但歷史却超過他們而每次都走上日程——的人。

至於他們底社會主義的內容，這在『共產黨宣言』論『德國的或眞實的社會主義』這一章中已批判得很充分。既視階級鬥爭爲討厭的『粗野的』現象，而把它抹在一旁，那末，作爲社會主義基礎的，就只有『眞正的人類愛』與關於『正義』的空洞文句了。

以前屬於統治階級的人們也要加入戰鬥的無產階級，把文化的要素貢獻給無產階級——這是一個基於發展過程中的不可避免的現象，我們在『共產黨宣言』中已說得很淸楚。但這裏有兩點要注意的：

第一，爲要眞實的有益於無產階級運動，這些人物就也應該攜來眞正的文化要素，但是，德國資產階級政變者底最大多數都不是這樣。不論是『未來』或是『新社會』，都沒有貢獻什麼能使運動前進一步的。眞正的、具體的或理論的文化材料是絕對的缺乏。我們所得到的，是企圖將一些把握得很膚淺的社會主義的觀念，與他們從大學或別處所攜來的極複雜的理論的見解（由於德國哲學底殘餘現在所處的腐爛過程，每一個見解都比較前一個見解更爲紛亂）相調和起來。不是以深刻研究新科學自身爲開始，他們個個都要修剪新科學以適合他所已有的觀點，迅速地造出他自己的私人科學，而且立即自命可以敎人了。所以，這些先生們差不多每一個人就有一個不同的見解；對於某一個問題，不會把它弄明白，而反只是使其紛亂得更厲害——幸而差不多是只限於他們自己中間。這些以敎他們從沒有學過的東西爲第一原則的文化分子，黨是大可以缺少他們的。

第二，如果這一類從別的階級來參加無產階級運動的人物，第一個要求是，他們不要攜帶資產階級的、小資產階級的等等偏見底殘餘，而是要無條件地領取無產階級的觀點。可是，這些先生們，早已就證明了，是滿腦袋裝着資產階級的與小資產階級的觀念。在像德國這樣的一個小資產階級的國家中，這些觀念當然自有其根據的。但只是在社會民主主義的工人政黨之外，如果這些先生們組成爲社會民主主義的小資產階級政黨，他們是有着完全的權利的；那時，可與他們商議，根據情況構成聯合等等。可是，在工人政黨之內，他們是僞雜分子。如果有暫時容忍他們於黨內的理由，那末，我們也就有義務僅是容忍他們不讓他們影響黨的領導機關，並時時醒悟到與他們分裂只是一個時間問題。分裂的時候好像是已到來了。黨怎能再容忍這篇文章底作者於其隊伍中，是我們所不能理解的。但是，如果黨的領導是或多或少地落於這些人之手，那末，黨就將簡直是被閹割，無產階級的鋒銳性也就將消失了。

我們呢？鑑於我們底全部過去，面前只有一條路可走。差不多在四十年來，我們着重指出階級鬥爭爲歷史底直接的原動力，特別是資產階級與無產階級間的階級鬥爭爲現代社會革命底巨大槓桿；所以，我們對於那些要把這階級鬥爭從運動中除去的人，是不可能合作的。當國際工人聯合會創立的時候，我們明白定出戰鬥口號：工人階級底解放應該是工人階級自己的事業。有些人公然說出工人太沒有教育，不能解放他們自己，一定要先由博愛主義的資產者與小資產者從上而下地解放出來；我們對於這些人是不能與他們合作的。如果黨底新機關報採取了適合於這些先生們底見解的態度，是資產階級的，而不是無產階級的，那末，我們雖很抱歉，但也只好公開宣佈反對它，並解除我們一向在國外代表德國黨的這種連帶關係。但我們希望事態不會弄到那樣的地步。……

十三 恩格斯致倍倍爾的信*

一八七九年十一月十四日於倫敦

……在第三部分內包含着對德國的庸人之不愉快的讓步。爲什麼要關於『內戰』之完全多餘的一段呢？爲什麼要在『輿論』（德國的輿論總是啤酒庸人底輿論）之前脫帽呢？爲什麼在這裏把運動底階級性質完全抹殺呢？爲什麼使無政府主義者這樣快樂呢？而且，這一切的讓步是全然無用的。德國的庸人是聯合的懦夫，他只尊敬那些使他恐怖的人。可是，誰去諂媚他，就被視爲與他同等，就不把當做一個同等者來尊敬，這卽是說，完全不尊敬。現在，稱爲輿論的啤酒庸人底憤慨之狂風暴雨，——旣已平息，現在租稅底壓迫已使人民不論在

---

* 恩格斯在這封信中，批判社會民主黨國會黨團底報告（發表於一八七九年十一月）。在那個報告中，包含有若干很明顯的機會主義的語句。 ——編輯部註

什麼場合都很疲憊，爲什麼現在還要說這些阿諛的話呢？如果你知道，這在外國產生什麼樣的印象呵！黨底機關報，由黨中和鬥爭中的人們來編輯，是很好的。但你只要在外國六個月，你對於黨員在國會中對庸人的全然不必要的謙卑，就會有極不同的見解。在公社之後，襲擊着法國社會主義者的狂風暴雨，與德國諾比林的悲鳴＊是完全不同的。法國的社會主義者底舉止是何等的自負與自覺呵！你能在什麼地方找到對敵人的這樣的軟弱與恭維嗎？當他們不能自由發言時，他們就沉默。他們讓小資產階級者咆哮；他們知道他們底時代是會再來的，現在這樣的時代是到來了。……

……此外我還想提及與葉爾的僞造，我們在這裏既沒有過低估計德國的黨所要克服的困難，也沒有過低估計已經獲得的成功底意義以及黨底羣衆迄今完全模範的態度。用不着說，在德國的每一次獲得勝利，我們都很高興，如同別處獲得勝利時一樣，甚至是更爲高興，因爲德國的黨自始就在我們底理論主張之基礎上發展的。但是，正因爲這個緣故，我們特別關心着德國黨底實際

＊ 一八七九年六月，諾比林在他的精神不健全時，企圖行刺威廉第一。政府以此事件爲藉口，頒佈『社會主義鎮壓法』。

——編輯部註

態度，尤其是黨指導部底公開發表的意見須與一般的理論相符合。我們的批判，自然對於某些人是不愉快的。可是，黨有一些人住於外國，他們不爲紛亂的當地關係與鬥爭的細節所影響，他們時時用對於一切適用於近代無產階級運動的理論原則，來量度事件與言論，他們又反映黨底行動在外國所產生的印象；這對於黨與黨底指導部，必定比一切的無批判的阿諂之辭更有益處。

十四　恩格斯致伯因斯坦的信

一八八一年十月二十五日於倫敦

……但蓋斯德確是在爲法國工黨起草綱領草案到這裏來的。在我的屋子裏，馬克思當着拉法格與我之面前，把綱領理由書口授給他，由他筆記下來：工人只有當他成爲他底勞動工具底所有者時才是自由的；——這個可以採取個人的形態或集體的形態。個人的所有形態，因經濟的發展而被克服，而且一天比一天被克服得更完全——所以，留下來的，只是集體的所有形態，等等——這是確切的，只用幾個字就能給羣衆說清楚的論證底傑作，這我是很罕見的，而且這種簡潔的表現法連我也爲之驚服。然後討論綱領其餘的內容。我們加進了一些東西，又删去了一些。但從下面這一事實，就可看出蓋斯德並不是馬克思底代言人；他堅持要把他底『最低限度工資』底愚論，包括入綱領的裏面；因爲負綱領責任的不是我們，而是法國人，我們最後順他的意，雖然他承認『最低限度工資』在理論上是沒有意思的。

後來，法國人討論這個綱領，修改了幾個地方——其中馬龍所提出的，決不是改善——就通過了。……

但是，最使這些卑劣的吹毛求疵家（他們本來是一無所能的却偏裝成無所不能）發怒的，就是：馬克思由於他底理論上與實踐上的成就，獲得了這樣的地位，即，各國的所有勞動運動底最優秀人物，對他完全信賴。在緊急關頭都來向他請教，而且通常都覺得他底意見是最好的。在德國、法國、俄國，他都有這樣的地位；更不用說在其他的小國了。所以，並不是馬克思把他底意見强人容納，更談不到强人聽從他底意志，而是別人自己去向他求教。正因爲這個緣故，馬克思對於運動有極重要的特殊的影響。

馬龍也要來這裏，但他要由拉法格那裏得到馬克思的特別邀請才來；這個特別邀請，他自然是得不到的。準備着與他如像與任何其他人一樣，善意地討論，可是邀請爲着什麽呢？誰受過這樣的邀請呢？

馬克思以及我對於其他的國家的運動之關係，是與他對法國人之關係一樣。在我們繼續不斷與這些運動保持關係，如果是值得這樣幹，而且是有這樣的機會的話。但是違反着他們的意志而去影響他們的任何企圖只是有害於我們，並毀滅了自國際工人聯合會時代以來的舊有的信用。這我們在革命事業中已有了許多的經驗了。

十五　恩格斯致伯因斯坦的信

一八八一年十一月三十日於倫敦

如果有任何外界的事件，幫助馬克思再恢復幾分的健康，那就是選舉了*。無產階級從沒有行動得這麼好。於英國，在一八四八年的大失敗**之後，就陷於冷淡狀態，最後，除了工會爭取較高工資的個別鬥爭之外，工人階級是屈伏於資產階級的榨取中。在法國，十二月二號以後，無產階級就不再見於舞台了***。在德國，經過了三年的空前的迫害，從不鬆弛的壓迫，完全不能有公開的組織，甚至連調節也不可能；現在我們的

* 一八八一年秋天，社會民主黨在國會選舉中獲得了三十一萬二千票，十二個議席。　——編輯部註

** 恩格斯是指英國憲章運動失敗與衰微。　——編輯部註

*** 在一八五一年十二月二日（路易拿破崙底政變）：參看「拿破崙第三政變記」。　——編輯部註

青年們不單有往年的力量，而是比從前更强有力。而且正是在最重要的一方面是比前加强了，卽，運動底重心從撒克遜底半農村的地域移到大工業都市來。

在撒克遜，我黨底羣衆大部分是手織工人，蒸氣織機使他們避免不了沒落，他們只靠『飢餓工資』與副業（種菜，雕刻玩具等）挨過窮苦的生活。這些工人是處在經濟上的反動的地位，代表着一個沒落的生產階段。所以他們至少不是與大工業的工人一樣是革命的社會主義底天生的代表者。他們並不因此而本質上是反動者（例如，這裏的殘存的手織工人最後變成『保守的工人』底結晶的核心），但他們終是不確定的，特別是因爲他們底極度貧困的狀態，使得他們的反抗力比都市人要弱得多，而且因爲他們的分散使得他們比都市的人更易於被奴役。根據着『社會民主黨』所發表的那些事實，這些可憐的人們，這樣多次地英勇掙扎着，事實上這種英勇是可驚佩的。

可是，他們不是一個偉大的國家範圍的運動底眞正核心。在某些情況之下——如從一八六五到一八七〇年——他們底貧困使他們比大都市的人能迅速地接受社會民主主義的見解，但貧困也使他們更不安定……

現在，整個的形勢是不同了。柏林、漢堡、布勒斯勞、萊比錫、德勒斯登、曼斯、歐芬巴賀、布勒門、愛貝非爾、索林根、紐倫堡、邁河畔的伏蘭克府、喀姆尼茨旁的汗腦與挨斯格堡底各地，有着一個完全不同的基礎。『依他們底經濟狀態是革命的階級，成爲運動的核心。此外，運動已同等地擴張到德國所有的工業各部分中，從限於二三個地方中心的運動，現在漸漸成爲一國範圍的運動。這是最使資產階級害怕的。』

十六　恩格斯致倍倍爾的信

一八八二年十月二十八日於倫敦

……在法國，期待了好久的分裂，是發生了*。蓋斯德及拉法格與馬龍和勃勞斯之原來的合作在黨底創立時是不可免的，但馬克思和我從沒有幻想這種聯合能夠維持永久的。所爭之點，純粹是原則的：鬥爭是作爲反對資產階級之無產階級底階級鬥爭而進行呢？還是機會主義地（或者，翻譯成爲社會主義的言辭，稱它爲可能派）把運動底階級性質以及綱領在那些能獲得更多的票數更多的信徒的地方都拋棄呢？馬龍和勃勞斯宣稱他們

---

* 法國工黨之分裂，是爆發於一八八二年九月二十五日聖愛丁納大會(Kongress in St. Etieune)。黨底委員會在其向大會報告中，提議把馬克思主義者開除出黨。大會底少數派——蓋斯德與拉法格所領導的三十二位代表——退出了大會。大會底多數派偏袒着機會主義者。蓋斯德派在魯安(Rouen)召集自己的大會（一八八二年九月二十七日）。

——編輯部註

贊成後者，把運動底無產階級的階級性質犧牲了，使分裂不可避免。這樣也好。不論在什麽地方，無產階級底發展都是在內部鬥爭中前進的。法國，現在才第一次組織工人政黨，當然不會例外。我們，在德國，已越過了內部鬥爭底第一階段，別的階段還在我們的面前，在可能統一的時候，統一是極好的，但還有比『統一』更高貴的東西。像馬克思和我自己一樣的人，畢生與所謂的社會主義者作鬥爭，比反對任何別人，還要猛烈（因爲我們把資產階級只當做一個階級，很少與個別的資產者鬥爭），對於不可避免的鬥爭之爆發，決不會感到很悲哀的。……

十七　恩格斯致柏克爾的信

一八八五年六月十五日於倫敦

……在像德國這樣的小資產階級的國家中，黨也定然有一個小資產階級的『受過教育的』右派，在緊急關頭就把他們趕出了。小資產階級的社會主義肇始於一八四四年，在『共產黨宣言』中就已批判過它了。小資產階級的社會主義，是與小資產階級自身，同樣不死的。『社會主義者法令』存在一天，我就一天不贊成我們挑起分裂，因爲我們底武器並不是同等的。但是，如果這些先生們要把黨的無產階級的性質抑壓下去，企圖代之以沒有力量或沒有生命的、粗野的、美學的、感情的博愛主義，因此而挑起分裂，那末，我們也就只好聽任其分裂了。……

馬克思恩格斯
關於唯物史觀的書信

——艾思奇譯——

一　馬克思給安能科夫的信

一八四八年十二月二十八日於布魯塞爾

……什麼是社會，它的形式又是怎樣的？是人類的相互行動的產物。人類可以自由地選擇他們的社會形式嗎？不能。把人類生產力發展的一定狀態拿來一看，你就可以找到一種相應的交易和消費的形式。在生產、交易、消費的一定發展階段上，你又可以找到一種相應的社會制度的形式，找到一定的家族組織、階級狀況，一句話，找到一種相應的市民社會。在這樣的市民社會上，你又可以找到一種相應的政治狀態，這政治狀態僅只是市民社會的公務上的表現。這一切，都是蒲魯東先生不會了解的，因爲他相信，只要把國家歸結到社會，也就是把社會的公務上的要約歸結到公務的社會，就算是做得很夠了。

還要再說一點，人類對於他們的生產力——他們的全部歷史的基礎——並不是自由的主人，因爲，任何生產力都是獲得的力量，都是從前的活動的產物。固然，生產力是人類的實踐能力的成果，但這能力本身却要依據於人類所處的境況，人類存身在這境況裏，是靠着以前已經獲得的生產力和當前已經存在（不是他們所創造，而是以前時代的產物）的社會形式。任何後來的時代都是靠着先前時代所獲得的生產力（它對於前者是新的生產的原料）而存在的，這一個簡單的事實，就在人類歷史中間構成了一種關聯，構成了一種人類的歷史，這歷史，愈是因爲把握到了人類的生產力的生長，也卽是人類的社會關係的生長，也就愈成其爲人類的歷史。必然的結論是：人類的社會史，常常是他們個人發展的歷史，不管他們自己對於這點是否能意識得到，都是一樣的。他們的物質關係構成了他們的一切關係的基礎。這物質的關係，只是他們的物質的、個人的活動藉以實現的必然的形式。

蒲魯東先生把觀念和事實混淆了。人類決不放棄他們所獲得的東西，但這並不是說，他們也不放棄那他們藉以獲得某些生產力的社會形式。完全相反，爲要使努力所得的成果沒有損失，爲着不要失去了文化的果實，人類在他們的交易的方法不能再和旣獲得的生產力相適應的一瞬間，就不能不改變他們的傳統的社會形式——我這裏所說的『交易』（Handel）是指最廣義的用法，就等於德文裏的『往來』(Verkehr)的意思。舉例來說，譬如特權、行會和公會的組織、中世紀的法規等，都是社會關係，它們和既獲得的生產力，和從來的社會狀態(那些制度就是從這裏面產生的)等，都是相適應的。在這些社團和法規的庇護之下，資本就積蓄起來，海上交易發展了，殖民地也建立起來——到這時，人類如果還要想保守着那些形式，保守着這些果實在其庇護之下成熟起來的那些形式，那他們就會連這些果實也要失去了。於是就有了兩次的暴變，卽一六四〇和一六八八年的兩次革命。一切舊的經濟形式，一切和它相適應的社會關係，以及政治的狀態(它是舊的市民社會的公務上的表現)等，在英國都被打碎了。這樣，人類實行生產、消費、交換等所依據的經濟形式，都是過渡的、歷史的。人類用新獲得的生產力來改變他們的生產方式，又用這生產方式來改變一切的經濟關係，這生產關係，只是這一定的生產方式上的必要的關係。

……蒲魯東先生對於人類製造布、麻和絲織物的事，有很好的理解；他能夠了解到這麼簡單的一件事情，在他是一個大的功勞！蒲魯東先生所不了解的是，人類也能有足夠的力量來生產社會關係，他們就是在這關係裏製造布和麻。蒲魯東更理解不到的是，這能夠生產社會關係(就像他們實行物質生產一樣)的人類，也能夠創造出觀念、範疇，也就是創造出這同一社會關係的觀念上的抽象的表現。因此，範疇也和它所表現的關係同樣，不是永久的，它們也是歷史的過渡的產物。在蒲魯東就完全相反，抽象物和範疇却成了基始的原因。照他的意思，創造歷史的就是它們，而不是人類。抽象物、範疇，只就它本身來看時，也就是，把它從人類和人類的物質行動分離開來看時，自然是不死的、不更改的、不變易的，它只是一種純粹理性的存在，也就是說，抽象物就它本身來看時，就是抽象的。可驚的同語反復！

於是，在範疇的形式上所看到的經濟關係，對於蒲魯東先生也成了永久的形式，它旣沒有起源，也沒有發展。

讓我們從另一方面來看：蒲魯東先生並沒有直接主張，說資產階級的生活在他看來是永久的眞實。但他是間接地這樣主張了，因爲他把那在思想的形式上來表現資產階級關係的範疇神化起來。當資產階級社會的生產在範疇的形式上、在思想的形式上呈現到他前面來時，他就把它當作獨立進行着的、生來就形成了的、永久的東西。因此，他不能超過資產階級的水平線。因爲他是運用着資產階級的思想來工作，並把它們預想作永久眞實的東西，他就去尋求這些思想的綜合，尋求它們的平衡，而不知道，它們藉以達到平衡的目前的方法和方式是唯一可能的方法和方式。

事實上，一切良善的資產者們所做的，他都做了。他們都告訴你們，競爭、專賣等等，在原則上（也就是，作爲抽象的思想來看時），是生活的唯一基礎，但在實際上，他們却還有着許多其他的願望。他們都希望競爭不要有着競爭的悲慘的結果。他們都希望着這不可能的事：卽希望資產階級的生活關係，不要有着這些關係的必然的結果，他們都不了解，資產階級的生產形式是一種歷史的、過渡的形式，完全就像封建的形式一樣。由於這個錯誤，就使得他們以爲資產者是一切社會的唯一可能的基礎，因此他們就不能想像會有那樣一種社會狀態：在裏面人類會進步到不再是資產者的。

因此，蒲魯東先生必然地成了敎條主義者。那使得目前世界發生變革的歷史的運動，在他那裏已經被解消成這樣的問題：卽怎樣去發見適當的平衡，發見兩種資產階級思想的綜合。於是這位練達的青年就精密地發見了隱藏着的神的思想，發見了兩種孤立的思想的統一，其所以成爲兩種孤立的思想，僅僅是因蒲魯東先生使它們從實際生活孤立起來，使它們脫離了它們所表現的現實的聯繫，卽現代的生產的緣故。蒲魯東先生用他的頭腦的過敏的運動，來代替那從（人類已經達到了的）生產力和（不能再與這生產力相適應了的）社會關係的衝突中發生起來的偉大的歷史運動，來代替那在一國的許多階級和許多國家中間準備着的可怕的戰爭，來代替那唯一能解決這些糾葛的實際的、强力的、羣衆的行動，來代替這一廣泛的 、 長期的而又複雜的運動 ，這樣一來，只要有那樣的學者，那樣的人類，他能夠知道神的內心的思想時，他就能創造歷史，小人物們僅僅是承受他們的啓示而已。這樣你就可以了解，爲什麼蒲魯東先生會成爲一切政治運動的公開的敵人。當前的問題的解決，在他看來，並不是要靠公開的行動，而是要靠他的頭腦的辯證法的旋轉。在他看來，範疇就是推動力，人們用不着靠改變實際生活來改變範疇。完全相反，人類要先改變範疇，然後現實生活的改變，才能作爲它的結果而出現。

要想把矛盾和解的願望太迫切了，蒲魯東先生竟全不知道要問一問，這些矛盾的基礎的本身是不是要重新改造 。他完全就像那政治的教條主義者 ，他想保存國王，保存衆議院又保存上議院，把它們看做社會生活的組成部分，看做永久的範疇，他只不過想尋求一種新的公式來使這些勢力得到平衡（這平衡其實在當前的運動裏是這樣存在着的：即這些勢力之一有時成爲另一勢力的勝利者，有時又成爲奴隸）。事實是在十八世紀就有着很多的平庸的頭腦在努力想尋找眞正的形式來使社會的諸階層，使貴族、國王、國會等等得到平衡，而到了最後時，國王、國會、貴族都沒有了。這矛盾的眞正平衡，就是一切社會關係的推倒，卽成爲一切封建的存在及這些封建的存在中的對立之基礎的社會關係的推倒。

這樣，蒲魯東先生在一方面有着永久的觀念，有着純粹理性的範疇，在另一方面又有着人類和他們的實際生活（在他看來，這只是那範疇的應用），你在他那裏一開始就可以找到一種關於生活和觀念，關於靈魂和肉體的二元論——在種種的形式裏反復出現的二元論。你可以看到，這樣的對立，只不過是由於蒲魯東先生對於他所神化了的範疇的普通的起源和歷史的無力把握罷了。

二　馬克思給韋得梅葉爾的信

一八五二年三月五日

……至於就我這方面來說，發現近代社會裏有階級的存在以及階級互相間的鬥爭等，都不能歸功於我，資產階級歷史家還比我更早就指出了這階級鬥爭的歷史的發展，資產階級經濟學家也曾做過資產階級經濟的解剖。我的新的東西，只是在於指出：(一)階級的存在，必定是和生產上的一定的歷史發展階段結合着；(二)階級鬥爭必然要走到無產階級專政；(三)這專政又僅只是揚棄一切階級而達到無階級的社會的過渡。……

三　馬克思給恩格斯的信

一八五七年九月二十五日

……軍隊的歷史，比任何事物都更明顯地顯示着我們的（關於生產力和社會關係的聯繫的）觀點的正確性。一般地，戰爭在經濟上很是重要。例如，薪俸制度，在古代，就是首先在軍隊裏充分發展起來的。同樣，在羅馬人中間，Peculim Castrense * 就是對於非族長的動產私有加以承認的最初的法律形式。行會制度對於手工業工場的公會是這樣，現在的機械的大規模的運用，也是這樣。就是金屬的特殊的價值，以及它的作爲貨幣的用途，其起源（從 Grimm 的石器時代完結了以後）好像也正是依據於它的戰爭的意義。又，一部門內部的工作分工，也是最初在戰爭裏產生的。資產階級社會形式的全部歷史，都可以很適當的概括在這裏。你

* 兵士在軍營中所據有的財產。　——編者

如果有時間的話，你可以就站在這樣的觀點上，來把事情研究一下。……

四　馬克思給恩格斯的信

一八六六年七月七日

……對於我們的生產手段決定生產組織的學說，能夠有比在殺人工業裏＊所有着的還更顯赫的確證嗎？我想要你在這方面寫點東西（我對這方面却很少認識），讓我用你的名字作爲附錄放進我的書裏，這一定要費你許多的力，你考慮一下吧。倘若成功的話，那就把它放進我詳細論述這個主題的部分的第一卷裏。你能理解我會多麼樣的歡喜，倘若你在我的主要著作（我現在才只做了一小部分）裏直接作爲一個幫手，而不僅只是在引文句中出現的話！……

＊即指軍事。　　——編者

五　恩格斯給史密特的信

一八九〇年八月五日

……一般地，『唯物論的』這字，在德國，在年青的文人們看來，只算是一個簡單的套語，無論什麽都被人不加研究地用這套語來標記着，也就是說，只要貼上了這一個標記，就以爲事情解决了。其實我們的歷史見解主要地是研究的嚮導，而不是黑格爾派的構造的槓桿。在想要獲得政治上的、法律上的、美學上的、哲學上的等等觀點之先，必須要把這些觀點所適應、所從出的全部歷史從新加以研究。必須要把各種各樣的社會形成的現存條件加以探討。在這方面現在所看見的還非常少，因爲很少有人肯認眞地這樣做。在這方面我們需要大量的助力，它的領域是無限的大，誰只要肯認眞地去做，就可以有很多成就，就能夠出人頭地。但現在不是這樣，歷史唯物論的套語（其實一切都可以被人弄成套語）對於許多青年的德國人只有這樣的用處：加速地把他們自己比較貧乏的歷史知識（經濟的歷史都還只睡在搖籃裏！）系統地組成起來，這樣使自己大胆的前進……。

你是實際上有了成就的，你一定能夠看出，青年作者們對於經濟、經濟的歷史、交易、工業、農業、社會形成的歷史等，能夠用力研究的人多麼稀少。對於毛列爾*，除了名字以外還知道多少！新聞記者式的自滿似乎可以成就一切，而且看起來也好像如此。這些先生們常常以爲所做的一切對於勞動者已經夠好了。倘若這些先生們知道，馬克思是怎樣常常覺得，就是他的最好的東西，對於勞動者也不會是夠好的，他是怎樣地認爲，如果有人不把最好的東西供獻給勞動者，那就是一種罪惡！……

* 毛列爾是農村「馬克制度」的研究者，恩格斯對他的著作評價得很高，而且用心地加以研究過。——編　者

六　恩格斯給布洛赫的信

一八九〇年九月二十一日於倫敦

……依據唯物論的歷史見解，在歷史中間，在結局上決定着的契機是現實生活的生產及再生產。馬克思和我的主張都不過如此而已。倘若有人把它這樣來曲解，說經濟的契機是唯一決定的東西，那他就會把這命題轉變成無價值的、抽象的、不合理的套語。經濟狀況是根底，但上層建築的各種各樣的契機——階級鬥爭的、政治上的諸形式和它的成果——勝利的階級在戰勝之後建立起來的憲法等——法律形式，以及這一切鬥爭在鬥爭成員的頭腦裏的反映，如政治的、法律的、哲學的學說、宗教的觀點和這觀點向教條系統的進一步的發展等，在歷史鬥爭的過程中，都有着它們的作用，而且在許多場合還能有力地決定着它們的形式。這一切的契機有着一種交互作用，在這裏面，經濟的運動是通過了無限量的一切偶然性（也就是通過了這樣的事物和事件：

它們相互間的內的關聯是那麼隔離，那麼難於指明，使得我們會把它忽視，把它看做並不存在的東西），而終於作為必然性貫徹着。要不是這樣，那麼，把理論應用到任一歷史時期的事，就會要比簡單的一次方程式的解決還更容易了。

我們創造我們自己的歷史，但首先必須要在非常確定了的前提和條件之下。在這裏面，經濟的前提和條件是最後決定的東西。但政治的前提和條件，以及幽靈似的出現在人類頭腦中的舊傳統，也有着一種作用，雖然並不是決定的。普魯士國家也是在歷史的結局上、在經濟的原因中發生起來和發展下去的。但如果要這樣主張：說在南德意志的許多小國中，蘭登堡就是由於經濟的必然性，並不是還由於其他的契機（首先是因着普魯士的領地而與波蘭，以及因之而與國際政治關係間所發生的牽連——這在奧地利的王權的形成上也是決定的），而被決定成為一個强國（在這裏面體現着北部和南部在經濟上、言語上以及改革以後的宗教上的不同），那就未免迂陋了。要想把已往和現在的每一個德意志小國的存在，或高德意志（北部德意志——譯者）的語言變音（Lautverschicbung，這語言變音把德國在地理上的，由蘇台德到陶奴士的山脈所形成的障壁擴展成形式上的分裂）的起源加以經濟上的說明而不至於鬧笑話，那是很困難的。

其次，歷史又是這樣被創造着的，即最後成果常常是從許多個別意志的鬥爭中產生出來，而每一個意志的表現如何，又是依據着許多特殊的生活條件而形成起來的。因此就有着無數互相交叉的力，有着各種力的平行四邊形的無限的叢聚，由這裏產生一種合力——即歷史的事件。這歷史的結果又可以被看做一種不自覺地不自意地作用着的總的勢力的產物。因爲每一個個別的人所願望的東西，都會被每一個另外的人所妨害，而所出現的東西，都不是人所希望的。以往的歷史就是這樣作爲一種自然的過程進行着，並且在本質上也是服從於這樣的運動法則。但是，從這一點，即個別人的意志——這意志是表現着一個人的身體體質和他的外部的、在結局上經濟的（不論他自己個人的或是全體社會的）環境在他身上所促成的願望——不能達到他所想望的東西，而只能解消在一個總體裏，一個總的結果裏，但從這一點，不能就因此結論說它（即個別人的意志——譯者）是等於零。相反地，每一個人的意志對於總的結果都有貢獻，而且也就是這樣被包含在它裏面的。

我還想要求你：要從原著裏去研究這學說而不要向複述者學習。實際上這樣做還更容易得多。馬克思從沒有寫過一種不包含這個理論的東西。特別像『拿破崙第三政變記』，就是這理論的應用上的一個非常輝煌的例子。同樣在『資本論』裏也有許多指示。我還可以請你參看我的著作：『反杜林論』和『費爾巴哈與德國古典哲學的總結』，我在這裏對於歷史的唯物論，凡是我所知道的，都給與了最詳細的說明。

青年們所以常常會把經濟方面過分地着重了的原因，在馬克思和我也要負一部分的責任。當時我們在論敵前面，必須要强調那被他們所攻擊着的主要原則，於是就沒有更多的時間、地方和機會，來使其餘的交互作用中的諸契機獲得它應得的地位。但因爲那是爲着要對一個歷史階段加以說明，也就是說爲着要實際的應用，那情形是不同的，而這裏就不能有什麼錯誤。遺憾的只是太常常地說有人以爲，只要把主要命題抓住，而且還不一定是正確地抓住，就算是對於一種新理論完全得到了解而且充分地能夠運用了。在這方面，我不能不責備那些最新的『馬克思主義者』，許多古怪亂談都是從此產生的。……

七　恩格斯給史密特的信

一八九〇年十月二十七日

……事情要從分工的觀點上看，就最容易了解。社會產生出它所不能缺少的某些共通的機能。担負這機能的人們就形成了社會內部分工的新的分枝。他們因此也就有着特殊的利益而不同於他們的授權者們，他們在後者的前面獨立起來，於是——這就有了國家。這樣，情形就像在商品交易以及稍遲的貨幣交易裏一樣：新的獨立的權力主要地本來是依據於生產的運動的，但由於它內部存在着的，也就是一度賦予於它而漸漸地進一步發展起來的相對的獨立性，使得它對於生產的條件和進程也發生了反作用。這就有着兩種不同的力的交互作用，有着經濟的運動對於一種（向着盡可能的獨立性進展的，既已一度出現，就也獲得了一種獨特運動的）新的政治權力的交互作用；經濟的運動主要地是一直貫徹着的，但它還要受到那依據於它而出現，並獲得了相對獨立性的政治運動（一方面是國家權力，另一方面是與國家權力一同產生出來的對抗者的運動）的反作用，就像工業市場在大體上，在上面所說的保留條件之下，是反映於金融市場，同時自然也有着逆轉一樣。從來就存在着、鬥爭着的階級間的鬥爭，也反映於統治者和對抗者中間的鬥爭，並同樣也有着逆轉，不是直接地，而是間接地，不是作爲階級鬥爭而是作爲政治原理上的鬥爭，這樣的逆轉，使得我們要經過幾千年的時間，才能夠發現它的眞相。

國家權力對於經濟發展的反作用可以有三種：它會循着同一的方向而走上先頭，而且發展得較快；它會走上相反的方面，這種情形在今日會使每一個大民族的力量受到破壞；或者，它會把經濟發展的一定的方向切斷，而規定出另外的方向——這一種場合，結局又會還元成前面兩種場合之一。很明白的，在第二和第三兩種場合裏，政治權力對於經濟發展會給予大的損害，會造成多量的力和物的浪費。

在這兒還有一種場合，即經濟手段的掠奪和橫蠻的毀壞，這在以前的情况之下，能夠使經濟上的一個地域和民族的發展全部毀滅。但在今日這種場合差不多只有相反的作用，至少在大的國家中間是這樣：被打擊者常常最後在經濟上、政治上、道德上比勝利者還更多地得到勝利。

就法律來說，也是一樣：當新的分工成爲必要時，就產生了職業的法律家，於是一種新的獨立的領域展開了。這領域除了對於生產和交易有着它的一般的從屬關係之外，同時對於它們又有着一種特殊的反作用的能力。在一個近代的國家裏，法律不僅只是適應於一般的經濟狀況，而作爲它的表現，並且還得是一種在自己本身有着關聯的表現，它不能因爲內在的矛盾而在表面上也顯現出不一致。爲要做到這一點，於是經濟關係的反映的眞實性就愈更愈更的被破壞了。法律的典籍愈更不能夠成功爲嚴峻的、無情的、不虛僞的、階級支配的表現時（這可以說已經就違背了『法律概念』了），那破壞也就愈更厲害。一七九二年到一七九六年的革命資產階級的純粹的澈底的法律概念，在拿破崙法典裏已經有了某些方面的僞造。而當它在法典裏面體現出來以後，因爲無產階級力量成長起來的緣故，它還要漸漸地從各方面更減弱下來。使拿破崙法典能夠成其爲法律典籍的那東西也就是在整個大陸上的一切法典編纂的基礎。因此，『法律發展』的進程本質上不外這樣的：首先企圖要解決那爲着把經濟關係間接地轉移成法律基本原則而產生的矛盾，並建立一種調和的法律體系；接着是經濟發展的影響和強制又不斷地要把這體系衝破，於是，又把它捲入新的矛盾裏（我這裏首先只就民法來說）。

經濟關係在法律原理上的反映，也必然地同樣是一種頭足倒置着的東西：它的出現不必要那處理它的人對於它有明白的意識，法律家總以爲自己是根據着先驗的原則行事，而不知道這只是經濟的反射——於是一切都頭足倒置了。而這種顚倒（它在沒有被識破的時候，就構成了我們所謂的意識形態的觀點）之能夠又從它這方面反作用於經濟基礎的事，對於我們却好像是自明的。繼承權（以相當的家族發展階段爲前提）的基礎是經濟的。但我們却很難於證明：像英國的絕對的遺囑自由，像法國對於這自由的很强的限制，是不是在一切部分都只有着經濟的原因。然而兩者都以極顯著的方式反作用於經濟，卽它們影響到了財富的分配。

至於說到那浮懸在更高的空中的意識形態的領域，如宗教、哲學等，那末，這些東西還有着一種史前的、從歷史的時代中出現和繼承下來的儲藏，一種在今天的我們會要說它是愚想的儲藏。這各種各樣的關於自然，關於人類性質，關於精靈、魔力等等的虛僞的表象，大都是消極地有着經濟的基礎；史前時代的低度的經濟發展，把那關於自然的虛僞的表象當做了補充，有時也當作了條件甚至於原因。但是，雖然經濟的必要是前進着的自然認識的主要推動力，而且永遠也會是如此，但如果有人想給這一切原始的愚想都歸到經濟的原因，那就未免迂陋了。科學的歷史，就是這種愚想被漸漸排除的歷史，是那新的比較不大荒誕的愚想來把它代替了的歷史。在這上面工作的人們，又是屬於分工的特殊的方面，並且還自以爲是開闢了一種獨立的領域。愈是讓他們在社會分工的內部形成了一種獨立的集團，那他們的產物，以及他們的誤謬，就愈是對於全社會的發展甚至於經濟的發展有着一種反作用的影響。但雖然如此，他們本身仍然是居於經濟發展的支配的影響之下的。例如在哲學裏，就布爾喬亞的時代來說，這種情形就最容易得到證明，霍布士是最初的近代唯物論者（指十八世紀而言），又是當時的絕對主義者，而當時正是絕對君主制在全歐洲全盛的時代，在英國正是與民衆進行鬥爭的時代。洛克在宗教上和政治上都是一六八八年的階級調和的產兒。英國的無神論者，和他們的澈底的推進者，即法國唯物論者，都是資產階級的正派的哲學家，法國唯物論者甚至於還是資產階級反革命的哲學家。在康德到黑格爾的德國哲學裏是貫串着德國資產階級俗物的性質——時而積極，時而又消極。但是，作爲一定的分工的領域，每一時代的哲學都得以一定的思想材料作爲前提，這材料是它從它的先行者繼承下來，而它就是從這裏出發的。於是就發生這樣的事：在經濟上落後的國家，常能夠在哲學上起領導的作用：例如十八世紀法國對於英國（法國人就是立足在它的哲學上的），後來德國對於前兩者。但不論在法國和德國，哲學仍是像每一時代的一般著作的繁榮一樣，都是一種經濟上的飛躍的結果。經濟發展的最後的至上權，我認爲在這些領域上仍是確立着的，不過它要通過個別領域本身所規定的條件而表現出來：例如在哲學裏，就表現爲在先行者遺留下來的現有哲學材料上所發生的經濟影響（它多半又是首先在政治等等的外表之下作用着的）。經濟不會直接從本身創造什麼，而只是決定着現存的思想材料的改變和補充的方式，而這種決定，當它是作爲政治、法律、道德的反射（這一切對於哲學有着重大的直接的作用）時，也幾乎全是間接的。

對於宗教方面，我在『費爾巴哈論』的最後一節裏已經把最必要的東西說過了。

因此，當巴特（Barth）以爲我們是把一切經濟運動本身的反作用都否定了時，他僅只是向風車格鬥罷了。他只要去看一看馬克思的『布魯美爾十八日』，那兒所說的差不多都是關於政治上的鬥爭和事件所演着的特殊作用（自然是在它對於經濟條件的一般的從屬性以內的）。或者看『資本論』，例如在關於勞動日的一節裏，立法（這就是一種政治行爲）對於勞動日是起着多麼深刻的作用。或者看關於資產階級的歷史的一節（二十四章）。或者問爲什麼我們要爲着無產階級的政治上的專政而鬥爭，倘若政治權力在經濟上是無力的話，支配權力（這是說國家權力）也正是一種經濟上的勢力。

但我現在沒有時間來批評那本書*。第三卷必須要先弄出來，並且我相信，譬如伯因斯坦，也能夠把那件事完全處理好的。

這些先生們所缺少的，就是辯證法。他們常常只看見這裏是原因，那裏又是作用。他們一點也不知道這是一種空洞的抽象。在現實世界裏，這種形而上學的兩極對立，只存在於破局中，整個的大的進程是在交互作用（雖然是極不相等力的作用，雖然經濟的運動在這裏一直都是最强力的、最根源、最決定的）的形式中進行着，這裏沒有絕對的東西，一切都是相對的。他們看不見這些，對於他們，黑格爾是不存在的。……

* 『那本書』是指巴特所著的『黑格爾的歷史哲學和一直到馬克思和哈特曼的黑格爾學派』。　——編者

八　恩格斯給斯他爾根堡的信

一八九四年一月二十五日於倫敦

（註）恩格斯這封信裏面答覆兩個問題：一，經濟關係是怎樣作爲原因而作用着？它對於發展算是一種充足的原因、根據、誘因和恆久的條件嗎？二，種族要素和歷史的個人究竟有着什麽樣的一種作用？

一，我們所謂的經濟關係（我們把它看做社會歷史的決定基礎），是一定社會的人類用來生產他們的生計並實行互相交換生產物（在分工存在着的情形裏）時的方法和方式。因此它裏面就包括着生產和運輸的全部技術。依我們的見解，技術又決定着交換的方法和方式，進一步又決定着生產物的分配，由此又決定着階級的劃分（在氏族社會解體以後），決定着支配和奴役的關係，決定着國家、政治、法律等。在經濟關係裏包含着的，還有地理的基礎（經濟關係就是在這上面活動着的），還有那以前的經濟發展階段在實際上傳留下來的殘餘（這殘餘之能保存下去常只是由於傳統或惰性力），自然也還有那從外面把這社會形成包圍着的環境。

如果像如你所說，技術是大部分從屬於科學的狀況，那末，科學的狀況還更甚的要從屬於技術的狀況和需要。倘若社會上有一種技術上的必要，那就比十個大學還更能推動科學前進。整個的靜水力學，都是由於十六和十七世紀意大利有整頓山岳上的洪流的需要而發達起來的。在電學方面，是自從它在技術上的有用性被發見了以後，我們才有了一些正常的東西。然而可惜，在德國，人人寫科學歷史的時候，總是慣於把它形容成天上掉下來的一般。

二，我們把經濟條件看做在結局上規定着歷史發展的東西。但種族也正是一種經濟的因素。在這裏有兩點是不能忽視的：

（一）政治、法律、哲學、宗教、文學、藝術等等的發展，都建立在經濟上。但它們在自己互相間和在經濟基礎上又都有着反作用。並不能說，經濟狀況就是原因，是唯一能動的，而其他一切都只是被動的作用，而是在結局上常常把自己貫徹着的經濟必然性的基礎之上的交互作用，例如國家，就通過了保護關稅、自由貿易、好的或者壞的財政制度而發生作用，甚至於就是那德國資產階級俗物們底從一六四八到一八三〇年德國的經濟窮乏狀況中發源出來的致命的軟弱和無能（這在最初，是表現爲虔敬主義，後來又成爲感傷主義和爬行的、對王侯和貴族們的屈服）也未嘗沒有經濟上的作用。它曾經是復興的最大障礙，後來革命的和拿破崙的戰爭把慢性的窮乏變成了急性，才算是把它動搖了。因此，像人們這樣那樣地隨意想像着的那經濟狀態的自動作用，是沒有的，這裏有着的是人類自己創造自己的歷史，不過這創造是在一種所予的、有限制的環境之內，是在現存的事實關係的基礎之上，在這些關係裏，經濟關係雖然會從政治的和意識形態的關係方面而受到影響，但在結局上它是決定的東西，並且形成了貫串在它們中間的、唯一引導着人達到了解者的紅線。

（二）人們創造他們自己的歷史，但直到現在都還不是用全體的意志向着一個總計劃去創造，就是在一個有着一定範圍的所予的社會裏，也不是這樣做。他們的努力互相交錯着，就因此，使得一切這樣的社會裏都支配着必然性（它的補足和現象形式是偶然性）。這通過了偶然性而把自己貫徹着的必然性，結局又是經濟的東西。到這裏就可以討論到所謂的大人物了。一件這樣的東西，而且恰恰只有他在這一定的時間和這所予的國土裏出現，這自然是純粹的偶然。如果我們撇開這偶然，那就得需要補償，這補償是不論好壞都會出現的，不過要在長時期的繼續中出現。拿破崙，正是這克爾西加人，是這軍事的獨裁者，從自己戰爭中被創造出來的法蘭西共和國需要着他，這是偶然；至於缺少了一個拿破崙時一定會有人來代替他的位置，也是可以證明的，卽只要是有需要的話，這樣的人是隨時都可以找到：不論是凱撒、奧古斯都、克倫威爾等。如果說，馬克思是發見了唯物論的歷史見解，那末，從梯里、米格納特、居左以及一八〇五年以前的全部英國歷史家那裏可以看出已經有人向這方面努力，而這同一見解之被摩爾根所發見，更證明這見解的成熟時間已到，因此它就不能不被發見。

歷史上一切其他的偶然的東西和外表上的偶然的東西，都是這樣的。我們所研究的領域離開經濟益遠，並益更接近於純粹抽象的意識形態時，那就益更能讓我們看出，這些領域的發展中呈現着偶然性，而它們所循的路線也益更曲折。如果你把這路線的交叉軸線描畫出來，你就會看出：倘若所觀察的範圍益更長久，處理的領域益更擴大，那末，它的軸線就益更和經濟發展的軸線接近地平行地進行着。

正確認識的最大障礙，就是德國著作界裏對於經濟歷史的不負責任的忽視。事情的困難，不僅只在於要革除那在學校裏鑄打成了的歷史觀念，更困難的是要搜集那必要的材料。誰只要看看那老居里希的書，他在他的枯竭的材料堆裏竟包含着那樣多的用來解釋無數政治事實的題材！

最後我要說，馬克思在『布魯美爾十八日』所給予着的那優秀的範例，對於你提的問題已經有着很適切的教示。我還要說，在『反杜林論』第一章第九至第十一節、第二章第二至第四節以及第三章或序論裏，又在『費爾巴哈論』的最後一節裏，已經把所有的要點都確定着了。

九　恩格斯給梅林的信

一八九三年七月十四日

……意識形態是一種過程，這過程是憑藉着所謂思想家的意識來完成的，但所憑藉的是一種假的意識。推動着思想家的那本來的原動力，在思想家是意識不到的，否則就不會成其爲意識形態的過程。思想家所想到的常是假的或表面的原動力。

因爲它是一個過程，所以它的內容和形式，都是從純粹的思想（不論是思想家自己或他的先行者的）裏引導出來的。思想家憑藉着單單的思想上的材料來工作，他是毫不思索地把這材料當做從思想裏產生的東西，同時也不進一步去探究那比較離得遠的、不從屬於思想的過程，並且在他們看來，這好像都是自明的事情，因爲所處理的東西都是以思想爲媒介，因此也就好像都是在結局上以思想爲基礎的東西了。

歷史的意識形態代表者（這裏的歷史，是簡單地總括那政治、法律、哲學、神學的領域，一句話，卽屬於社會而不僅只屬於自然的一切領域）——歷史的意識形態代表者就這樣在每一科學領域裏都有着一種材料，這材料從以前時代的思想裏獨立地形成起來，並在這互相連續的時代的頭腦裏構成一種獨立的、特有的發展系列。雖然如此，外部的事實（不論是屬於它本來的領域或其他的領域的事實）對於這發展仍是決定地起着作用，但這事實是作爲沉默無言的前提，甚至於它也就是一種思想過程的成果，於是我們就只好仍然停留在那（就是最堅硬的事實，也被它輕易的消化了的）思想的範圍裏。

這一種關於（國家憲法、法律系統、意識形態上的觀念等）各自領域上的獨立歷史的外觀，把所有的人們的眼睛都蒙蔽了。

如果說，路德和加爾文戰勝了官派的加特力敎，黑格爾戰勝了費希特和康德，盧騷間接地以他的『社會契約說』戰勝了憲法上的孟德斯鳩，那末，這就是一種限定在神學、哲學、國家科學裏的過程，它呈現爲一種觀念領域的歷史之內的過站，且決不越出觀念領域一步。而自從關於資本主義生產的永久性和最後完成性的資產階級幻覺出現以後，重農主義對重商主義的克服以及作爲思想上的唯一勝利的亞當斯密，都不能算做變動中的經濟事實在思想上的反射，而只被看做對於恆常地普遍地存在着的事實條件的最後獲得的正確見解了。

倘若獅心王李查和菲力普·奧古斯丁（法蘭西國王）實行了自由貿易，而不是被捲入在十字軍中，那末，那五百年的兵災和蠢事也許就可以省去了。

對於事情的這一方面（我在這裏對它只能約予提示）我覺得我們都沒有給予它所應該受到的重視。有一個舊的典故：在開始時形式常是比內容更被忽視。如像已經說過的，我就是做了這樣的事，而錯誤常常是在事後才暴露出來。

因此，我不僅僅是不能從上面的情形裏找出一種對你的責難，這樣的事，在我這樣一個比較年長的同罪者是不應該的，相反地——我只應該使得你在將來對於這一點注意一下。

意識形態代表者們的愚妄的觀念和這也有着關聯：因爲我們否認了意識形態的各種各樣的方面（它們在歷史上都有着一種作用）獨立的歷史的發展，於是也否認了它們的歷史的活動。這就是由於把通常的關於原因和作用的非辯證法觀念當作了殭硬的互相對立的兩極來看的緣故，由於對交互作用的絕對忽視的緣故；一種歷史的契機依據着其他的最後依據着經濟的事實而一度出現到世界上來時，它就能反作用於它的環境甚至於它本身的原因，這一點，先生們常常是完全故意地把它忘了，例如巴特在他的著作第四七五節裏講到僧侶和宗教的地方。……

論愛爾蘭問題 *

——柯柏年譯——

一　恩格斯致馬克思的信

一八五六年五月二十三日於曼徹斯特

在我們旅行愛爾蘭時，我們從都柏林到西海岸的加爾威，再朝向內地北行，達里摩黎克，沿善農河而下抵塔柏特、特拉里、基拉尼，再返到都柏林來。一共在該國本身跑了四百到五百英里；我們所看到的地方，約佔

---

* 這裏所重印的馬克思和恩格斯討論愛爾蘭問題的三封信，是他們在民族問題上所採取的政策之古典的例子。關於馬克思和恩格斯對愛爾蘭問題所採取的立場，列寧說過了這樣的話：

『馬克思和恩格斯在愛爾蘭問題上，也實行了徹底的無產階級的政策，這個政策眞正以民主主義和社會主義的精神教育羣衆。只有這個政策，能使愛爾蘭和英國都不至於將必要的改革延遲五十年，不至於由自由派爲反動勢力着想而來損傷這種改革。

馬克思和恩格斯在愛爾蘭問題上的政策，做了一個最偉大的、至今還有巨大的實際意義的榜樣，指示壓迫民族底無產階級應當怎樣對待民族運動，警戒他們不要沾染各個國度、各個人種以及說各種語言的小資產階級所持有的那種『奴隸式的急躁性』，這些小資

全國底三分之二。都柏林具備着曾爲小帝都的性質，而且全都是英國作風的建築，都柏林與倫敦的關係，正如杜塞爾多夫與柏林之關係一樣，除了都柏林之外，全國底外觀，尤其是都市，都與法國或意大利北部極相似。憲兵、牧師、律師、官僚、紳士，是多得很，而任何工業却完全沒有，所以，如果沒有看到另一方面的情形，卽農民底窮困，那就很難明白所有這些寄生物是依靠什麽而生活的了。全國隨處都可見到『高壓手段』，政府對於一切事情都干涉，所謂『自治』，是連一點影子也沒有。我們可以把愛爾蘭看做英國底第一殖民地，因爲接近於英國，所以還是照着老方法直接統治着。我們在這裏就已經可以看到英國公民底所謂自由，是以對殖民地之壓迫爲基礎的。我從沒有在任何國度中看見有這麽多的憲兵；這裏的拿着短槍、刺刀和手銬的警察，把普魯士憲兵的縱酒的容態，發展到其最高峯。

產者手忙脚亂地認爲誰要是把由某一個民族中的地主和資產階級底暴力和特權所造成的國界加以改革，誰就是『空想家』。

愛爾蘭的和英國的無產階級，如果沒有採納馬克思底政策，沒有把愛爾蘭獨立作爲自己的口號，他們就犯了最惡劣的機會主義的錯誤，忘記了民主主義者和社會主義者底任務，而向英國反動勢力和資產階級表示了讓步。』（『列寧全集』，第十七卷，『論民族自決權』）

——編輯部註

這個國度底特色，就是遍地廢墟，最古的是從第五和第六世紀遺留下來的，最近的是從十九世紀遺留下來的——還有從介乎這兩個時期的許多中間時期遺留下來的。最古的，都是些教堂；在一一〇〇年以後的，是教堂和城堡；在一八〇〇年以後的，是農民底房屋。整個的西部，尤其是加爾威附近，隨處都是這些破碎的農民房屋，大部分是在一八四六年以後才遺棄的。我從沒有想到饑荒會有這麼顯明的現實性。整個的村子是荒廢了，而在這些荒廢的村子之中間，是小地主底美麗園邸。依然住在那一帶地方的，差不多就只有這些小地主，他們大都是律師。饑荒，移民，和淸理債務，合力造成了這種狀態。在田野間，連牲畜的影子也沒有看到。土地完全是荒地，誰都不要。在加爾威以南的克勒郡，情形就比較好，那裏最少是有一些牲畜。向着里摩黎克的小山，大部分是由蘇格蘭的農民耕種得極好，廢墟已被掃除，該地的外觀是富裕的。在西南部，有許多的山和沼，但也有茂盛得驚人的森林，在其後面是很好的牧場，尤其是在蒂帕累利，和向都柏林一帶的土地，我們可以看出是逐漸落入富農之手。

英國人的從一一〇〇年到一八五〇年的侵略戰爭（戰爭與包圍狀態兩者的時期，確有這麼長久），使土地完全荒廢了。廢墟大部分是戰爭時期的破壞所造成的；這是一件事實。愛爾蘭人民底特殊性格，就是由此得到的。他們雖然具有愛爾蘭民族的狂熱性格，但他們在自己的國內，已不再覺得是在自己的家鄉了。愛爾蘭是爲着撒克遜人的！那種情形，現在是已實現。到愛爾蘭來的英國人，不論在那一方面，都有比較優越的手段；愛爾蘭人知道他們不能與英國人競爭。愛爾蘭人將繼續離開祖國而移居海外，直至愛爾蘭人口底克勒特（celt）的性質——愛爾蘭人口，主要是，實在差不多完全是屬於克勒特民族——完全消滅爲止。愛爾蘭人常有所圖謀，但不論是在政治上或在產業上，每次都被壓倒。由於一貫的壓迫，人爲地把他們變成一個完全墮落的民族，他們現在担負着一種惡名昭彰的職務，卽以娼妓、臨時僱工、姘頭、竊賊、欺詐者、乞丐和別種流氓，供給英國、美國、澳洲和其他地方。貴族階級也具有這種墮落的性格，所有別國的地主，都具着資產階級的品性，但愛爾蘭的地主是完全墮落的。他們底鄉間住宅，有巨大的奇麗的花園環繞着，但其四周圍都是些荒地，可以供給他們錢的地方，是完全看不見的。這些人都應該槍斃。他們是混合種，大都是高大的、强壯的美男子，在羅馬風的巨大的鼻子下面，留着很密的鬍子，裝成退職大佐底軍人風調，旅行於國內各地以追求各種各樣的享樂。如果我們調查一下，他們是連一個銅板都沒有，債台高築，而在因負債而落入法庭去底恐怖中過活。……

二　馬克思致顧格曼的信

一八六九年十一月二十九日於倫敦

您或許已在『人民國家』上看到我所提出的關於愛爾蘭大赦問題的反對格蘭斯頓的決議*。我現在像從前攻擊派麥斯頓（palmerston）一樣地攻擊格蘭斯頓——這已在此地引起了人家的注意。這裏的亡命的煽動家，

---

* 這是指馬克思於一八六九年十一月末在第一國際底總委員會上提出他的關於愛爾蘭問題的決議案時的演說，他的決議案經過了長時間的熱烈的辯論，由全體通過。這個決議案，歡迎愛爾蘭人的爭求大赦——赦免那些爲爭求愛爾蘭民族解放而被禁錮的領袖們——的奮鬥；抗議英國首相格蘭斯頓底行動，他『提出一些條件，以妨害政治大赦之實行；他所提出的條件對於惡劣政府底犧牲者，以及對於這些犧牲者所屬的人民，都是侮辱的』。　　——編輯部註

一八六九年十一月十八日，馬克思寫信給恩格斯說，他在第一國際底總委員會上關於英國內閣對愛爾蘭大赦的態度問題，講了一點一刻鐘的話，並提出以下的決議：

『決議，

喜歡在離得老遠的地方，攻擊歐洲大陸的專制君主。這一類的事情，只是暴君在當前的時候，才會引起我的興趣。

「格蘭斯頓先生在答覆愛爾蘭人要求釋放被禁的愛爾蘭愛國志士時——他的答覆，是見於他寫給烏西亞諸人的信中——是故意侮辱愛爾蘭民族的；

他提出一些條件，以妨害政治大赦之實行，他所提出的條件，對於惡劣政府底犧牲者，以及對於這些犧牲者所屬的人民，都是侮辱的。

格蘭斯頓身居負責地位，竟當衆熱烈慶祝美國奴隸主人底叛亂，現在又向愛爾蘭人民宣傳消極服從的學說；

他對於愛爾蘭大赦問題的全部政策，就是「侵掠政策」底眞正表現，格蘭斯頓在過去是曾以斥責這種政策，而把敵黨（保守黨）底內閣推翻的。

國際工人聯合會底總委員會對於愛爾蘭人民之如此勇敢堅決而高尙地進行要求大赦的運動，表示欽佩；

本決議案應通知國際工人聯合會各支部以及與它有聯繫的歐美各國一切工人團體。」

一八六九年十一月十日，馬克思寫道，他在第一國際底總委員會上關於愛爾蘭問題的報告，其要點將如下述：

『英國工人階級底直接的絕對的利益，要求他與愛爾蘭斷絕現有的關係，這完全與替愛爾蘭主持公道的各種「國際主義的」和「人道主義的」空話無關，因爲這在國際工人聯合會的總委員會內部是視爲當然的。這是我的極深刻的信念，這個信念所根據的理由，有一部分我是不能向英國工人宣佈的。我在許久時期內認爲英國工人階級得到政權，可我關於這個愛爾蘭大赦問題之發言，以及我再進一步向總委員會提議對英國工人階級與愛爾蘭之關係加以討論並作一決議，除了大聲爲被壓迫的愛爾蘭人堅决反對他們的壓迫者之外，當然是還有別的目的的。

我日益確信——唯一的問題是使英國工人階級明瞭這個道理——英國工人階級在將他對愛爾蘭所採取的政策很明確地從支配階級底政策分離開來以前，在他不只與愛爾蘭人攜手、並且實際發動解散一八〇一年所建立的聯合**而代之以自由的聯盟關係以前，他們在英國就不能有什麼重大的進步。這是必須做的；這不只是對愛爾蘭表同情之問題，而是爲無產階級利益的一個要求。如果沒有這樣做，英國的人民就將依然受支配階級所操縱，因爲英國的人民一定與支配階級聯合來共同反對愛爾蘭。在英國本國的每一次工人運動，都因爲與愛爾蘭人——愛爾蘭人在英國工人階級中佔極重要的部分——

以推倒愛爾蘭所受的壓制；我在「紐約論壇」（這是馬克思所投稿的一份美國報紙）上總是發表這個觀點。但是更深刻地研究了這個問題的時候，却使我相信相反的情形：英國工人階級在未解脫愛爾蘭以前，便不能有所成就……英國內部的英吉利反動勢力，其根源就是在於愛爾蘭之征服。』

——譯者補註

** 在一八〇一年，英國國會通過『聯合法案』，廢去愛爾蘭國會，把愛爾蘭變成完全附屬於英國。

——編輯部註

分裂，以致沒有力量。在英國的解放底第一條件——即推翻英國的地主寡頭政治——依然是不可能實現，因爲當它還保持其在愛爾蘭的堅固的前哨時，就不能撼動它在英國的地位。但是，一旦愛爾蘭的事情由愛爾蘭人民自己掌握，一旦他自己制定自己的法律和決定自己的統治者，一旦他成爲自主的，那末，廢除地主貴族政治（愛爾蘭的地主大部分也就是英國的地主）將比英國容易得多，因爲在愛爾蘭，這不只是一個單純的經濟的問題，而同時也是一個民族的問題；因爲在愛爾蘭的地主並不與英國的地主相同，在英國的地主是傳統的貴人和國家的代表，但在愛爾蘭的地主却是全民族所痛恨的壓迫者。英國與愛爾蘭的現在的這種關係，不單是妨害了英國的內部的社會發展，而且妨害了英國的外交政策，尤其是對俄和對美的外交政策。

但因爲英國工人階級一般社會解放底天秤盤中，無疑地是有着決定的重量，所以，這裏就一定要使用槓桿。實在說起來，在克倫威爾統治下的英國共和國，是在愛爾蘭觸礁沉沒的*。不要再蹈覆轍！愛爾蘭人選舉『重罪犯人』盧沙 (Odouau Rossa) ** 爲國會議員；這是對英國政府開了一個大玩笑。政府的機關報已恐嚇說要重又廢止『人身保護令』(Hobeas Corpus Act) *** 重又恢復『恐怖制度』。在事實上，當現在的這種關係存續着的時候，英國除了以最殘暴的恐怖手段和最可惡的舞弊營私來統治愛爾蘭之外，從沒有以別的方法也不能以別的方法，來統治愛爾蘭。

---

* 當英國資產階級革命時，一六四一年愛爾蘭發生暴動，結果愛爾蘭有一大部分與英國完全斷絕關係。克倫威爾到一六四九年才把這個暴動鎮壓下去。愛爾蘭底『平定』，是以空前的殘酷辦到的：以大量沒收愛爾蘭人民底土地爲結束，把沒收的土地，賞給克倫威爾底軍隊底士兵和軍官；也以土地償付軍用品底供給者。這一切，使愛爾蘭人變爲英國共和國底反對者，變爲英國革命底最積極的反對力量。

——編輯部註

** 盧沙是愛爾蘭的政治家和新聞記者。一八六五年，他在都柏林創辦了『愛爾蘭人民』，是愛爾蘭民族的革命團體『芬尼會』底機關報。他爲了這份報紙帶着革命傾向而被判處終身徒刑。在一八六九年，蒂帕累利的地方選舉他爲國會議員。政府宣佈選舉無效，但把他釋放，他乃移居於美國。

——編輯部註

*** 一六七九年，英國國會通過了『人身保護法』，規定逮捕時必須有逮捕命令，而且在短期間內必須解送法庭審判，否則釋放。

——編輯部註

三　馬克思致邁爾與符格特的信

一八七〇年四月九日於倫敦

……我研究愛爾蘭問題*多年之後，達到了這樣的一個結論，即：不在英國，而只有在愛爾蘭，才能給英國統治階級以決定的打擊（這對於全世界的工人運動說，也是決定的）。在一八六九年十二月一日，總委員會發出了一張秘密的通告**談到愛爾蘭民族鬥爭與工人階級解放之關係，因而談到國際工人聯合會對愛爾蘭

---

* 在一八五三年，馬克思早已就開始注意愛爾蘭問題，他在『紐約論壇』發表了好幾篇論文，論及英國對愛爾蘭之剝削。恩格斯在他底第一部著作『英國工人階級底狀況』中，也已詳細說及愛爾蘭問題了。

——編輯部註

** 馬克思在一八六九年十一月六日的總委員會會議中把愛爾蘭問題提到議事日程上。馬克思將這個問題與鼓動大赦被禁的愛爾蘭芬尼黨人，一同提出。這封信所提及的通告，沒有保存下來。

——編輯部註

所應取的態度；這通告是我用法文（因爲對英國發生反響的，德文報紙並不重要，只有法文報紙才重要）寫成的。我在這裏很簡單地把主要點對您們說一說：

愛爾蘭是英國地主貴族政治底堡壘。愛爾蘭底剝削，不只是他們底物質的財富底主要來源，而且是他們底最大的道德的力量。他們，在事實上，是代表着英國之統治愛爾蘭。因此，愛爾蘭是英國貴族政治藉以維持其在英國本國的統治之主要手段。

在另一方面，如果英國的軍隊和警察明天從愛爾蘭撤退，愛爾蘭立即就會發生農民革命。但是，在愛爾蘭的英國貴族政治被推翻了，就使在英國的貴族政治也不得不崩潰，這就完成了英國無產階級革命底前提條件。在愛爾蘭破壞英國貴族政治，比較在英國本國破壞貴族政治，是容易得無限，因爲土地問題一向就是愛爾蘭的社會問題底唯一形態，因爲這個問題是愛爾蘭絕大多數人民底生存問題，死活問題，而且因爲這個問題同時是與民族問題分不開的，更不必計算愛爾蘭人底性格是富於感情的，是比英國人更富於革命性的這一點了。

至於資產階級呢，第一，他們與貴族有共同的利益，都要把愛爾蘭變爲只是一個牧場，以最廉的肉類和羊毛供給英國市場，所以，他們是利於減少愛爾蘭的人口，用沒收土地和強制移民的方法把人口減少到這樣的一個程度，使得英國資本（租地資本）能『安全』地在這個國度中發揮其機能。他們對於在愛爾蘭的田莊清掃（即把農民從他們的土地趕出來——譯者註），是與他們過去在英格蘭和蘇格蘭底農業區域的田莊清掃，有同一樣的利益＊。六千至一萬金鎊的不在地主的收入和其他的從愛爾蘭來的收入，現在每年流入倫敦，都同樣是應該計及的。

但是，現代的愛爾蘭的經濟，對英國資產階級還有更重要得多的利益。

由於租地不斷增長的集中，愛爾蘭就把其不絕的過剩人口供給英國勞動市場，因而使英國工人階級底工資以及其物質的和道德的地位不得不降低。

最重要的是英國每一個工業中心和商業中心，其工人階級，現在都分裂成兩個敵對的陣營——英國無產階級和愛爾蘭無產階級。英國的普通工人，仇恨愛爾蘭工人，把愛爾蘭工人當做抑低了他的生活程度的競爭者。對於愛爾蘭工人，他覺得自己是統治民族底一員，因此成爲貴族和資本家對付愛爾蘭之工具，這樣就鞏固了貴族和資本家對他自己的統治。他抱着歧視愛爾蘭工人的

＊　關於英格蘭和蘇格蘭底農民階級底土地沒收過程，請閱『資本論』，第一卷，第七篇，『所謂原始集積』。　——編輯部註

宗教的社會的和民族的偏見。他對於愛爾蘭工人的態度，與美國從前蓄奴的諸邦中『貧窮的白種人』*對於黑人所抱的態度是差不多一樣的。愛爾蘭人呢，他用自己的貨幣，連本帶利地償還英國工人。他視英國工人是在愛爾蘭的英國統治底共犯者及其愚蠢的工具。

報紙、講壇、漫畫、雜誌，簡言之，統治階級所能指揮的一切手段，都盡力使英國工人與愛爾蘭工人之間的敵對不消滅，而反更加厲害。英國工人階級雖有組織，但沒有力量，其祕密就在於英國工人與愛爾蘭工人之敵對。資產階級之所以能保持其權力，其祕密也在於此。資產階級對此是很知道的。

可是，禍害並不止於此。它還渡過大西洋。英國人和愛爾蘭人之間的敵對，是美國與英國之間的敵對底隱伏的基礎**，它使英、美兩國底工人階級，沒有可能誠心眞正合作。它使英、美兩國底政府，能夠在他們認爲適宜的時候，以他們的互相的威嚇，如果必要時，就以兩國間的戰爭，來減殺社會鬥爭底銳鋒。

英國是資本底首都，一向統治着世界市場的就是英國。在目前，就工人革命來說，英國是最重要的一國；

---

* 這是指從前蓄奴的南部諸邦中的無產階級和貧農。

——編輯部註

工人革命底物質條件已經成熟到一定程度的，只有英國。所以，促進英國底社會革命，是國際工人聯合會底最重要的目的。促進英國社會革命之唯一手段，就是使愛爾蘭獨立。

所以，國際工人聯合會底任務，就是隨處都把英、愛的衝突放在前面，並公開贊助愛爾蘭，在倫敦的中央委員會底特殊任務，是要在英國工人階級中喚起這樣的一種意識，即，愛爾蘭民族解放，對於他們，並不是一個抽象的正義或人類的同情之問題，而是他們自己的社會解放底第一條件。……

** 英國在愛爾蘭採行殖民地式的剝削，致使愛爾蘭的村子完全貧乏化，農民如果不願餓死於家鄉，就一定要拋棄家鄉而移居海外。在一八四六年，愛爾蘭人口是八百萬，到十九世紀末就降為四百五十萬左右。在一八五一年到一九〇五年之間，愛爾蘭人移居於美國的，為數不止四百萬。他們構成美國人口——尤其是在美國工人階級隊伍中——之很大的部分。他們還保持其對英國壓迫者的一切仇恨。美國的資產階級，容許愛爾蘭的革命的謀叛的團體在美國成立組織，常常利用這種民族的仇恨，以對付美國內部的階級鬥爭，也以此為武器來反對英國。

——編輯部註

附　錄

恩格斯致考茨基論殖民地的信*

一八八二年十一月十二日於倫敦

……依照我底見解，本來的殖民地，這即是說，由歐洲的人民所佔有的那些地方，如加拿大、好望角、澳

---

* 列寧在他的著作『關於民族自決問題的辯論底總結』中，分析恩格斯在這封信中討論無產階級奪取政權並建立無產階級專政之後對於殖民地的人民應採取什麼政策這個問題所說出的意見，而且把恩格斯底意見發揮起來。列寧說：

『恩格斯決不會以爲單是「經濟的」要素就將直接把一切困難都掃除。經濟的革命將使一切的民族都轉向於社會主義；可是，同時，革命——反對社會主義國家的——與戰爭也是可能的。政治不可避免地要順應着經濟，但並不是立刻地、平滑地、簡單地和直接地。恩格斯「所確知的」，只是一個徹頭徹尾國際主義的原則，他把這個原則應用於一切的「外國民族」，這即是說，不單是應用於殖民地民族；——這個原則就是：把幸福强給外國民族，必把無產階級底勝利葬送掉。

無產階級實行了社會革命，並不因此就變成神聖的和不易犯錯誤並

大利亞，都將變成獨立的；在另一方面，那些由土人居住着而只是被統治的地方，如印度、阿爾及尼亞、荷蘭領地、葡萄牙領地和西班牙領地，必須暫時由無產階級接收過來，引導它盡可能地迅速完成其獨立。這個過程將怎樣進展，是很難說的。印度也許將發生革命；這實在是很有或然性的事，自己已爭得解放的無產階級，不能進行任何殖民地戰爭；因此，一定是容許印度的革命。印度革命時，當然是免不了有各色各樣的破壞，但這一類的事情是與一切的革命都分離不開的。在別的地方，如阿爾及尼亞和埃及，都可發生同樣的事情。對於我們，這當然是最好的。在本國已有許多的事情夠我們幹了。歐洲先改組，然後北美；歐洲和北美就將產生非

沒有弱點的。但是，可能的錯誤（和自私自利——企圖損人利己）將使他們不能避免地領會這個眞理。

我們齊美瓦德左派都確信，如在一九一四年還沒有離棄馬克思主義而轉向去擁護沙文主義之前的考茨基所確信的，即：在最近的將來——或者，如考茨基所說的，「今天明天」——社會革命是很可能發生的。民族的反感，不會很快就消滅：被壓迫民族對於壓迫民族之怨恨——這種怨恨是很正當的——將繼續留存一個時間；只在社會主義勝利之後，只在最後建立起各民族間的完全民主的關係之後，才會消滅。如果我們想要忠實於社會主義，我們現在就要進行羣衆底國際主義的教育，但要在壓迫民族中進行這種教育，如果不宣傳被壓迫民族有分離之自由，那就不可能了。』（『列寧全集』，第十九卷） ——編輯部註

常巨大的力量，並將樹立了這樣的一個先例，使得半文明的諸國，將自願仿傚。單是經濟的需要，就會使這些半文明國這樣做的。但是，這些國度要先經過什麼社會階段和政治階段，然後才同樣達到社會主義的組織，我以爲我們在今日只能提出空洞的臆說。只有一件事情是確定的：勝利的無產階級，不能把任何種幸福，強給任何外國；如果這樣幹，那就未有不把它自已的勝利葬送掉的。這當然不是連各種的防禦戰爭也不許。……

馬恩論俄國*

——景林譯・徐冰校——

一　馬克思致左爾格的信

一八七七年九月二十七日於倫敦

……這次事變 ** 是歐洲歷史底新轉機。俄國——我從官方和非官方的俄文材料中研究了俄國底狀況，（官方材料只有少數人能夠看到，可是我從彼得堡的朋友處得到了）。——早已就站在革命底門檻上；一切因

---

* 在研究土地問題中，馬克思非常注意俄國的探討，它的經濟，它內部的階級力量底對比以及俄國革命前途的分析。俄國使馬克思和恩格斯發生了興趣，因爲它是在歐洲政治上起着顯著作用的一個國家。反動的沙皇政府盡着歐洲底國際憲兵的作用。在馬克思和恩格斯計算中的成熟着的俄國革命形勢開展着一個有強大威力的革命底前途。所有這一切都推動他們對俄國的特別仔細的研究。

『我爲了要能夠從專門知識上來判斷俄國今日經濟發展底根源，我學習了俄文並且長年地研究了與這些材料有關的官方的以及其他俄文的出版物。』〔馬克思一八七七年底致『祖國拾零』（"Otetschestwennyje Sabiski"）〕

恩格斯說馬克思比任何人都認識與了解俄國。

素都具備了。英勇的土耳其人經過他們不但給與了俄國軍隊（和俄國財政）並且給與了統帥軍隊的王朝（沙皇王位繼承者和六個其他的羅曼諾夫皇族）的打擊把爆發加速了幾年。革命運動很技巧地從立憲底把戲開始，它

馬克思在他的信裏再三地指出在俄國正在形成中的革命形勢底高度發展以及俄國革命底國際意義。下面是關於這個問題一些摘錄。

『在俄國革命運動比在其他整個歐洲更向前開展——馬克思在一八五九年十二月十三日寫着——一方面是立憲運動的貴族反對沙皇，農民的立憲運動反對貴族……。下次革命到來的時候，希望俄國一同革命化。』（『馬克思一八五九年十二月十三日致恩格斯』，『馬恩全集』，德文版，三集二卷四四八頁）

關於『下次革命』這裏是指全歐洲的革命及世界革命。一八八二年一月在『共產黨宣言』俄文譯版底序言中馬克思和恩格斯公開聲明：『俄國形成着歐洲革命運動底前驅。』

馬克思所說的革命不僅指俄國而言，這從他一八六三年二月十三日致恩格斯的信中可以看出，那兒寫道：『你對於波蘭的事件怎樣？（指波蘭的暴動——編輯部）革命底時代現在在歐洲又眞正地展開了，這一點已是確切的。希望火山底烽焰這次從東方燃到西方來，而不是相反的，這樣我們將會省去法國創機底「榮譽」。』（『馬恩全集』，德文版，三集第三卷一二六頁）馬克思如何恰當地預言了俄國革命的具體條件，可以從他在剛剛爆發的普法戰爭底事變後所說的話中看出。在一八七〇年八月八日他寫給恩格斯說：

『正像拿破崙第三在一八六六到一八七〇年所做的一樣，俄國府與普魯士欺詐，以便在土耳其方面得到讓步，然而所有這些欺

將會發生了好大的騷動呢。如果大自然母親不是對我們特別不利，我們還能經歷歡祝呢！俄國大學生們幹的那些蠢事只是一個徵兆，它本身是毫無價值的。但是它是一種徵兆。俄國社會底一切階層在經濟上、道德上及知識上都處在完全的解體中。

這次，革命從東方開始了，那兒向來是反革命之不可擊破的堡壘和後備軍。

許，雖然有霍亨楚倫底俄羅斯宗教，最後必將以欺詐者之間的戰爭爲結束。』（『馬恩全集』，德文版，三集四卷三五八頁）在同年九月一日馬克思寫給左爾格說：

『這次的戰爭同樣必然地要引起德國與俄國的戰爭，正像一八六六年的戰爭引起了普魯士與法蘭西間的戰爭一樣，這是普魯士的蠢人們所看不到的。這是我對德國所希望的最好的結局。這特有的「普魯士主義」除了與俄國聯盟以及聽命於俄國外，是從來沒有其他形式存在過，也從不會以其他形式存在的。而這樣一個第二號的戰爭在俄國將要成爲不可免的社會革命底收生婆。』

四十七年以後，馬克思的這一預言完全實現了。在這一問題上馬克思和恩格斯在他們的一些表現中曾有一個錯誤，即是他們把革命的時機估計早了。但是這個在革命開始的問題上的錯誤並不妨礙對於形勢底一般的診斷，俄國革命的動力、性質以及它的國際意義的估計是完全正確的。

在這裏我們發表一封馬克思論俄國的信和恩格斯一八七五年反駁託卡秋夫的文章。

——編輯部註

** 指一八七七年俄土戰爭。

——編輯部註

俾斯麥先生很有味道地旁觀着這次的打擊，但是它不應走得太遠。太把俄國削弱了，它就不能像在普法戰爭中再把奧地利牽制*住！如果在那兒甚至發生了革命，那末，那裏還有霍亨楚倫王朝底最後保證呢？

在目前，一切都決定於波蘭人（在波蘭王國裏）要屈服一下。在那邊目前千萬不要有暴動！不然，俾斯麥立刻就會加入干涉，而俄國的沙文主義又會站在沙皇方面去了。相反地，如果波蘭人安靜地等待着，到彼得堡和莫斯科都燃燒起來，那末，俾斯麥就會以救世主自居而加進來，那末，普魯士就找到了——它的墨西哥**！

我向我所接觸的在他們的同鄉中有影響的波蘭人再三再四地極力說明了這一點。

法國事變***比之東方的事變只是一個完全次要的事件。然而我們仍然希望資產階級共和國得到勝利，或

---

* 俄國在普法戰爭中不但對普魯士守了中立，而且也强制奧地利與意大利守中立。——編輯部註

** 這是把拿破崙第三於一八六一——六三年對墨西哥的進攻爲引喻，他想藉着向殖民地的冒險行動來鞏固他的第二帝國之動搖的基礎。起初由英國和西班牙參加的武裝干涉，是意欲援助墨西哥的反革命勢力，以反抗一八五七年在墨西哥創立的資產階級共和國。

失敗了的墨西哥冒險行動毀壞了法國、英國和美國間的關係，因此供給共和主義反對派以新的滋養料。——編輯部註

者是舊把戲又重新開始，無有一個民族能夠屢次重複這種傻事的。

*** 係指一八七七年法國政治鬥爭的尖銳化。五月十六日，法國底反動總統麥克·馬翁（Mac Mahon）違反着國會底意志，委任保皇黨人德·布羅利組織內閣。他解散了反對派的議會，下令舉行選舉。選舉舉行於一八七七年十月，雖然有政府恐怖政策，選舉結果共和主義者仍佔多數。

——編輯部註

二　俄國社會狀況

恩　格　斯

以下的文章是在我和一位託卡秋夫先生一次論戰的機會中寫下來的。在一篇評論倫敦出版的俄文雜誌『前進』的文章中（登在『人民國家』一八七四年第一一七及一一八期上）我附帶地提及這位先生底名字，但是却惹起他的尊貴的敵視。託卡秋夫先生毫不猶豫地發表了一篇『給弗列德力克·恩格斯的公開信』（蘇黎希一八七四年），在這封信裏面，他說給了我許多奇怪的事情，以後針對着我的顯著的無知，他就極力把他自己對於這些事物底眞相和對於俄國社會革命前途的意見說了出來。這篇大作底形式以及內容都帶着一般的巴枯寧的印章。因爲它是用德文發表的，所以我認爲有在『人民國家』上面答覆它一下的價值。（參看『亡命者文學』四號及五號以及『人民國家』三十六期以下各期）我底答辯中第一部分主要是敍述文化鬥爭中底巴枯寧方式，這種方式底內容就簡單地在於給敵人披上一件直接造謠中傷的大衣。經過在『人民國家』上的刊登，這主要是個人方面的部分已經作的很夠了。因此在這裏我删去了它，而在書店所希望的單行本中只留下第二部分，這一部分主要是研究從一八六一年以來，即從所謂農奴解放以來所形成的俄國社會狀況。

俄國事物底發展對於德國工人階級有着極大的重要性。現今的俄羅斯帝國形成了一切西歐反動之最後的支持者。這在一八四八和一八四九年極確切地表現出來。因爲德國在一八四八年錯過了使波蘭暴動和進行反對俄國沙皇戰爭的機會（如像『新萊茵報』自始至終所要求的），所以這同一的沙皇到一八四九年便能夠把一直前進到維也納大門口的匈牙利革命打擊下去，到一八五〇年他又能在華沙裁判奧地利、普魯士和德意志底各小國，並且把舊的聯邦議會*恢復起來。還在幾天以前——一八七五年五月初——俄國沙皇完全和二十五年以前一樣在柏林受領了他的附從國底恭順，證明它在今天

---

* 一八四八年革命以後，普魯士企圖組織一個在它領導下的德意志各部底聯盟。一八五〇年組成了包括十九邦的『普魯士聯盟』。俄羅斯和奧地利破壞了這一計劃。一八五〇年十月在華沙，十一月在奧爾米茨，普魯士在俄國沙皇底壓力之下放棄了這一計劃。以後經過許多戰爭普魯士才得到了這一領導權。——編輯部註

也還是歐洲底裁判者。在現存的俄羅斯國家還存在着的時候，無有一個革命在西歐能夠澈底勝利。可是，德國是它最近的鄰國，俄國的反動軍隊第一個反擊便會落在德國身上。因此，俄羅斯沙皇政權底顛覆，俄羅斯帝國底解體，是德國無產階級最終勝利底主要條件之一。

但是，這一顛覆決不是非從外面引起不可的，雖然外來的戰爭能夠大大地加速沙皇政權底顛覆。在俄羅斯帝國內部的本身存在着有力地促使它滅亡的因素。

第一個因素便是波蘭人。他們經過百年之久的壓迫已經處在這樣一種環境，或者他們起來革命，援助一切西方眞正的革命暴動做爲波蘭解放的第一步，或者就只有淪亡。而目前他們正處在這樣一個境況，他們只有在無產階級陣營裏能夠找到他們西歐的同盟者。近一百年來，他們經常地被西方一切資產階級政黨所出賣。在德國，一般地自一八四八年起才算數上了資產階級，而從那時起，他們是經常敵視波蘭的。在法國，一八一二年拿破崙出賣了波蘭，而正因爲這次出賣，他的遠征、皇冠和帝國都失掉了；一八三〇和一八四六年的資產階級君主國，一八四八年的資產階級共和國，克里木戰爭和一八六三年的第二帝國都踏了他的覆轍。誰都這樣卑鄙地出賣了波蘭。而今天法國急進的資產階級共和派仍然還匍匐於沙皇前面，希望用一次對波蘭的新出賣來換得一個反普魯士的報復聯盟，完全像德意志帝國底資產階級把這同一沙皇當做歐洲和平底保護者，這就是說德、普合併底保護者來崇拜一樣。波蘭人再無有像在革命工人那裏能找到忠實的無顧慮的支點了，因爲兩者對於共同敵人底顚覆有着同一的利益，因爲波蘭底解放和這一顚覆有相同的意義。

然而，波蘭人底活動是一種地域上限制了的。它被限制在波蘭、立陶宛和小俄羅斯；而在俄羅斯帝國本來的核心，大俄羅斯，它底作用則等於零。四千萬大俄羅斯人是一個太大的民族，而且經過了太特殊的發展，一種運動從外面不能强迫它們。但是這也是不必要的。實際上，俄國底人民大衆，農民，已經好幾世紀以來，就世世代代痲痺地生活在一種脫離歷史的停滯之中。而唯一能夠暫時中斷這種荒漠狀況的變動，便是個別的毫無效果的暴動，以及貴族與政府之新的壓迫。經過農奴制度之再不能延遲的廢止和封建徭役底解除——這是一種用極度狡猾的方式推行的制度，它使多數的農民以及貴族走向了必定的破產——，俄國政府自己把這種脫離歷史的狀態結束了（一八六一年）。因此，俄國農民目前所處的環境自身把他們推進運動中去，這個運動當然還在剛剛形成中，但是它由於農民大衆日漸惡化的經濟狀況會不停止地發展着。農民底怨憤的不滿，現在已經是政府以及一切不滿意者和反對黨所必須估計的事實了。

從這兒申引出，如果下面說到俄羅斯，那末，不是指俄羅斯帝國全部，而是專門指大俄羅斯，這個區域最西的省份是普斯可夫和斯姆倫司克，其最南省區是庫爾斯克和弗洛內斯。

在這個題目上，託卡秋夫先生告訴德國工人說，我在俄國問題上不但是『知識有限』，並且除了『無知』以外，一無所有，因此他感覺到有向他們解釋事情眞相的必要，特別是要解釋爲什麼目前在俄國易如反掌地比西歐還要容易得多地實行一個社會革命的理由。

> 『在我們這兒，沒有城市無產階級，這固然是眞的；正因爲如此，我們也沒有資產階級……我們的工作只需要同政治的力量作鬥爭——資本底力量在我們這兒還只是在萌芽中。而你，我的先生，總能懂得，和前者鬥爭要比和後者鬥爭容易得多。』

近代社會主義所期望的革命，簡而言之，其目的就在達到無產階級對資產階級的勝利，經過一切階級區分底消滅以建立新社會。這裏面不但要有一個進行這一運動的無產階級，而且還要有一個資產階級，在資產階級手裏，社會生產力已經發展到能使階級區分最終消滅的程度。在野蠻人與半野蠻人中間，通常也沒有階級區分，每個民族都經歷過這種狀況。重新建立這種狀況我們是不能這樣幹的，因爲隨着社會生產力底發展，從這種狀況中就必然出現了階級區分。只有在社會生產力達到一定的甚至對於我們現代情況也還是一個很高的發展水平的時候，生產才能提到這種高度，使階級區分底廢除能夠成爲眞正的進步而且能夠持久，同時不致在社會的生產方式中引起一種停頓或甚至退步來。然而生產力是在資產階級手裏才達到了這樣的發展水平。因此，從這一方面說來，資產階級如像無產階級本身一樣，是社會主義革命底一個同樣必要的前提。那末，有一個人說在一個國度裏易於進行這種革命，因爲這個國度裏雖沒有無產階級，但也沒有資產階級，這只是證明了，他還需要學一學社會主義底ＡＢＣ。

俄國工人——如託卡秋夫先生自己所說的，這些工人是『農村工人，因此不是無產者，而是私有者』——是較爲容易些，因爲他們不需要和資本底力量，而『只需要和政治的力量作鬥爭』，和俄羅斯的國家作鬥爭，而且這個國家『只有從遠處顯現爲一種力量……它在人民底經濟生活裏沒有根基；它自身不代表任何階層底利益……在你們那邊（指西歐——譯者），國家不是表面的力量，它以兩條腿支持在資本之上；它本身（！）就是某種經濟利益底化身……在我們這兒，這些情形恰好相反——我們底社會形態都要感謝國家，所謂懸在空中的國家，才有它的存在，這個國家和現存的社會秩序沒有共同處，它底根基是在過去，而不是在現在』。

我們不必逗遛在這些紊亂的想像上：好像是經濟利益需要它們自己所創造的國家，以便保持一個化身，或者是停留在這種大胆的武斷上：認爲俄國社會形態（農民底公社財產制可是也屬在內），要感謝國家才有它們底存在，或者是停留在這些矛盾上吧：說這個國家和現存的社會秩序，（現存社會秩序是這個國家自身的產物啊）無有共同處。最好，我們還是先看一看這個『懸在空中的國家』，這個不代表任何階層利益的國家吧。

在歐俄農民佔有一萬萬五百萬俄畝土地，貴族（這兒我用此作爲大地主的簡稱）佔有一萬萬俄畝土地，其中大約有一半屬於一萬五千個貴族，依此，他們每人平均佔有三萬三千俄畝。農民底土地只比貴族的土地稍微大一點。由此看來，貴族對於俄羅斯國家的存在竟沒有半點興趣，而這個國家却保障他們佔有半個國度。再者，農民從他們所有之半，每年繳納一萬九千五百萬盧布的地稅，貴族却只繳納——一千三百萬！並且，貴族底土地，平均都比農民底土地肥沃一倍，因爲在贖買封建徭役的調解當中，國家從農民手中不但拿去了最多的，而且拿去了最好的土地送給貴族；並且農民爲了這最壞的土地，還要付給貴族最好土地底價格＊。然而，俄國貴族對於俄羅斯國家底存在竟沒有興趣！

農民——從大多數來看——在贖買以後，陷入一種極端悲慘、完全不能忍受的境遇中了。不僅僅是人們從他們身中拿去了他們底土地之最大的和最好的部分，使農民土地在帝國底一切肥沃地區裏——以俄國的耕作狀況來說——都太小了，不夠他們在那塊土地上生活了。不僅僅是他們爲了這塊土地算了一筆過大的價格，這筆錢由國家先替他們墊付，現在他們必須給國家以重利，並逐漸償還。不僅僅是土地稅底全部負担幾乎完全壓在他們身上，而貴族就幾乎完全不納稅——所以僅僅土地稅已經吞食了農民土地全部的地租價值，而農民所必須繳納的一切其他費用（關於這些費用，我們立刻便要談到），便是相當於他們勞動工資的收入中直接扣除的一部分。不僅這樣。不，在土地稅、國家墊款底利息和還本以外，自從新施行的地方行政以來，還加上了省稅與縣稅。這種『改良』之最主要的結果便是給農民加上了新的租稅負担。國家保持着它的收入之全部，而把支出底大部分轉嫁於省和縣，於是省縣便規定出新稅，並且，在俄國照例是上等階層幾乎完全不納稅，而農民則

* 在『人民國家』上，恩格斯底原文中這兒還有一句：『只有在波蘭是例外，那兒的政府想破壞和它敵對的貴族而爭取農民。』

幾乎繳納全部。

這樣一種環境像是給高利貸者造成的、俄國人在對於下等經營，對於利用適當，生意機會以及對於和這些事分不開的欺詐行爲上所特有的幾乎無可比擬的天才上——彼得第一曾經說過，一個俄國人可以抵得過三個猶太人——是處處都少不了高利貸者的。當納稅的期限要到來時，高利貸者，富農——往往是本地區底一個富裕的農民——就來了，拿出他底現錢來。農民無論如何是要用這個錢的，他們沒有怨言地接受高利貸者底條件。這樣，農民便更深地陷入困境中，他們就需要更多的現錢，到收穫的時節，糧食商人來了，錢底需要迫得農民只得賣出他和他的家庭爲糊口所必需的一部分糧食。糧食商人散佈出謬誤的壓低價格的謠言來，給以很低的價錢，甚至往往付給以一部分價格奇昂的貨品，因爲在俄國物品償付制度也是非常發達的。一如所看到的，俄國大量的糧食出口是完全直接建築在農民大衆底饑餓上面。——另一種剝削農民的方法是這樣的：一個投機家從政府那裏長年地租賃官地，只要它不施肥料還能得到很好的收穫的時候，他就自己耕種；後來他就把它分成許多小塊，把這些已經榨吸盡了的土地以很高的租價分租給鄰近靠着自己的一塊份地不能生活的農民。正像上述英格蘭的物品償付制度，這兒我們又有了愛爾蘭式的中間人。總而言之，沒有任何一個國度像俄國這樣，還在資產階級社會之最原始的簡略狀態時，資本主義的寄生制度竟有這樣發達，以致整個國度，整個人民羣衆全被它底網羅所包括與交織了。這個國家底法律和法庭都正保護他們的暴虐的厚利的實際，一切這些農民榨取者對於俄國底存在竟無有興趣嗎？

聖彼得堡、莫斯科、奧得沙的大資產階級，他們近十年來特別是由於鐵路之發展非常迅速發展起來，而在近來冒險年頭裏滑稽地『一起破產』了；糧食、大麻、亞麻和脂肪類底出口商，它們的全部生意都建築在農民底窮困上面，以及俄國的全部大工業，只有國家允諾給他們的保護關稅才保障了它們的存在；難道人民中一切這些顯著的而又迅速生長的分子對於俄羅斯國家底存在沒有興趣嗎？更不必說那無數的官吏羣，他們氾濫於全俄國，並且偷竊全國而在這兒造成了一個眞正的階層。如果現在託卡秋夫先生向我們保證說，俄羅斯的國家『在人民經濟生活中沒有根基，它本身不是任何階層利益底化身』它是『懸在空中的』，那末，在我們看來，懸在空中的好像不是俄羅斯的國家，而是託卡秋夫先生。

農奴解放以來，俄國農民底狀況已經是一種不能忍耐和不能持久的，現由於這個原因，革命在俄國已經在迫近了，這是很顯然的。問題只是，這次革命底結局將是怎樣的？託卡秋夫先生說，它將是一個社會的革命。這純粹是一句同語之反復。每一個眞正的革命都是社會的革命，它把新的階級抬上了統治地位，允許這個階級按照自己底圖樣改變社會。但是，他底意思是說，這次革命將是一個社會主義的革命，這次革命將要把西歐社會主義所努力祈求的社會形態，在我們在西方還未達到這一目的以前就實行到俄國去——而且還是在無產階級和資產階級只是散漫的以及處在低級發展階段中的社會狀態中。這應該是可能的，因爲俄國人據說是社會主義底天生的人民，因爲他們有阿特爾制度和土地公有制。

託卡秋夫先生僅僅附帶提到的阿特爾，我們在這兒也要講一講，因爲，從赫爾森底時代起，就在一些俄國人中起了神祕的作用。阿特爾是一種在俄國很盛行的組合，它是自由組合中最簡單的形式，像在遊獵民族中有狩獵的形式一樣。本字和字義都不是斯拉夫的，而是韃靼的起源。這二者一方面在季爾基森，亞庫特等等民族中，另一方面在拉盆薩莫耶頓和其他芬蘭民族中，都可以找到*。所以阿特爾最初發展於北部和東部，即在和芬蘭人與韃靼人接觸的地方，而不發展於西南部。冷酷的氣候使得各種的工業活動成爲必要，這樣，城市發展底以及資本底貧乏就儘可能地由組合的那種形式所補充了。——阿特爾之最顯著的特徵之一，在組合成員對抗第三者時彼此間聯帶一致的責任性，本來是建築在血族關係之上的，如古代日耳曼人中的『合法資產』（gewere）血族復仇等等。——此外，阿特爾這個名詞在俄國不但用於每種合夥的行動上，並且用在每種合夥的機構上。在工人阿特爾裏面，總是選出一個頭目來，（卽所謂最長者），他執行會計，記帳員以及一切必要的職務，並且領取一筆專門的薪俸。這種阿特爾在下列情形中實行：

一，在暫時的企業中，企業完成後，隨卽解散；

二，在同一職業底成員中，例如挑夫等；

三，在原有工業的、長期的企業中。

阿特爾是經過一次由全體組合成員署名的契約而建立的，如果這時這些成員不能湊足必要的資本，這是常常發生的事，例如在乳酪業中和在捕魚業中（漁網、漁船等等的資本），於是這個阿特爾便落在高利貸者底手中，它以很高的利息墊出不敷之款，從這時起他便可以吞沒最大部分的勞動收獲品。可是，剝削得更無恥的却是又一種阿特爾，它當作整個的僱傭勞動人員僱傭給一個企業家。他們自己監督他們的產業活動，這樣，便節

* 關於阿特爾等等，參看『關於俄國阿特爾材料的彙集』聖彼得堡一八七三年出版。 ——恩格斯原註

省了資本家的管理費。後者（卽指資本家——譯者）賃給成員們小屋作住所，並且給他們墊出生活資料，而這裏面又發展了那萬惡的物品償付制。在阿爾象介斯克省的伐木業和松油製造業中間，在西伯利亞的許多職業中間等等都是如此。（參看弗雷洛夫斯基著：『俄國工人階級狀況』一書，聖彼得堡，一八六九年出版）像這些情形，阿特爾底作用可以說，只是爲了大大便利資本家對於僱傭勞動者的剝削。但是另一方面，也有一種阿特爾，它們自己僱傭工人，而這些被僱傭的工人却正是這組合底成員。

這樣看來，阿特爾是一種自然生長的，因而還是一種很不發達的協同組合，這樣它絕不是專門俄羅斯的或專門斯拉夫的組合。這種組合，只要有需要存在時，什麼地方都形成了的。例如，瑞士的乳酪業，英國的捕魚業，這些組合都是種種不同的。在四十年代建造了那麼許多德國鐵路的席勒西亞底修路工人（是德國人，而非波蘭人），也完全是組織在阿特爾裏面的。在俄國這種形式底優勢固然證明了，俄羅斯人民中存在着强大的聯合動力，但是這還遠不能證明，他們用這種動力的幫助可以從阿特爾立刻跳到社會主義的社會秩序中去的能力。要想這樣，首先需要這種阿特爾本身先成爲能夠發展的，去掉它底那種自然生長的形態，如我們所看到的，那種自然生長的形態對工人是比對資本服務較少的，並且至少必須把自己提高到西歐協同組合底立場。然而，假使我們相信託卡秋夫先生一下（根據上面所說的，這當然是非常冒險的），那末，情形還決非如此。相反地，他用一種以他對於他的立場極端特殊的傲慢態度向我們說：

『關於那些按照德國（！）模型不久以前搬運到俄國來的協同組合和信用組合，是被我們工人底多數以完全漠然的態度來對待的，並且幾乎到處是失敗的。』

近代的協同組合至少證明了，它能按自己的打算有利地推行大工業（例如，蘭卡夏的紡織業）。阿特爾不但至今還沒有能力，並且，如果它不繼續發展的話，它在大工業的場合下甚至會必然沒落的。

俄國農民公社財產是一八四五年被普魯士政府顧問哈克斯陶森發現了，當作一些完全奇怪的東西向全世界喧揚起來，雖然哈克斯陶森在他自己的故鄉威斯伐倫也還能夠充分找到這種公社財產底殘餘，而他們政府官吏的地位是有責任應該仔細地認識它們的。從哈克斯陶森那兒，赫爾森（Herzen）——他自己是一個俄國地主——學到了，他的農民是共同佔有土地的，他抓住這個場合，把俄國農民描寫作社會主義之眞正的負担者，天生的共產主義者，和那些衰老的、腐朽的、先要人工地辛苦追求社會主義的西歐工人相反。這種認識從赫爾森傳給了巴枯寧，又從巴枯寧傳給了託卡秋夫先生，讓我們聽他說吧：

『我們的人民……在他的大多數中……是被公社財產底原則所貫串着，他們是，如果允許這樣措詞的話，本能的、傳統的共產主義者。集體財產底觀念和俄國人民底整個的世界觀（俄國農民底世界究竟達到怎樣程度，我們立刻可以看到）是這樣深刻地聯結在一起，現在政府開始感覺到，這種概念以一種『有秩序的』社會底原則是不能達到的，於是想以這種原則底名義，把私人財產底概念深印入國民意識和國民生活中去，它只能藉刺刀和皮鞭之助做到這一點。由此看來，很明顯的，俄國人民，不管他們的愚昧無知，要比西歐人民，雖他們是受過教育的，更接近於社會主義。』

實際上土地底公社財產制是一種制度，這從印度到愛爾蘭的一切印度日耳曼民族之低級發展階段裏以及在印度人影響下發展的馬來人當中，例如在爪哇，都能找到。還遠在一六〇八年，在新征服的愛爾蘭北部，那地方合法成立的土地公有制，就被英國人當做藉口，聲明那些土地沒有主人，而沒收這種無主的土地作爲皇家所有。在印度，直到今天還存在着公有財產底許多形式。在德國從前是普遍的；現在有些地方還存留的公社土地就是當年的遺跡，特別是在深山內常常還有公社土地明顯的痕跡，公社土地底暫時的分配等等。關於古代德意志有財產公有制之更明確的證明與詳情，可以在毛瑞爾（Maurer）底各種著作中讀到，那是在這一方面典型的作品。在西歐，包括波蘭和小俄羅斯在內，這種財產公有制在社會發展底一定階段上，成爲農業生產底一種桎梏，一種阻礙，而漸漸被消滅了。在大俄羅斯（卽是說在俄國本部），相反地，它到今天還依然保存着，這首先得出了證明，這裏農業生產和與它相適合的農業社會狀況還是處在很不發達的階段上，事實上也是如此。俄國底農民只在自己的公社裏生活着與活動着；其餘的整個世界只有當和他底這個公社接觸的時候，對於他才是存在的。這種情況甚至是這樣的，在俄文裏米爾（Mir）這個字一方面是『世界』的意思，而另一方面又解釋作『農民公社』。全世界（Wes Mir）對於農民的就是公社社員底集會。因此，如果託卡秋夫先生說到俄國農民底『世界觀』，那末，他是顯然把俄文底米爾一字譯錯了。各個公社彼此間這種完全的隔絕，（這種隔絕在全國內是同一的）恰恰是創立了公共利益底反面，是對於東方專制政體底自然基礎，從印度到俄國，這種佔優勢的社會形態經常地產生了它，經常地在它裏面得到了補充。不僅一般地俄羅斯國家甚至它底特殊形式——沙皇專制政體不是懸在空中的，而是俄國社會狀況之必要的和邏輯的產物，根據託卡秋夫先生底意見，這種特殊形式是與社會狀況『沒有半點共同處』的！俄國之向着資產階級方面的繼續發展在這兒也漸漸地消滅了這種公社財產，而不需要俄國政府用『刺刀和皮鞭』。這特別是因爲俄國底公社土地不是由農民共同耕種而再來分配生產品的，如像印度底一些地方還是這種情形一樣；相反地，土地不時地分配給各個家長，每人耕種他自己的一份地。因此公社社員中間財富上很大的差別是可能的，而在事實上這種差別是存在的。差不多在他們當中，處處都有幾個富裕的農民——有時是百萬富豪——他們作爲高利貸者，吸取農民大衆底膏血。這誰也不如託卡秋夫先生知道得更清楚了。當着他欺騙德國工人說，只有用刺刀和皮鞭，才能驅除俄國農民——這些本能的，傳統的共產主義者——底『集體財產的觀念』的時候，在他的俄文小册子第十五頁上，他却說：『在農民當中，從農民的與貴族的土地底購買者與租佃者中生長出一種高利貸者階級（富農）——一種農民貴族。』這正是我們上面敍述過的，同類的吸血鬼。

給公社財產制度以最嚴重打擊的，仍然是農奴底解放。貴族們分去了土地之最大的和最好的部分，給農民剩下的剛剛只夠糊口或常常是不夠糊口。同時，森林分給貴族了，以前農民可以在那兒自由採取作燃料用、作工具用和建築用的木材，現在他必須用錢購買了。這樣，農民現在只有他底房屋和一塊光地，沒有耕作的工具，並且平均沒有使他和他的家庭從這一收穫期維持到下一收穫期的足夠的土地。在這種情形之下，在租稅和高利貸底壓迫之下，土地底公社財產制已不是什麼恩惠，而成了一種桎梏。農民時常從公社中逃跑，他們攜帶着或不帶着家屬，拋棄了他們的土地而去以流浪的工人謀生*。

我們看到公社財產制在俄國早已渡過了它的繁榮時代，從各方面看來是已走向它的解體了。然而也不否認地存在着一種可能性，它過渡到更高的社會形態如果在各狀況成熟之前這種社會形態還能保持着，如果它能表現出在這一方式內有發展的能力，即是說農民今後不再個別地、而是集體地耕作土地**；俄國農民無需經過

* 關於農民狀況，參看『政府農業生產委員會底正式報告』（一八七三），此外參看斯卡爾丁著：『在遼遠的邊疆與首都』，彼得堡一八七〇年出版；後一著作是自由的保守主義者所著。

——恩格斯原註

** 在波蘭，尤其是在格婁德諾省，貴族經過一八六三年的暴動，已大部崩潰了；農民現在經常購買與租賃貴族底土地，他們整塊地做爲集體產業來耕種。而這些農民幾百年來就沒有過公社財產，他們不是大俄羅斯人，而是波蘭人，立陶宛人與白俄羅斯人。——恩格斯原註

資產階級的小財產制的中間階段，而過渡到這種更高的形態。然而這只有這樣才會實現，即是假如在西歐還在公社財產制全部解體以前就勝利地完成了無產階級革命，而提供俄國農民爲這一過渡所必需的前提條件，特別是也提供在他們整個土地制度中實行必要聯繫之改革所必需的物質前提。因此，如果託卡秋夫先生說，俄國農民雖然是『有產者』，却比西歐無財產的工人『更接近社會主義』，那末，這些話只是純粹的吹牛。完全相反。如果有什麽東西還能挽救俄國的公社財產制，給它一個機會轉變成爲新的眞正能夠生活的形態，那末，這便是西歐的無產階級革命。

託卡秋夫先生把作政治革命如像作經濟革命那麽容易。他說：俄國人民對奴隸制度『不斷的抗議』用『宗教派別底形態……抗稅……强盗鬧（德國社會黨之父是剝皮者，德國工人將會祝賀了）……放火……暴動……所以俄國人民可以稱爲本能的革命者』。因此，託卡秋夫先生便相信：『只是需要在許多地方同時喚醒那種在我們人民胸中沸騰着積累着的憤激與不滿情感。』於是『革命力量底團結便可以自動地形成，鬥爭……便會以有利於人民底事業來終結。實際的必要，自我保存底本能便會在抗爭的公社之下完全自動地達到一種堅固的、不能分裂的聯合』。

再不能想像一個比這樣更容易更洽意的革命了。只要同時在三四處地方發動，於是，『本能的革命者』，『實際的必要』，『自我保存底本能』，便都『自動地』幹起來。爲什麼在這樣兒戲般的容易之下，革命還沒有老早成功，人民得到了解放，把俄國變成了一個社會主義的模範地，這簡直是無從了解的。

事實上完全是另外一樣。俄國人民，這些本能的革命者，固然有過無數次反對貴族反對個別官吏的個別的農民暴動，但是從來沒有反對過沙皇，除非是一個假的沙皇自以爲首而宣佈登極的。卡她琳娜二世時代，末一次的大規模的農民暴動之所以成爲可能，是因爲蒲加秋夫詐稱爲女皇底丈夫彼得第三，據說他並未被他底妻子謀殺，而是被廢去皇位幽禁起來，現在他逃了出來。恰恰相反，沙皇就是俄國農民底人間的上帝；上帝高，沙皇遠，這是他們的苦難的呼聲。但是，特別是自從農奴解放以來，農民大衆已經陷入這樣一種境遇，迫得他們漸漸反對政府和沙皇，這是毫無疑的；可是，關於『本能的革命者』的神話，讓託卡秋夫先生搬到別的地方去罷。

那末，即使俄國底農民大衆是這樣本能的革命的，即使我們假定，人們可以像定做一塊描花的紙片或是一把茶壺一樣地定做革命——就是這樣，我還要問：一個十二歲以上的人是不是可以在上面所述的這樣絕頂幼稚的方式內來想像革命底過程呢？並且，再想一想，這些東西還都是在第一次按照巴枯寧底模型所製做的革命——一八七三年在西班牙——顯然地失敗了以後寫出來的！在那兒也是在好些地方同時幹起來的。在那兒也估計到，實際的必要，自我保存底本能，將會自動地在各個抗爭的公社間造成堅固的不可分裂的聯繫的。可是怎樣呢？每個公社，每個城市只是自己保衞自己，根本談不到互相援助，而巴未亞(Pavia)只用了三千個人，在十四天內就一個一個地把所有的城擊破了，於是就終結了整個的無政府主義的美觀。（參看拙著『巴枯寧主義者在工作中』，那書裏面有詳細的敍述）

無疑地俄國處在革命底前夜。財政已經混亂到了極點，捐稅底加重已經失去了效用，舊公債底利息要用新公債來償付了，而每次的新公債都遇到更大的困難；只能在建造鐵路的藉口下弄錢了。行政機構已經徹頭徹尾地腐敗了，官吏們不是靠薪俸，而是更系統地靠偷竊、賄賂與敲詐來生活了。全部農業生產——這是對於俄國最主要的——由於一八六一年的農奴解放，完全弄得混亂了：大規模的土地佔有沒有足夠的勞動力，農民們沒有足夠的土地，他們被捐稅壓死了，被高利貸者吮吸乾了；農業收穫一年比一年地減少。這一切都很吃力地，很勉强地，由東方專制制度結合在一起；這種專橫是我們在西方簡直想像不到的；這種專制制度不但和進步的各階級底見解，尤其是和迅速生長的大都市資產階級底見解，一天比一天更走向顯然的矛盾；而且它的現在的負担者自己已經迷誤了，它今天向自由主義做了某些讓步，而明天又把這些讓步恐懼地收回了，這樣就更加失去了自己的一切信用。同時，人民中那些集中在首都的進步的階層中有了一種增進的認識：『這種情況是不會持久的，革命已經就在眼前了』，同時他們有着一種可以在一種安靜的、立憲的牀鋪上領導革命的幻想。在這兒，革命底一切條件結合在一起了；這次革命由首都底上層階級，甚至或者由政府自己來開始，由農民很快地超過第一個憲法的階段繼續向前推進；這種革命對於整個歐洲有着最高的重要性，因爲它將把全歐洲反動勢力之最後的、至今尙未被觸動的預備軍一下子打得粉碎。這次革命是一定要到來的。只有兩種事件可以使它延緩下去：一種是僥倖戰勝土耳其或奧地利，但是這需要有錢和有可靠的同盟；或者是——過早的暴動嘗試把有產階級又趕到政府底懷抱中去。

馬克思主義根本問題

上海
真美善書店
1930 4

譯者們的小引

薄力哈諾夫氏在現在的中國，實在用不到詳盡的介紹，因為誰也知道他是「俄國共產主義之父」，是世界社會主義學者中的大權威。雖然他在歐洲大戰的時候，竟與考茨基一樣，變成一個可恥的社會愛國主義者了；但是他過去在理論上的努力，我們依然不能抹殺。反之，却很有注意的必要。這一本書——馬克思主義根本問題，是薄氏諸名著中的一冊。他在這本書上，以異常熟練的手腕，運用唯物論的說明，解決了一切理論上實際上的困難問題。並且對于資產階級學者的許多著作，都給以正確的批判。同時關于文化史，神話學，以及藝術等等的分析，都有新的發見；所以要理解馬克思主義之哲學的歷史的觀點，這本書是最好沒有的資料。最後我們要聲明，這本譯本是根據木村春海及恆藤恭的日譯本，後來又承思仁君代爲與法譯本對照一次，在此謹表感謝之忱！

譯者們。一九二九，十二月，一日，

前言

馬克思主義是整個的世界觀，更明顯地說：這是從古代希腊提謨加托－的哲學——即就在提氏的先驅者伊亞諾爾的萬物有生論上，也可找到原始唯物論的痕跡；這樣，馬克思主義——可說是發展到最高階段的近代唯物論，也可以說是發展到最高階段的近代世界觀。

近代唯物論的建設工作，無疑地要歸功于馬克思，以及他的摯友昂格斯。這種世界觀歷史上和經濟上的基礎，就是史的唯物論，同時與史的唯物論有密切聯繫的；卽所謂經濟學的方法，任務和範疇，特別是資本主義社會的經濟發展，這一種整個探討的核心，大都是馬克思·昂格斯所發見的。在這裏，馬克思·昂格斯的先驅者輩，僅僅可以說是材料的掇拾吧了。固然不錯，這些所蒐集的材料，是可驚可貴；可是沒有整個的體系，眞實的意義，倘不能發揮得淋漓盡致。至于在歐美馬克思·昂格斯的追隨者努力，雖然對某一問題（時常是重大的問題），有一些相當的貢獻，然不過是多多少少的一點說明吧了。這樣，就以爲「馬克思主義」是近代世界觀的上述兩方面，這不但對于哲學理論沒有深刻理解的大衆是如此；卽就所謂馬克思·昂格斯忠實的學徒也未嘗不如此。這種世界觀之歷史上經濟上的兩方面，他們不僅以爲與「唯物論的哲學」是相離的；而甚至于轉變爲對立了。因此，這兩方面的理論基礎，從思想的集合體上而分崩離拆，漂蕩于天空了。從事于這種分離工作的人們，又必然地產生給「馬克思主義」以「基礎」的需求，這依然是異常地笨拙，大抵以當時資產階級的哲學思潮影響之下——馬克思主義與任何哲學家的結合，例如康德[一]，愛文諾[二]，謨黑[三]，亞斯多里脫[四]。最近更將它與提斯克爾[五]的哲學結合起來；尤其是提斯克爾的哲學思想，確是脫離資產階級的影響而形成的，所以有些觀點與馬克思·昂格斯有類似的地方，可是馬克思·昂格斯的哲學比較他更徹底，更豐富；因為這個理由，馬克思·昂格斯的哲學決不是提斯克爾所能補足的，雖然可用提斯克爾的哲學，做「一般化」的工作。到如今尚沒有人想來補充「馬克思主義」的；不錯，固然最近在教主反對「近代主義」的宣告上，有一點線索；可是於加特利教界裏，找得可稱這種偉業的思想家，必然是不可能的。

（一）Democritus 希臘哲學家，為原子論的大成者。

（二） Kant 近世大哲學家。德人。著有「實踐理性批判」，「判斷力批判」等等觀念論者。

（三） Ernst Mach（一八三八——一九一三）。德國物理學者。曾為哲學教授。屬實證論的記述學派。

（四） James Oswald 哲學上承繼里托（Th mas Reid）。里托為蘇克蘭哲學的代表者。

（五） Jos ph Dıetzgen 德國唯物論者。

一

時常有人說，以任何哲學來「補充」馬克思主義的必要，就因爲馬克思・昂格斯沒有述明自己的哲學見解。可是這種論證，決不是正確的；若是這種論證是正確的，那麽以整個各異的思想家見解來「補充」馬克思・昂格思的哲學思想，又有什麽論理的根據？而且關于馬克思・昂格斯的見解，重要的材料確是存在的啊！

在昂格斯著「歐文杜林的科學變革」[一]的第一部上，曾完成整個的見解；雖然這部書是論爭的體裁。又在昂格思的名著「費爾諾巴哈與德國古典哲學的末期」[二]裏面，已將馬克思主義的哲學基礎，以積極的形式，表現出來了。在「從烏托邦社會主義到科學社會主義」的英譯本序文中，對于「不可知論」的關聯，昂格斯曾狠簡潔地敘明了。要理解馬克思學說的哲學方面，在資本論第一卷第二版的序文，以及註解裏面——黑格爾[三]觀念論的辯證法與其對立，馬克思唯物辯證法的要約是非常重要的。「哲學之貧困」第二部也有幾頁，對于這方面的關係，是非常本質的。最近在墨林[四]編纂的馬克思・昂格斯遺稿上，對于他們倆哲學思想的發展歷程，也異常明顯地表現着在。

馬克思在他的「提謨加托與伊柏加里的自然科學之相異」[五]學位論文上，表示他純粹是黑格爾學派的觀念論者。「遺稿」第一卷所收刊的其他論文，也是仝樣的態度。在德法年報的時候，馬克思與昂格斯是一起工作的；那時馬克思的態度，與「遺稿」所蒐集的論文就有點不同，這因爲他已站在費爾諾巴哈的「人本主義」上去了。一八四五出版的神聖家庭（即批判的批判之批判。收刊遺稿第二卷），在這本書上，我們理解著者——馬克思·昂格斯 完成費爾諾巴哈哲學的探討歷程，已有重大的進步。馬克思在一八四五年所作的「費爾諾巴哈之十一條的論綱」，那就是他們的研究指針。後來昂格思在所著的「費爾諾巴哈論」上，即從此爲附錄。

一言以蔽之：材料並不是不豐富；可是首先要理解怎樣利用這些材料。因此，必須需要預備的智識，現在的讀者，都缺少豫備的教育，所以茫然地不能處置這些材料。

爲什麽形成上述的現象呢？這自然有許多原因，可是最主要的，爲黑格爾哲學，僅爲少數人所理解；然而沒有這種重要的預備工夫，去理解馬克思的方法，當然是異常地困難，同樣地，今日的讀者，關于唯物論史的智識，也是很貧弱的；但馬克思哲學上的直接先驅者，很明顯地，是與馬克思・昂格斯的世界觀之哲學基礎有相應的聯繫關係。因此，尤其是不得不具備對費爾諾巴哈學說的明確觀念。

費爾諾巴哈的「人本主義」，通常都被認爲不明確，不穩定的學說。尤其是里克[七]在一般大衆和科學者中間，公然流布唯物論的本質與歷史的誤點。他竟至于反對承認「人本主義」爲唯物論，這樣的例子狠不少。就在德國社會民主主義者中，唯一的通曉哲學者墨林，對于這個問題的態度，究竟是怎樣一回事，我們也不大明瞭。至于馬克思・昂格斯承認費爾諾巴哈爲唯物論者，這是很明顯的。雖然昂格斯曾指摘過費爾諾巴哈的不澈底；但並不阻碍他確認費爾諾巴哈哲學的根本思想，是屬于純唯物論的。所以對費爾諾巴哈的哲學，作徹底的探討者，結果無疑地也是仝樣的判定。

（一）昂格斯爲反駁歐文杜林的觀點，而作此書。本書原名爲（Herrn Eugen Duhrings Umwal zung der Wissensch ft）。歐文杜林爲德國敎授。

（二）Fe:ierbach 爲十九世紀德國唯物論的哲學者。（一八〇四——七二）

（三）Hegel 大哲學家，德人，觀念論者。

（四）Me inhr 。德國社會民主黨中的學者，

（五）（Differnz der dem kritischen nud epikureischen Naturphilosopie）。

（六）Humarismus

（七）Fr.edrich Albert Lange德國哲學家（一八二八——一八七五）

馬克思主義根本問題

二

不消說得，我們這樣的措辭，可以預料到讀者一定是大驚失色：固然這是並不足以顧慮的，而且古代思想家，也曾說過一句「驚異爲哲學之母」的妙言。要使讀者們不常停留于驚異的階段，那麼，對于下面的一個問題，首先要自己思量一番：就是當費爾諾巴哈言簡意賅地在叙述他的哲學過程中說：「我的思想歷程，第一次是上帝，第二次是理性，第三次是人類，而也就是最後一次的思想」。在這一斷片的自白裏，他究竟表示些什麼呢？這一個質問，我們又可從他意味深長的話中，得到明確的答案：「唯物論與觀念論爭辯的問題，是人類頭腦的問題。若是理解頭腦是什麼物質，那對于一般物質，自然也有明確的見解了。」（觀念論與唯物論，費氏的著作集第十卷，一二九頁。）他在別的地方，曾說過「人類學」，這就是表示「人本主義」，以「上帝不外是人類自己固有的精神」的意義吧了。（著作集，二四九頁。）這種人類學的立場，據費爾諾巴哈說，特克爾也是清楚的。（著作集，第四卷。）這些事象表示什麼意義呢？我們可以說，費爾諾巴哈所以擇定「人類」爲哲學觀察的出發點，就因爲企圖迅速地達到目的，即需求對于自然與精神關係的正確見解。這個問題的意義，是與空間時間有聯繫的關係——爲當時有識無識的德國人思考習慣所規定；決不是什麼特殊性的世界觀，來規定研究的方法。

以上所引用的，費爾諾巴哈關于「人類頭腦」的話，他對于「腦髓物質」問題的論斷，整個是純唯物論的觀點。這種考察的方法，爲馬克思・昂格斯所採取，並且藉此建設他們本身的哲學基礎。關于這點，在上述昂格斯著的「費爾諾巴哈論」，「反杜林論」中，異常明瞭地，表示着在。這些都有理解的必要，爲什麼呢？因爲就要探討到馬克思主義的哲學領域中去了。

一八四二年，費爾諾巴哈在所著的「關于哲學改革的論綱」一文中說，「思惟」與「實有」的眞實關係如下：「『實有』爲主語，「思惟」爲客語。「思惟」由「實有」規定；「實有」不爲「思惟」所「規定」。「實有」爲自己所規定，有本身的存在。」」（著作集第二卷，二六三頁。）這篇文章，曾給馬克思以强有力的影響。

關于思惟與實有聯繫關係的見解，爲馬克思・昂格斯「史的唯物論」之核心。這些要點，已爲費爾諾巴哈所完成，可以說，是對黑格爾觀念論的批判之最重要的成果。這一過程的論斷，可以簡潔地將它敘明：

以費爾諾巴哈的觀察，黑格爾雖曾克服康德哲學的矛盾——思惟與實有的矛盾；然而矛盾依然停留于一「元素」的內部——思惟的內部。在黑格爾的見解，以爲思想就是實有。「思想爲主語，實有爲客語。」（同上。二六一頁。）這是很顯然的，黑格爾哲學以及一般的觀念論，都是同樣的。他們僅僅克服矛盾成分中一部。即以排除實有，自然等等，來克服矛盾；但是克服矛盾，決不是排除要素的一部分所能勝任的。『「自然實在爲觀念所規定」，這是黑格爾的理論；但這也不過將自然爲神所創造，物質的存在爲非物質的即抽象的存在所創造，這種神學的理論，轉變爲合理的表現吧了。』（同上，二六二頁。）這不但黑格爾絕對的觀念論是如此，即就在康德先驗的觀念論上，也以爲外界爲悟性所決定；而悟性不受外界的決定。這也不過將神學的觀念——謂「外界爲上帝所規定」的學說重演一次吧了，這些都是一鼻孔出氣的。（同上，二九五頁。）觀念論沒有規定實有與思惟的統一；而且它只有分裂這種的統一，原來它也不能規定這種的統一。觀念論哲學的出發點——哲學上的根本原理以「我」爲立足點，這表現它整個是虛僞的一切實際的哲學出發點不能說是「我」；而是要說「我」與「你」。這樣，才能對于思惟與實有，主觀與客觀的關係，得到正確的見解。「我」在我本身是「我」，對於他方面而言，便轉變爲「你」，所以我在一方面是「主」，另一方面又成爲「賓」。這裏還需要一點聲明：所謂這個「我」，並不是觀念論哲學上的抽象存在；「我」是一個實在的存在。我的身體就是我的存在，就是我整個的身體，即是我的「我」，我的實際存在。思考不是抽象的存在；而是實際的存在，就是我的身體，這樣，正與觀念論者的理論處於對立的地位。實際的物質存在爲「主」：思惟爲「客」，這在觀念論上、紛亂不堪，千絲萬縷的矛盾，即思惟與實在的矛盾，如今找到唯一可能的解決。這樣，並沒有排除何種的矛盾要素，兩者都是存在，如今真實達到所謂統一了。「對於我或是主觀的，純精神的，非物質的，非感覺的作用；在它的本身，又是客觀的，物質的，感覺的。」(同上，三五。頁)

這裏不得不注意：當費爾諾巴哈如以上論述的當兒，他是接近斯賓諾斯的。[三]當他企圖向觀念論哲學離異的轉機，即在他撰著新哲學史的時候，也曾異常同情地敘述斯賓諾斯的哲學。一八四三年，他在所著的「原理」中，指明汎神論爲神學的唯物論。在神學的陣營中，揚起否定的叛旗，使唯物論與神學結合，混爲一處，固然是斯賓諾斯的短處；可是並不妨碍斯賓諾斯學說啓示「近代唯物論的傾向，至少是當時哲學之真實的表現」。因爲這樣，費爾諾巴哈給他一個尊號，這便是一近代的自由思想家及唯物論者的摩西。」（同上，二八九——二九一頁）。費爾諾巴哈探求到這麼一個問題：『斯賓諾斯在論理上及形而上學上名爲「實體」，在神學上則有所謂「上帝」，這個東西裏面，究竟是什麼呢？』對於這個問題的答覆，他曾無條件地說道：『除了自然，沒有別的東西！』（第二卷，二四四頁。第四卷，三八。頁。）所以他批判斯賓諾斯學說的最大缺點，爲「自然帶着感性地反神學的本質；而又附合着抽象的形而上學色彩，」這句話確是事實。斯賓諾斯旣克服了神與自然的二元論，爲什麼他觀察自然現象，以爲是神的行爲呢？可是恰恰因爲他觀察自然現象，以爲是神的行爲。根據這個理由，所以「神」在他的心目中，是一個虛無飄渺，遠離自然；而又爲自然根柢的東西。「神」爲「主語」，「自然」爲客語。從神學的傳統下，解放出來的哲學，在本質上是正確的，所以斯賓諾斯的學說應該克服這種缺點。費爾諾巴哈喊道：『打倒這個矛盾——非神，非自然；亦神，亦自然。才是眞理的本質。」（第二卷，三五。頁。）

這樣，費爾諾巴哈的「人本主義」，明顯地說、即從神學傳統中解放出來的斯賓諾斯主義。在馬克思・昂格斯決然與觀念論離異的立足點，也正是在神學的傳統中，為費爾諾巴哈所洗鍊過的斯賓諾斯主義。將斯賓諾斯主義，從神學的迷霧擾導出來 就暴露了唯物論的眞面目，所以馬克思・昂格斯的斯賓諾斯主義可說是發展到最高階段的——近代唯物論。

又思惟不是實有的原因，却是它的結果。更正確些說：思惟是實有（物質）的一屬性。費爾諾巴哈說到結果和屬性：我感覺，並不是與客體對立的主體；而是主體——客體，即實際物質的存在。「客體對於我們，不但是感覺的對象，而是感覺的基礎，條件，前提。」（第十卷，一九三頁。）客觀的世界，不但在我們的外部而存在，它也存在於「皮膚的內部」。人類爲自然的一部，實有的一部；所以在實有與思惟的中間，實沒有對立的餘地。空間和時間，不但爲思惟而存在，同時也是實有的形式。「我本身存在於空間時間的實有，我只能如此地來感覺，直觀，思惟，」。時間與空間，是我直觀的形式，（同上，一八七頁。）一般實有的法則，同時是思惟的法則。

費爾諾巴哈就如是說，以上曾經表明的，昂格思與杜林論辯的時候，也是這樣地說；雖然措辭有些不同。這裏就足以證明費爾諾巴哈的哲學，是多麼深切地給馬克思．昂格思哲學，以强有力的影響啊！

馬克思對黑格爾的法理哲學批判，爲「史的唯物論」成立的開始；這因爲對黑格爾思辯哲學的批判，早爲費爾諾巴哈所解明了。

「關於費爾諾巴哈的論綱」上，馬克思時時發展與補充；盡量發揮費爾諾巴哈的思想。例在「認識論」的領域內，如下的一個問題。據他說，以爲人類最先思想到的對象，就感覺和經驗到它了；而馬克思說：「從來的唯物論、以至費爾諾巴哈的唯物論、主要的缺點：卽將對象的實在性，在客體或直觀的形式之下把握着；而不將人類的實踐活動，卽爲主體所把握着。」（費爾諾巴哈論，五九頁。）馬克思在費爾諾巴哈著的「基督敎之本質」上，知道他將人類活動，僅僅以爲是理論的態度。因此，馬克思才判明他的缺點。就是說：費爾諾巴哈以爲我們的「我」，因受客觀的影響，而認識客體，馬克思恰恰反對，說我們的「我」，因自我的動，而認識客體。馬克思的見解，是完全正確的。浮士德豈不會說過，「太初之始爲動」嗎？不消說得，在費爾諾巴哈的擁護者，也可以引證說：我們對於對象發生影響的過程中，也僅限於向我們動作的對象，卽所謂屬性的認識。在這樣的形之下，感覺都先於思惟，我們先感覺事物的屬性，然後形成對事物的思惟。可是馬克思對於這一點，決沒有否定的啊！這個問題的一般考察，感覺先於思惟，這個事實，表明人類的思惟，在動作過程中的感覺所波動而來的事實吧了，而所謂對外界的動作，也爲生存競爭所規定。這樣，使馬克思的認識論與唯物史觀有不可分的聯繫。在資本論第一卷中，有一處說到：「人類對外的活動，同時變化了本身的性質。」（資本論。第一卷。一四〇頁。）這種深澈入微的思想，含了馬克思的認識論，誰也不能暴露它的先茅」這種理論依存着文化史，爲言語學有力的證明；但是這裏不得不承認，馬克思的認識論、是從費爾諾巴哈的認識論一脈相承而來的。不過因馬克思的天才，使費爾諾巴哈的認識論，益加有力量的發展。就是說，愈加深澈起來；所謂天才的發展，不消說得，也是「時代精神」的產兒。主體與客體的交互作用，主體努力的行動，已在形成馬克思・昂格思世界觀的時代中表現出來。這是非常明顯的，那時恰是一八四八年革命就要到來的時機。

（一） Descartes。法人。有稱爲近世哲學之祖者。

（二） 即第二篇內註（一），讀者可參看。

（三） Bg.uch Spinoza 猶太人，荷蘭哲學家（一六三二——一六七七）

三

費爾諾巴哈·馬克思·昂格思的主客統一，思惟與實有統一的理論，而且也是十七十八兩世紀唯物論者的理論。

在我的論文「倍恩斯坦與馬克思主義」上（新時代，二十六年，第二卷四四號），曾指出萊多里與特特羅的學說，也類似于「斯賓諾斯主義，」即從神學的傳統中解放出來的——斯賓諾斯主義的世界觀。關于主客統一的理論，也可以指明加泡斯[三]是接近斯賓諾斯的；可是這樣論證下去，實在沒有必要，而且也說的太遠了。這裏不過要告訴讀者，關于思惟與實有關係的問題，每一個自然的探究者，只要細細觀察，都會發見與費爾諾巴哈同樣的主張——主客統一的理論。

赫胥黎[四]在「休謨[五]的生涯與哲學」一書上說：『站在近代科學的最高峯，深諳事實的人，一定無疑地斷定心理學的基礎必須要在生理學的神經系統中去探求。」至所謂精神活動，也不過是「腦經機能的複雜形態」，（一〇八頁）這些話全費爾諾巴哈所表明的一樣，但是赫胥黎的話，尚帶着模糊不清的觀念。所以他狠容易將上述的見解與休謨的懷疑論聯繫在一塊。

同樣地，海家爾[六]的一元論，也不過是接近于費爾諾巴哈主客統一的見解，純唯物論的學說吧了。可是他對于哲學史是不了然的，因此，以爲向唯物論的「一面性」去攻擊是必須的。祇可惜如果他能夠不辭勞瘁，去探求費爾諾巴哈・馬克思唯物的認識論，也可在錯誤和偏見中救出來，使站在哲學領域中的敵手，不能任意施他以攻擊。

傅利爾七在他的著作上，表示與近代唯物論（費爾諾巴哈——馬克思——昂格斯的唯物論）是狠接近的。例如在維也納德國自然科學研究者第六十六次大會上，他所發表的「腦髓與靈魂」講演，處處明示着與費爾諾巴哈的類似點；尤其是可驚異的，所用的論據，竟與費爾諾巴哈所用的一樣。腦髓的心理學與生理學，不過是仝一物的二種考察，這也得到確證。關于這個問題，讀者可以追憶到，費爾諾巴哈的上述見解。這裏可再以費爾諾巴哈的話，做一種補充：「我，對于「我」是心理學的客體，對于「他」是生理學的。」最後，傅利爾的主要思想：即所謂意識為腦髓作用之「內在的反射」，這已是純唯物論的思想了。

一切的觀念論者，以及康德主義者，都說我們所接受的，僅僅是費爾諾巴哈與傅利爾所論據到的——心理學方面的現象。他們就以這種理由，來攻擊唯物論者。尤其是斯林[八]加以銳利的公式，表現出這種觀點說：「精神是一座荒島，要從物質之海飛躍上去，始能夠到着」。傅利爾對于這點，就狠清楚地指明：如果不經越這座島，建設科學幾乎是不可能的。他更以確信的態度說道：「每個人如只有主觀主義的心理，」那就「對外界與他人的存在，也發生疑問了。」；然而這種所謂懷疑，是模糊的，不正確的。「推論比較法，自然科學的歸納，五官的經驗比較，證明了他人和心理作用，外界的存在。仝樣，比較心理學，證明動物的心理存在。最後，若是心理學不顧慮到腦髓作用，而是非常矛盾的，它首先就與能力永生的法則發生了對立。」

費爾諾巴哈不但指明放棄唯物論立場的人必然要暴露的矛盾；而且指明觀念論者的道路必然要失足于「荒島」上。他說「「我，」對于我是「我；」對于他是「你」。可是我是感覺的（物質的。薄力哈諾夫註）的存在。抽象的悟性，於「自我的實體」以爲是孤立的原子，自我，神；因此，「主體的存在」與「客體的存在」聯繫在一起，在它的見解，總以爲是不自然的。當我的思想超出于感覺，就是我的思想超越于一切聯繫的外部」。這是異常重要的考察。他以後又分析黑格爾的本體論，所以形成抽象過程的誕生。

如果費爾諾巴哈有現在民俗學的豐富事實，他必定要說，觀念論哲學起源于原始民族的「靈魂說」呢。太利士[九]曾論到這個問題。近代的哲學史家也有將這個事實，放在考察之中；可是他們並不以爲是有重要意義的事實。

這種思考過程，爲馬克思·昂格斯所熟知深悉，並且給他倆世界觀的發展以極大的影響。後來昂格斯，不重視費爾諾巴哈以來的德國哲學，因爲這些早已爲費爾諾巴哈摘發過的錯誤，再來一推重複的錯誤而已。這種輕蔑，不是無因的。

唯物論的新批評者中，沒有一個人所提出的非難，不是已早爲費爾諾巴哈，以及法蘭西的唯物論者所指摘過的。「馬克思的批評者」，如倍恩斯坦，斯米托，加羅斯蕾 他們嘗到德國最新哲學的「雜肴」，以爲昂格斯對于這些問題沒有解剖，說是證明昂格斯，迴避了這些論據；可是事實上早已經昂格斯的探討，而斷定爲無價值的東西了。這裏有一件雖舊而常新的事實，就是耗子總信仰貓比獅子更加有力量。

費爾諾巴哈與傅利爾的思想，有可驚的類似，有些地方，幾乎具備了仝一性。但是還需要注意，卽傅利爾自然科學的充分智識，自然不是費爾諾巴哈所可比擬；可是費爾諾巴哈關于哲學史的智識，也不是傅利爾所見長。所以傅利爾的誤點，在費爾諾巴哈方面是沒有發見的，就因爲這個緣故。傅利爾稱他的學說爲精神心理學的仝一性理論，這在本質上並沒有非難，因爲命名是人爲的，有條件的；不過所謂「仝一性的理論」是建築在觀念論哲學的基礎上。傅利爾因爲對唯物論還蓄有某種偏見，所以不敢公然宣布他的理論是「唯物論」的。於是他另外取了一個名稱。但是傅利爾的「仝一性」，以及觀念論上所謂「仝一性」，是沒有什麽共通的地方。關于這點，我們必須要指明。

所謂「馬克思的批評家」，竟連這一點也不了解。例如斯士托，向我們唯物論者論爭的人們，完全說到觀念論的仝一性上去。事實上，唯物論所承認的「主客統一」，並不是什麽「仝一性」。費爾諾巴哈對于這點，也曾巧妙地說明過了。

費爾諾巴哈所謂主體與客體，思惟與實在的統一，唯有人類在這統一的基礎上才有意義，這似乎又帶着「人本主義」的調子。可是費爾諾巴哈的研究者，爲什麽不覺着有探求的必要？人類怎樣能爲對立的統一基礎？事實上，費爾諾巴哈是如下地想的：「思惟不是自己的主語，為實在的（物質的，蒲力哈諾夫註）本質客語；這裏思惟與實有才不分離」。現在就發生一個問題：在那一種哲學體系裏，思惟為自己的「主體」？即思惟離個人肉體而獨立存在的呢？這個答案是異常地明顯，在觀念論的體系中。觀念論者首先以為思惟是獨立的，不依存人類而「自在的主體」，然後又說在這種存在（獨立自存的存在中）已解決了思惟與實有的矛盾；可是這種解決，純粹是形式上的解決。這早為我們上述所論證過的，只剷除矛盾要素的一部分——即不依賴思惟而存在的實有，「實有」被視為思惟的一種屬性。如我們說一種對象的存在，這就表示着說，那個對象存在于思惟裏。這在斯令的心目中就是這樣。他承認思惟為絕對的原理，在這一種所謂絕對的原理中，發現了現實世界、即自然界與有限的精神；可是怎樣發現？現實世界的存在意義怎樣？這以斯令的觀點看來，宇宙一切都是絕對精神的自己直觀，現實世界存在于思惟的中間。黑格爾的觀點也正是如此；然而這種形式上的解決矛盾，在費爾諾巴哈當然是不滿意的。所以他正確地指出：脫離人類的，即脫離現實物質的存在，而獨立的思惟，是不可能的。所謂思惟，不過是腦經的作用。但是「腦髓限于人類的頭腦，全人類的身體聯繫的時候，才能形成爲思惟的機關。」

現在可以理解在費爾諾巴哈的哲學體系上爲什麼「人類」形成爲「實有」與「思惟」的統一基礎呢。這因爲人類本身，就是有思惟能力的物質存在。這樣形成的基礎，所以在人類的中間，無須克服任何矛盾的要素：實有或思惟，物質或精神，主體或客體；因爲人類的中間，恰恰是主體與客體的結合。所以費爾諾巴哈說：「我存在，我思想……因爲我是主體與客體的結合」。

所謂「存在」，並不是說存在于思思的中間，這一點，就可見費爾諾巴哈的哲學，較之提斯克徽的思想清楚了許多。費爾諾巴哈說：『證明某一種事物的存在，就是表示着不僅僅存在于思惟中間的證明。』這是整個正確的。而且同時就是這樣說，實有與思惟的統一，决不是「仝一性」的意味。這裏又表示着一件重大意義的事象，那就是唯物論與觀念論的分野最主要的表徵出現了。

（一） Bernstein 德人。馬克思主義的「修正者」。

（二） Rametrie（一七〇九——五一）法蘭西啓蒙期的唯物論者。Denis Diderot（一七一三——八四）法國百科書家。

（三） Hobbes（一五八八——一六七九），英國哲學家。

（四） Huxley（一八二五——九五）英國自然科學者。實證主義的哲學者。爲擁護達爾文學說的第一人。

（五） Hume（一七一一——七六）英國代表的哲學家。

（六）Hoeckel（一八三四——一九一九）。德國十九世紀後半有名的唯物論的自然哲學者。

（七）Charles Fourier（一七七二——一八三七）法國社會主義哲學家。

（八）Schelling德國哲學家。

（九）Thils。德國哲學家。傾向于實在論。

（十）均係馬克思的「批評家。」

四

說到馬克思・昂格斯一時曾爲費爾諾巴哈的追隨者，這句話好像暗示着：費爾諾巴哈的世界觀，到了馬克思・昂格斯的時候，就轉變爲整個相異的東西了。如提羅一就是這樣說，他以爲費爾諾巴哈給馬克思的影響，世人時常是過甚其辭；可是這種見解，是完全錯誤的，曾經爲費爾諾巴哈的追隨者馬克思・昂格斯，決不能說，他們倆不可探討費爾諾巴哈哲學的重要構成。這種證明，最好的就在於馬克思著的「關於費爾諾巴哈的論綱」上。在「論綱」裏，很明瞭地可以看出，並沒有拋棄費爾諾巴哈哲學任何一種的根本思想；不過改正了這些論點，發展了這些論點。核心的問題，在於馬克思・昂格斯需求更根本地，澈底地應用這種論點，以解析人類四圍的實在，尤其是對人類活動的說明。不是思惟規定了實有；恰恰相反，却是實有規定了思惟，這個斷語，是費爾諾巴哈哲學之一切根本思想的核心，也就是馬克思・昂格斯唯物史觀的核心。馬克思・昂格斯的唯物論，不過較費爾諾巴哈哲學更加發展，更加充分的理論而已。然而他們關於唯物論的解釋，與費爾諾巴哈哲學內的論理，所規定的發展方向，是不衝突的。因此，不理解費爾諾巴哈哲學那一部份滲入科學社會主義創始者的世界觀內部，那就不能明瞭他們的見解，特別是在哲學方面，所以急於從事，給史的唯物論找「哲學基礎」的人們，讀者就可以明瞭，這位深遠的智識所有者，對於上述的一點，確是異常地不理解。

且慢談這位深遠的智識所有者，來注意下面的問題吧：在馬克思著的「費爾諾巴哈論綱」第三項中，他以費爾諾巴哈的主客統一觀念，着手解決人類的歷史活動中最困難的任務。在這一項論綱上說：「唯物論的學說，謂人類爲環境和教育的產物。……忘記了環境，正是由人類來變化的，教育者本身是需要受教育的」。解決了這個問題，唯物史觀的「祕密」就被發見了；可是費爾諾巴哈還不能解決這個問題，因爲他在歷史的領域，與十八世紀的法國唯物論者一樣，還是一個觀念論者。在這裏，馬克思．昂格斯利用當時科學的蓄積，特別是法國王政復古時代的歷史家所已經蒐集的材料，以從事新的建設。就是在這一點上，費爾諾巴哈哲學，也予他們倆以有力的啓示。費爾諾巴哈說：「藝術，宗教及科學爲眞實人類的本質現象和表現」，這就是表明，一切意識形態，是在「人類本質」

中去求得答案。即意識形態的發展，爲「人類本質」所規定的。可是「人類本質」是什麼呢？據費爾諾巴哈的答覆，是這樣：「人類本質爲人與人間的共仝態與統一性」；然而這種論點是動搖不定的。在這裏，發見了費爾諾巴哈所不能超越的圍牆；而且也就是在圍牆的外面，馬克思．昂格斯開始了唯物史觀的分析。唯物史觀指示着，在人類發展的進程中，規定了人與人間的共同態與統一性即人與人間的相互關係。這種圍墻不但爲費爾諾巴哈與馬克思的分野，而且同時表示他們有怎樣的聯繫。

在上述的「費爾諾巴哈論綱」第六項上說，人類本質爲社會關係的總和。這較費爾諾巴哈所說的，要明確的多了；但是在這個論綱上，更加顯示着，馬克思世界觀與費爾諾巴哈哲學，這兩者的中間有深刻的聯繫痕跡。

馬克思在著這個「論綱」的時候，他不僅探求到解決這個問題的方向，並且是已經解決了這個問題。他在所著的「黑格爾法理哲學批判」序言內，即得到以下的結果——人類社會的相互關係，即「法律關係，以及國家形式，是不能用自己來分析的，也不能以人類精神的一般發展去說明。這是要從黑格爾與十八世紀英法人所公稱的市民社會，依存於這個市民社會的物質生活關係。而這個社會的分析，就要從經濟關係中去探求。」

幾世紀唯物論所不能解決的苦惱任務，一旦得到完成的方法。這樣，只將經濟的形成與發展，給它一個分析，就可了事了。這種分析的方法，是馬克思·昂格斯給我們的。

上述所謂解決方法的完成，不是社會發展的算術，而是代數。不但指出各個現象的原因，而要指明怎樣去探求這些原因。這就顯示着說，史的唯物論，首先有些方法論的意義，昂格斯對于這點，是有整個理解的。以下便是他說的：「我們切實的要求，不是清澈的結果，而是探討；如果這個結果全發展到這個過程沒有聯繫，這是無意義的」。這重大的關頭，就是爲「馬克思批評家」所不理解，而且有些馬克思的信從者也不清楚。美克蘭基以爲他的智識，形成了許多「不智」，這是狠可悲痛地，他的預言再三實現了，雖然不僅是美克蘭基的智識是如此，現在關于馬克思主義的智識，也形成了許多「不智」；然而這種責任，自然不是馬克思所應負的，而是假借馬克思的姓名去招謠欺騙的人們，所以要不墮于「不智」的陷阱中，首先對于史的唯物論——方法論的意義，需要一番的理解。

（一） Karl Diehl 現代德國經濟學者。（一八六四——）

五

馬克思・昂格斯在唯物論上最大的功蹟，爲明確方法的完成。費爾諾巴哈以全力向黑格爾哲學的思辯要素攻擊，因此，不能利用黑格爾的辯證法。費爾諾巴哈說：「眞實的辯證法，不是孤獨思想家的自白；這是「我」與「他」的對話。」；可是第一，黑格爾的辯證法，不是「孤獨思想家的自白」，第二，費爾諾巴哈的考察爲正確的哲學出發點，決不是它的方法。這種缺點，已經由馬克思・昂格斯補充起來了。他們雖然與黑格爾哲學的思辯要素對戰；但沒有忘記了他的辯證法。幾多批評家之中，以爲馬克思最初與觀念論斷緣時，對于辯證法，也是取不關心的態度；可是這種主張，已爲我們上述的「德法年報」一節所反駁過，這就是昂格斯所說方法爲新體系的靈魂論。在「哲學之貧困」第二部，馬克思與蒲魯東辯論的時候，已經充分理解辯證法，同時又理解使用辯證法。馬克思對蒲魯東的勝利：一方面是對辯證法得心應手的人；另一方面是不理解辯證法的本質，而又想使用它，來分析資本主義社會的人。因此，就決定是勝利者。在「哲學之貧困」第二部上，表現全一的事實，即黑格爾・蒲魯東（限于他在辯證法上一般的領會）帶着觀念論性質的辯證法，經過馬克思之手，將它放到唯物論的基礎上了。

以後，馬克思說明他的辯證法性質時說：「在黑格爾以爲獨立理念的思惟過程，是實在的思惟過程之外的表現；在我恰恰相反，觀念實爲物質移植在人類頭腦中所反映出來的東西」。這種說明，關于黑格爾的觀念，以及關于思惟和實有關係的見解，與費爾諾巴哈的前提完全是一致的。不是思惟規定了物質；而是物質規定了惟想，唯有堅確地相信費爾諾巴哈根本思想爲妥當的，才能使黑格爾的辯證法「倒立於地上」。

辯證法時常與發展的理論混同，事實上辯證法固然是發展的理論，但是與那些學說——以爲自然與歷史沒有飛躍的，是徐徐地變化而進行的學說——如「進化論」便是這樣——辯證法與這樣的漸變理論，在本質上就是相異的。黑格爾說以漸變的論點去理解發展的觀念，實是一件可笑的事。

黑格爾在所著的「論理學」第一卷內寫道：「時常地人們去理解事物的發生和消滅，一定思考到這種事物「漸次」的發生和消滅。然而一般存在的變化，不但有「一量到他量」的推移；而且有「量到質」的推移。從量到質的推移，使事物的漸變性崩壞。」這種發展的過程，表示漸變性的中斷 突變的形成。黑格爾在自然和歷史上，舉出豐富的例，狠足以證明飛躍的突變說，並且顯示着粗俗的「進化論」上論理的誤謬。

黑格爾又說：「發生漸變性的基礎，就以爲質量狠少，非心目所能理解；但它已在事實中存在。同樣，對於消滅漸變性的基礎，也以爲這種事物是沒有的，或則是代替它出現的存在。……然而這樣發生和消滅就被洗淨了。以漸變性來理解發生和消滅，這不過是全語反覆多餘的冗論而已，將發生和消滅成爲已經完了的事物。」（卽發生和消滅前提的事物。薄力哈諾夫註）

關於黑格爾所發展過程上飛躍必然性的學說，這種辯證法的見解，是爲馬克思・昂格斯素所應用的。當昂格斯與杜林論戰的時候，異常精密地將這種論點，發揮的淋漓盡致。同時使它「直立地上」，即放置於唯物論的基礎上。他（即昂格斯——譯者）曾指示出：一種力量，從一形式到他一形式的推移，不經飛躍的突變是不可能的。他又在近代化學中，力求從量到質的辯證法理論上證據。這表示辯證法的思惟法則為實有的辯證法屬性，同時也表示實有規定了思惟。

現在不再說明唯物論的辯證法了。（唯物論的辯證法，如全初等數學與初等論理學關係等等，讀者可細看「費爾諾巴哈論」俄譯本序文。薄力哈諾夫註）這裏僅指示給讀者：最近二十年間，在發展過程中，承認漸次變化的理論，即在生物學的領域內，也開始搖蕩，不能自持了。關於這點，柯瞿和傅利斯的著作，實有劃期的價值。傅利斯的變異說事實上也不過飛躍的突變理論吧了。

這位自然研究者的意見，說達爾文進化論的弱點，在於以漸次變化說明人種發生的理論。傅利斯狠有興味地說漸次變化的理論：在實驗研究上是不大有影響的。

在近代自然科學上，主要的在新拉馬克主義的陣營內，有所謂物質具心說，即以為一般物質，特別是有機物質，具備一定程度的感覺性理論。這種論據，許多學者以為是全唯物論直接對立的學說。可是在事實上，如果正確地去理解這種學說；那也不過實有與思惟，主客統一的費爾諾巴哈唯物論學說，以近代自然科學的辭令表示出來吧了。對於費爾諾巴哈的見解，有充分深徹的理解馬克思．昂格斯；而在上述的自然科學方面，還沒有充分探討的傾向，這在我們是敢斷定的。

墨爾鄭曾正確地說過[二]——「幾多的人以為黑格爾的哲學是保守的；實際上，它却是革命的代數學。可是黑格爾並沒有將這種代數學，應用到實際生活上核心問題上去」。這因為思辯的要素，必然地在偉大的絕對觀念論者哲學成分中，帶着保守主義的精神。在馬克思唯物論的哲學內，自然整個相異了。——革命的代數學，在他的辯證法內有力地顯示着。

馬克思狠正確地說：『辯證法的神祕化形態，在德國是最流行的，這因爲它承認現存事物的神聖化。然而辯證法的合理形態對布爾喬亞及其代辯者，是一種苦惱的恐怖。這是爲了它，在肯定現存事物的理解中，同時包含否定現存事物，以及其必然沒落的見解。辯證法的合理形態，理解一切現象，是從運動流程中去探求的；這表示它不懼怕什麽，在本質上即是批判的革命的。』（資本論。第一卷第二版的跋。）

從「俄羅斯文獻」的見地，來考察唯物論的辯證法。就可以理解，辯證法開始，即給予俄羅斯的學者以解決存在的合理性問題的必要方法。即我們的天才伯采斯基所苦惱的問題。在俄羅斯生活的研究上，應用馬克思的辯證法，而後始能獲得在生活過程中實在的事物，以及僅僅具備實在的外觀事物，這種正確的理解。

（一）Joseph Proudhon 法國無政府主義者。（一八〇九——一八六五）

（二）Alexander Ivanovitch Herzen 十九世紀俄國革命著述家（一八一二——一八七〇）

六

說明到史的唯物論，首先的問題，就是社會關係發展的眞實原因何在的問題。我們理解「市民社會」的解剖學是由經濟來規定，那麼經濟又是什麼來規定？

關於這個問題，馬克思是這樣答覆的：「人類生活於社會的生產，形成一定的，必然的，離意志而獨立的關係，即適應物質的生產力一定發展階段的生產關

係，生產關係的總和，也就是社會經濟的構造。卽法律政治的上層建築之現實基礎。」（經濟學批判序說）

這樣，馬克思關於經濟的發展問題，一定還原到規制社會生產力發展的原因問題。關於後者問題的解決，開始就指示到自然地理的關係。

黑格爾在所著的「歷史哲學」內，曾敍述到「世界史的地理基礎」重大的影響。然而他以觀念爲發展的最後原因，所以敍述到這個問題，不過是次要的，非自覺地透過於現象的唯物分析。因此，他不能得到極正確的結論，這種結論，到了唯物論者馬克思的手中，纔開始將它盡量地發揮出來。

地理環境的性質，規定了人類必要偏足的自然生產物，並且規定生產這些自然生產物的性質。任何金屬存在的地方，以土民自己的力量，能夠超過石器時代的界限。仝樣地，原始的漁人和獵人推移到牧畜和農業，要有適應的自然地理關係（卽一定的植物與動物）。摩爾根說過：「西半球缺少馴養的動物，兩半球特產植物的差異，爲兩半球住民社會發達過程的相異說明。」

方伊斯關於北美的銅色人種說：「那裏完全沒有家畜，這是一件非常重大的事實。爲什麽呢？這因爲他們落後於低度發展的階段，最主要的理由」。又斯曾傅特說，阿非利亞洲某一地方人口過剩，一部份人口移住他方，因地理環境，而變化他們的生活形式。「從事農業的部落，轉化爲狩獵的生活，過去從事牧畜的部落，轉化爲農業的生活」。斯曾傅特又說，中阿非利加洲，富於鐵礦地方的住民，自然以從事鐵的生產爲生活了。

然而這不但是這樣，在人類進化的最低階段，各種部落已有各種生產物相互交換的關係。這樣的結果，各部落生產力速度的發展影響，使地理環境的界限擴大了。可是這種關係的確立和發展難易，是依存於地理環境的性質。黑格爾說過，「海洋和江河，聯接了人類的關係，巍峨的山嶽，却分離了人類的聯繫。」然而海洋聯繫了人類的關係，是在生產力發展比較高度的階段而言。在生產力發展低度的階段，海洋和江河，對於人類的關係，關於這點，拉寨士曾正當地說，海洋阻碍所分離的部落間關係；可是無論如何，地理環境的性質，更加複雜，生產力的發展，也更加便利，這是不容懷疑的事實。馬克思說：「自然生產品的複雜，形成社會分配的自然基礎。人類因自然狀態的變化，形成他們多樣的慾望，能力，勞動方法。這不是土地絕對的豐饒性，即是土地的差別性，土地的自然產物多樣性。」拉塞士幾乎整個與馬克思的觀點相仝，他說：「問題的重要，不在得到食糧的容易，而是要從人類中喚起一定的趨向，慾望，習慣。」

這樣，地理環境性質，規定生產力的發展。生產力的發展，規定經濟關係的發展，並且規定其他的社會關係發展。馬克思對於這點，曾說明過：「生產手段的性質不仝，使生產者相互加入的社會關係，以及生產者所參與的活動，交換，生產總體的條件，也隨之相異。戰爭的新武器——鎗砲的發見，必然變化軍隊的整個組織，變化了軍隊編制與活動的關係。並且各種軍隊間的相互關係，也隨之而變化。」（工銀勞動與資本。）

我們爲使上述的說明更加一層確實，現在再引用一個例證吧：在非洲東部馬薩伊族對俘虜的辦法，就是將他處死。這種事象表示些什麽呢？根據拉塞士的意見，說這一個牧畜部落還沒有使役奴隸——技術上的可能性。但與馬薩伊族比隣的傅客柏族的農耕部落，就有奴隸勞動的榨取可能，他們處置俘虜，並不將他殺戮，卽將他形成爲奴隸。這卽表示有奴隸出現的社會力量，已經有容許榨取奴隸勞動的前提，已經發展到這一階段。奴隸制度的本身，就是一種生產關係，在過去僅有依存性別和年齡的分別的社會，奴隸制度的產生，開始了階級的分裂。

奴隸制度充分地發達，影響到整個社會的經濟，以及其他的社會關係，特別給政治制度以深刻的痕跡。我們可以不管古代國家在政治組織上有怎樣的相異　然而有一種共仝的特徵——這些國家，都顯示着是擁護自由民利益的政治組織。

七

最後規定整個社會關係的生產力發展，是依存着地理環境的性質；然而一定的社會關係確立後，對於生產力發展是有很大的影響；因此，過去的結果如今轉變爲原因了。生產力的發展與社會秩序中間，因時代相異，形成複雜的形式，共仝存在着交互作用。

一定社會的內部關係，爲生產力的發展狀況所規定，這一點，我們是不得不注意的。生產力發展的各階段照應着，軍備，戰爭方法及國際法。更精確地說，諸部族間的法律，各部族間起交互作用的法律。狩獵民族不能形成大政治的組織，這是爲什麼呢？因爲他們生產力水平線還在低度的階段，爲獲得食糧，不得不分散爲小小的一羣，這在俄羅斯古代，也有這種分散的人羣。在文明社會的爭氛，經過了仲裁便很容易將這些細小的糾紛解決了；但是在那分散的人羣裏，不可避免地要激起血腥的衝突。阿士說，當澳大利亞諸部族間，發生爭論的問題，於是在一定的地點，激成會戰，然而這種局勢決不能持久的；這因爲食料的恐慌。或則爲狩獵上的必要而使他們分裂以前，各部族間早已迅速地起了紛擾的戰爭。

各部族間紛擾的來踪，自然有許多的緣故，但歸結起來，這些原因，不外於經濟的。在好多旅行家的著述內，也都是這樣的斷定，這是很可注意的事實。斯達拉會到過非洲熱帶的地方，探問那裏的土人，得到各部族間怎樣發生戰爭的原因；這是根據土人以下的答覆：「我們出去打獵，鄰族不容許我們，以後我們就打他們，他們也就打我們，到了一方戰敗，或是沒有氣力爲止。」柏東也仝樣地說：「非洲的戰爭有二大成因：家畜的掠奪，或俘虜的捕獲。」拉塞士也贊仝地說：紐西蘭土人間的戰爭，除了食人的慾望以外，沒有別的動機；這因爲那個地方缺少動物，所以形成顯著的食人癖傾向。

戰爭的結果怎樣，是依存交戰當局的軍備，這是誰也知道的事實。然而軍備是爲它的生產力，經濟與經濟基礎而成立的社會關係所規制。說某一民族爲他一民族所征服，可是沒有分析征服的社會結果。羅馬征服了加利亞，日士曼征服了羅馬，這兩者社會的結果，決不是仝一的。英國被諾士曼人征服，俄國被蒙古利亞征服，兩者的社會結果，也不是仝一的。這些差異的結果，是由征服者與被征服者經濟秩序間的差異來決定的。某一部族或民族的生產力愈是發展，那它們爲生存競爭而產生的武裝能力，也隨之而增加。

可是一般的規則，有些可注意的例外。生產力發展水平線在低度的階段，經濟發展相異階段的諸民族，他們的軍備的不全——例如游牧民族，定住的農耕民族——並不像以後時代有這樣大的鴻溝。而且經濟發展的過程，給民族性質上以强有力的深痕，因此，減少民族的好戰性，使他們反不能抵抗經濟發展水準較落後，而深好戰鬥的敵人，這是從事農耕的民族時常爲好戰的民族所征服的說明。拉塞士說，最堅固的國家組織，常常是「半開化民族」；這因爲二種要素——農耕與牧畜的征服結合。這種觀察，一般上說來，是正確的。可是經濟發展水準較低的征服者，時常爲經濟關係進步的征服者所影響，（中國正是一個好例）這一點，我們是不得淡然忘去的。

地理環境，不僅對于原始民族有影響，就是對于所謂文明民族也依然有影響。馬克思曾說過：「在自然力之上規制社會的統治，爲經濟地利用自然力，征服自然力而組織起來的人類力量，有這種高度勞動手段的必要，這在產業史上有顯著的領域。埃及，羅巴提，荷蘭，印度，波斯等的水利事業，就是好例；因爲那些地方不僅有以人工運河灌溉土地的必要，而且同時也產生肥料的成分。西班牙和西西里在阿拉伯統治之下，產業繁榮的祕密，就在于運河的工程。」

在地理環境影響人類歷史的發展理論上，竟承認「氣候」對于人類有直接的影響：即在「氣候」影響之下，某一種族是酷愛自由，某一種族，甘心屈從於君主專制之下；而某一種族迷信宗敎，願屈從於僧侶之下。例如柏格爾，便是這樣的觀點。可是馬克思的見解，謂自然條件的作用，是要經過一定的土地，一定生產力的基礎上而形成的生產關係媒介。而生產力首先的發展條件，就是土地的自然關係。近代的民俗學愈加接近這種觀點了；從此，「文化」史上種族的領域也愈加縮少了，拉塞士說：「某種文化程度的獲得，全種族是不相干的。」但是某種程度的「文化」完成，無疑地，對「種族」物理與心理的性質是有影響的。

地理環境對于社會人類的影響，有種種不全的程度。爲地理環境所規制的生產力發展，使人類對自然的能力增大，這種能力，使人類與四圍的地理環境，形成一種新的關係。今日的英吉利人，與查士時代住居英國的民族，對于環境的規制，是相異的，不全的反作用。所以地理條件雖然全一；但是住民的性質可以根本變化的。這樣，對于一切的謬見，我們都可將它駁倒的。

（一） Heury Thomas Buckle 英國歷史家。（一八二一——一八六二）英國文明史著者。

八

經濟構造上形成特有的法律和政治關係，這對于社會人類的心理有強烈的影響。馬克思說：『在所有權的各種形式上，在各種社會生存的條件上，產生了特殊的形態——有多樣的感覺，幻想，思考方法，生活觀的上層構造。』「實有」規定了「思惟」。這裏，可以說：科學進步說明社會發展的過程，這些却是近代唯物論原則上有力的論證。

在一八七七年，諾阿利寫道：「言語與文明生活的形成，是爲共全目的，向共全的活動，從我們祖先最初的勞動中生長起來的。」他還發揮了可注目的思想：原始時代的言語不能說是客觀界事物的本體，而是爲人類所感覺的現象。(Nicht als gestalten sondenn als gestaltete)。不是主動的，而是被動的。他更正確地說明：「各種事物出現於人類的心目，即各種事物存在於人類動作程度中，才產生相應的稱呼」。總之，依諾阿利的觀點，是說人類活動要從原本的語根中去求。很巧妙地，諾阿利的學說的嫩芽是在費爾諾巴哈的「人類本質存在於團體性，存在於人與人一致裏。」思想中間，他對於馬克思是毫無關聯的，如果他知道了馬克思，那麼，他關於言語形成，人類活動的見解，我們可以認定，他是更接近於馬克思的；因爲費爾諾巴哈重視「直觀」，而馬克思的認識論，恰恰相反，他異常注重人類的活動。

仝諾阿利學說有關聯的，就是在生產過程中人類活動的性質，受生產力程度決定的論據，這裏實在沒有再說的必要；因爲這是很明顯的事實。但關於生活形態對於思想的影響，在社會的及精神的生活上，文明民族與原始民族的比較，特別是單純的原始民族，更加明顯。我們將上述的指示出來，不是無益的企圖。斯特伊爾對於巴西中部的自然民族會說，我們只有將他們爲狩獵社會產物的考察，而後才能夠理解。「他們經驗的主要源泉，爲動物的接觸。大都以這種經驗……來說明自然，形成了世界觀。」狩獵生活形成的條件，不但決定這種民族特有的世界觀，而且決定他們道德的觀念，感情，以及「藝術的嗜好」。而且在牧畜民族中間，我們也可以作仝樣的觀察。如在拉塞士所稱的簡單的牧畜部落內，「他們會話的對象 百分之九十九是屬於牲畜的血統，習慣，以及它的長所與短所。」最近「開化的德意志人」，以對動物殘酷的手段，仝樣去鎮壓不幸的海里羅族，所謂海里羅族，就是屬於「簡單的牧畜民族」。

原始狩獵民族的經驗主要源泉爲牲畜，在這種經驗基礎上構築他們整個的世界觀。狩獵民族的神話就是他們的哲學，神話，科學的代表。這些內容也是從主要的源泉中汲取來的，而且這並不是可驚的事。利格說：「波斯曼人的神話特徵，就在除了傳說中一位老婦人的點綴以外，竟是找不到一個人。其他不消說得定全是動物了」。又如斯米特說，狩獵時代的澳洲土人，他們的上帝是鳥與獸。

關於原始民族的宗教研究，到如今還沒有充分的發見。然就我們所理解的，也夠證明費爾諾巴哈與馬克思所說的，「不是宗教造人，却是人造宗教」的論點正確了。但需說：「所有的民族內，人類爲上帝的原型，這是異常明顯的；因爲天國的社會與政治，却不過依人類社會與政治組織而構造吧了」。這種觀點，無疑地是宗教之唯物論的分析。聖西蒙恰恰持相反的論點．這是周知的事實；因爲他以古希臘宗教的信念，來說明社會的和政治的秩序。可是這裏有更重要的事實，科學已經給我們發見——原始民族的技術進展與他們世界觀間的因果關係。最近的將來，在這方面，當有異常重大的發見。

原始社會的整個意識中，最有價值的研究，唯有藝術。在這一方面的領域中，證明了史的唯物論異常正確，就是說，這些材料的豐富蒐集，確實證明了不可避性。現存的材料，大多數是可寶貴的。關於這個問題上，最重要的著作，列記於下：

Schweinburth, Arses Africanae, Saipyig 1876

（非洲人的藝術）

R Andree, Ethnographioche Parallelen, Artikel: Das Zeichnen bei den Naturvolkem.

（人種學的批判研究中一章——關於自然民族的圖畫。）

Van den Steinen, Unter den Naturvolke'n Zentsal Brasilians, Berlin 1894,

（巴西中部的自然民族）

C Mallery, Picture Writing of the American Indians Anual Report of the Bureau of Ethnology, Washington 1893.

（美洲印度人的繪畫）——「各報告上關於織物技術與裝飾的影響都有貴重資料的蒐錄」。

Hoernes, Urgeschichte der bildenden kunst in Europa, Wien 1898,

（歐洲造形美術原史）

Ernst Crosse, Die Anfange der kunst; knnstwisensehaftliche Studien Tuedingen 1900.

（藝術的起源）

Yijö Hirn, Der ursprung Der kunst Leipzig 1904.

（藝術的起源）

Karl Bneber, Arbert und Rythmus du tte Auflage 1902.

（勞動與韻律）

Gabriel et Ade de mortilest, Le Prehistorique, paris 1900 P217--230.

（有史以前）

Hernes, Der diluviale Mensch in Enropa, Braunschweig 1903.

（歐洲洪積期的人類）

Sophus Mueller, D' Europe Prhistorique traduit du danois Par Em, Philippot, Paris 1907.

（有史以前的歐洲）

Rich Wallachek, Anfaenge der Tonkunst, Leipzig 1903.

（音樂的起源）

從上述的著作中，我們可以發見——關于近代科學上藝術起源的結論。卽如格諾斯所說：「裝飾藝術需要物質的豫備條件，卽依存產業活動而發展。……一切沒有產業的民族，一定也是缺乏裝飾的。」

希特依爾也說圖案的產生，是從有實際目的對象中所形成的標誌。

柏特所得到的，是以下的結論：「勞動音樂及詩歌，在原始的階段，實爲一融合體，可是三者中，勞動是根本的要素，音樂與詩歌 却屬於次要的價值」。他又說：「詩歌的起源，在勞動中，才可找到。」他斷定謂，在言語的排列中，決不是沒有韻律的。所以如果說應用普通的語言；形成韻律的詩是不可能的；

然而這種說法，實是違返普通語言內在的論理；但是怎樣說明有韻律的語言發生呢？據柏特說，身體有規律的秩序運動，可以形成到語言整然法則。這在文化水準在低度階段的民族中，有規律的運動通常都伴以合奏的歌曲；然而以什麼來證明人體運動的規律呢？不消說得，以生產過程的性質去分析。根據上述，可以理解所謂「歌辭創作的祕密，是存在於生產活動的行程中。」

福蘭西加對於戲劇創作的起源，有如次的見解：

「戲劇的對象如左：

（一）狩獵，戰爭，行船，（關於狩獵民族的：動物生活與習性，動物的啞劇，動物的假面劇。薄力哈諾夫原註。）

（二）牲畜的生活與習性（關於牧畜民族的。）

（三）勞動（關於農耕民族的：播種，打麥，採葡萄。）

「演劇的藝員爲整個的部族，一仝歌唱着（合歌團）。所唱的都是無意義的歌；這因爲歌曲的內容，已在劇中（啞劇）表現出來了。他們在劇中所表演的，正是在日常生活中，生存競爭上所不可少的行爲。」。福蘭西加說，演技的時候，時常組成對立兩隊的合唱團。這種形式「就是希臘劇的原型。原始的希臘劇卽爲動物的啞劇，在希臘人的經濟生活上，佔最主要地位的，就是山羊（所以（tragos）一字是從（tragedie）一字產生的。）」

「不是思惟規定實有，卻是實有規定思惟」——對於這個觀點，要較這裏再求更加明潔的敘述，是很不易獲得吧。

九

經濟生活在生產力增大影響之下而發展，這樣，使生產過程中人與人間的關係變化，同時人類的心理狀態也隨之而變化。所以馬克思說：「社會物質的生產力，發展到一定的階段，它與從來在內部活動的生產關係，以法律上的表現，即所謂所有的關係，激起了衝突。這種生產關係，轉變為生產力發展形態的桎梏。於是社會革命的時代就到來。經濟基礎的變化，巨大的上層建築，漸漸地或迅速地也隨之而變化。……任何一種的社會組織，它在能夠使生產力發展以前，而無故滅亡的。物質的存在條件還沒有具備於舊社會的母胎中，自然新的高度生產關係，決不能代表舊的社會組織。所以人們時常要將解決的問題，負在自己的身上；這因爲問題的本身，解決上必要的物質條件已經存在，或至少已存在於生長的過程中。』（馬克思，經濟學批判序說。）

這種論點，才是社會發展的眞正「代數學」，而且是純唯物論的「代數學」。在這種代數學上，具有漸變性，而且全一地具有突變性——即所謂社會革命的時期。從量的方面漸漸地發展到質的變化，這就表示過去生產形態的消滅，依照馬克思的話，即是舊社會形態的崩壞，新社會形態的產生。以馬克思的考察，斷定亞洲的，古代的，封建的，以及近代有產者的生產方法，爲一般社會經濟發展的順序的諸時期；可是等到馬克思讀到摩爾根的古代社會，他就變更了古代生產方法與亞洲生產方法關係的見解。實在，封建的生產方法經濟發展；論理上形成社會革命，卽所謂資本主義的勝利；然而經濟發展的論理，例如中國或埃及，並沒有到了古代的生產形態。在第一個方向而言，前者與後者發生的階段，是相繼而起的。至於第二個方向呢　而是經濟發展的二種形態，同時並存着。古代社會繼續着民族社會的組織，但亞洲的社會產生以前，也就是民族社會的組織。這兩種經濟組織的模型，確爲民族社會的生產力膨漲的結果；這種生產力的膨漲，最後會使民族社會的組織，因此而解體。這二種經濟組織的模型，它們間相異的標誌，是因在地理環境影響之下而形成的。第一個方向，爲生產力發展到一定的階段，而形成生產關係的總體。第二個方向，卽是仝第一個方向——相異的生產關係總體。

社會科學中，發見了民族社會，與細胞的發見對於生物學的價值，有仝樣重大的意義。馬克思•昂格斯在未明瞭民族社會的組織以前，關於社會發展的理論，有顯然的缺點。後來昂格斯也曾承認過的。

可是民族社會的發見，給我們以社會發展的最低階段，種種的理解。這一重大的發見，對於唯物史觀不但是無害的，而且是强有力的論證。同時更暴露出初期社會的過程，以及那時社會的存在，規定思惟的事實。這種發見，確使社會思想規定社會存在的眞理，更加能夠發揮它的輝煌，照耀於四圍。

關於上述的論點，不過是一斷片的插話能了。現在所要着重的，却是馬克思的話，他說生產力發展到一定的階段，而形成的生產關係，起初是促進生產力發展的，可是以後又轉變爲束縛發展的桎梏了。這就是表示着說，生產力發展到一定的階段，決定生產關係，尤其是財產所有關係的形成原因。然而一等到諸關係上述原因的結果出現後，它們本身又影响到原因上去了。於是形成生產力與社會經濟間的交互作用，在經濟基礎的上面，建築了社會的關係——感覺 觀念整個上層建築的構成。這種上層建築的構成，過去也是促進經濟的發展，以後反成阻碍的贅瘤了。這樣，上層建築與下層建築間構成了交互的作用。這種事實，表面上好像與唯物史觀根本原則的現象矛盾，現在，這一祕密完全得着解決了。

從來「馬克思的批評家」，以爲馬克思主義是屬於一面性的，並且還接着說，馬克思主義僅僅着重社會發展的經濟因素，對於以外一切的因素都持輕視的態度。這種論點，就充分表示他們毫不理解，馬克思·昂格斯所賦予的「基礎」與「上層建築」間交互作用的理論。例如在「共產黨宣言」上，論到資產階級的解放運動，即可以表示馬克思·昂格斯是怎樣地重視政治的因素，它的原文如次：「在封建專制之下支配着的階級，在自治團體上有所謂武裝的自治組合；或則爲都市的共和國；或則爲君主國中納稅的第三階級；以後，在手工業工場的時代，又成爲相對地或絕對地的君主國內反貴族的勢力。過去爲大君主國的基礎；但到了大工場與國際市場成立以來，它——資產階級就在近代代議制國家中，奪取了獨占的政治權力。近代所謂政府，無非是處理資產階級共仝事務的執行委員會吧了。』

政治「因素」的重要性，在這裏是異常輝煌地顯示着，而在「批評家」之中倒以爲有些張大其辭的態度。在仝「宣言」內，關於因素起源及力量，以及布爾喬亞社會發展期的作用，都是以經濟發展的行程來分析的；因爲「因素」的多樣性決不妨害根本原因的統一性。

政治關係對于經濟運動的作用，是不能否認的事實；然在政治對經濟的作用以前，政治的本身是由經濟構成出來的，仝樣地，這也是無疑的事實。

一樣地，關于社會人類的心理狀態，社會觀念的表現，也不是例外。「宣言」的起草者馬克思・昂格斯是怎樣地理解觀念「因素」的價值，「宣言」的本身就是一個好的例證。同時在這一個「宣言」內表示着：觀念的「因素」如在社會發展的行程中，有强烈的比重，那麽，觀念「因素」的本身，就從社會發展行程中產生的。

「古代世界瀕于破滅，同時古代宗教也爲基督所征服。當基督教思想，爲十八世紀的進步思想所屈伏時，那正是封建社會與革命的布爾喬亞作殊死戰」。關于這點，在「宣言」的最後一章，有確實的論證。馬克思・昂格斯在這一章上說，他們思想上的文人，努力將布爾喬亞與普羅利塔利亞敵對的意識，狠明瞭地灌輸給勞動者。這是非常簡明的理由，如果不理解觀念「因素」的重要性，那又何必將任何意識灌輸給社會羣衆呢？

（一）Lewis Henry Morgan（一八一八——一八八一）美國考古學者。有名的古代社會著者。

馬克思主義根本問題

十

我們不引證馬克思·昂格斯其他的著作，而反僅僅引用這部「共產黨宣言」呢；這恰恰因爲是他倆活動初期的作品，關於社會發展的各「因素」間聯繫，正好似幾多「批評家」所說的，還屬於「一面性」的。可是在這個時代馬克思·昂格斯的特徵，並不是在於對事物考察方法的「一面性」，而是向一元論的傾向，卽對批評家諸君折衷主義的見解，表示顯然的嫌惡。

現在要說到一八九〇年與一八九四年昂格斯所寫的兩封信，這兩封信曾刊載於（Sozialistischerkalemiker）上。倍恩斯坦君狠喜歡地引用這兩封信，它的內容，似狠夠證明馬克思的友人與同志見解的高明。在這兩封信中，倍恩斯坦君特別引用了兩頁，這在他的見解，自然是一種的確證。可是這兩頁被倍恩斯坦君所引用，我們也想將它們引為論證；因為這兩頁的內容，所給與的指示，正全倍恩斯坦君的論證，站于對立的地位。

在第一部分中說：即「無盡藏的存在，千縷萬緒的力量，形成歷史的結果。可是我們，將這種力量當做為意志與意識所不能統制的產物；因為人們所企圖的，為別的阻礙以致不能獲得，而所能夠得到的，又不是人們所企圖的。」（一八九〇年的信之一斷片。）

在第二部分，馬克思這樣說：「政治的，法律的，哲學的，文學的，藝術的等等發展，都以經濟的發展為基礎。它們中間有聯繫的相互影響，同時又有影響到經濟基礎的反作用。」（一九八四年的信之一斷片。）倍恩斯坦君以爲關于這裏所說經濟的「基礎」，以及搆成于這個「基礎」之上的「上層建築」，全經濟學批判序說所表明的，却「有些不同調」。然而怎樣有些不同調呢？實際上，這裏所說的，也正是經濟學批判序說上所敘明的，就是一樣地說，政治的及其他的發展，都以經濟發展爲依歸。我們狠明顯地知道，倍恩斯坦不瞭解這一點，所以他誤解了在經濟「基礎」上所發生社會的及觀念的「上層建築」，全經濟基礎沒有什麼所謂影響的。可是這樣去理解馬克思的思想，却是很大的錯誤。素來爲倍恩斯坦君的追隨者，對于那些以馬克思主義的通俗化者自命的人，對于學說不廢思量，更正確地說是不理解。那除了聳一聳肩，又有什麼呢。

倍恩斯坦君所引用第二通信的一斷片，是關於馬克思．昂格斯歷史理論的異實證明，較上述倍恩斯坦君所不理解的，更其重要。裏面有一處說：「經濟的狀態，不能起自動的作用，人類自己創成自己的歷史；可是這種創成，爲環境所規定，爲事實的諸關係所規定。在諸關係中經濟關係的作用，決定一切的關係。雖然這些關係中間也受到政治與觀念的關係影響；可是唯有經濟關係的作用，才能爲諸關係的核心，才能給我們以系統的理解。」

許多人去理解馬克思・昂格斯歷史的理論，以爲「經濟狀態有自動作用的存在。」爲我們所知道的，如以「正統派」自負的倍恩斯坦君，還有從「馬克思主義退到觀念論」老家的「馬克思批評家」們，都屬這許多人中的一個。這些思慮深澈的人們，嫌惡馬克思・昂格斯的「一面性」，以爲歷史是人造的，不是經濟的自動作用，去證明自己的才能。在他們的愚昧中，出現了他們的馬克思：這並不是眞正的馬克思。這些「批評家」，關於史的唯物論，不消說得，沒有其他的「補充」的能力。所以我們放任了他們，而向這些理論的建基者馬克思・昂格斯濟方面探討，這樣自然是無上的企圖。

以下便是一件重要的事實，昂格斯在死前，否定經濟的歷史作用之自動見解，實際上，他不過將馬克思在一八四五年所做的費爾諾巴哈論綱第三條的論點註釋一番吧了。馬克思非難在他以前的唯物論說：『一方面人類爲環境的產物，在另一方面環境就是受人類變化的。』以馬克思的觀點，在歷史的領域內唯物論的使命即：『人類既爲環境的產物，那麼，人類怎樣去改變環境呢？』唯物論的任務，就在說明這一點。關於這一任務的解決，必須指明不依存人類意志諸條件影响之下而成立的生產關係。所謂生產關係，即人與人在生產過程中的關係。生產關係的變化，就是生產過程中人與人的相互關係變更，這種關係的變化是自動的，就是說，離人類活動而獨立是不可能的。爲什麼呢？因爲這些關係，就是在人類活動的過程中，產生人與人相互的關係。

然而這些關係，往往向人類企圖的相反方向而變化。「經濟構造」的性質，以及它的變化方向，是不依存人類的意志而變化；而是依存生產力的狀態，以及生產力發展的結果，爲社會必然需要的生產關係的變化。昂格斯關于這點，有如次的分析：『人類創成自己的歷史，可是就在一定社會的中間，也不依存共仝的意志與共仝的計劃。而他們的努力互相交叉着。依存這種理由，社會爲必然所支配，偶然也正就是補充和發現的形式。』所以人類的活動是必然的，不是自由的。就是說，合法則的，並且可以爲科學研究的對象。所以史的唯物論已說明環境爲人類所變化，但首先給變化過程以科學見地的理解。這樣，歷史之唯物論的分析爲科學的社會學必不可缺的序論，這句話，我們是有權地這樣說。

今日以後，關于社會生活上，任何對象的探討，誰能得到眞理，誰能得到科學的價值，定以是否接近唯物論的說明爲斷。所以雖有「觀念論復活」的傾向，但不耽于空談和爭辯的學者，以發見現象間的因果關係爲任務的、這種說明方法的應用，漸漸成爲普遍的現象了。到如今，不僅唯物史觀的信奉者，就連這一方面毫無根底的人們，關于歷史的研究上，證明他們也成爲一個唯物論者了；但因爲他們對于唯物論的見解，都爲無知與偏見所妨礙，以致他們對於唯物論，不能有整個的理解。這樣在事實上，使他們的見地，拘限于一面性的和局部的論點。

（十） Eduard Bernstein （一八五〇——）德國修正派的社會主義者。

十一

這裏舉一個眞例吧。十年前，法國馳名的學者伊斯拍塞—，他是現在社會主義的勁敵。著了一部，在他自己至少是有興會的書。卽關于社會研究的書，以技術起源題名出世。他以人類歷史上，實踐常先于理論的純唯物論原則爲出發點，去研究古希臘的意識發展與技術影响。而關于古希臘世界觀發展的各階段，得到依存生產力狀態而决定的結論。這是狠有興味的，同時是一種重要的結果。但深諳唯物論的方法，去分析歷史現象的人，對于伊斯拍塞所發表的「研究」，自然感覺到它的「一面性」。這個論點確是異常地簡單；因為伊斯拍塞關于意識發展的其他「因素」，例如階級鬥爭，他就沒有注意到。可是階級鬥爭這種「因素」，眞正有異常偉大的重要性。

在階級沒有分裂的原始社會，生產的活動，直接影响到世界觀和審美心。裝飾從技術的發展而產生，而在社會上最重要的藝術——舞蹈，不過是生產過程的再現。關于這些事象，據我們所知道的，在經濟發展最低階段的狩獵部落裏，尤其明顯。關于原始人類依存經濟活動的例，往往引到這類的部落，然而一到階級分裂的社會，這種活動的直接影响，已經不能像過去這樣的明顯了。這是很容易理解的。好似澳洲土族婦人的某種舞蹈，是表現採取草根的勞動，又如十八世紀浮奢綺麗的美女跳舞，不消說得，她們沉醉「愛的科學」，怎樣能懂生產的勞動。自然不能創造出什麽生產勞動的跳舞。如果要理解澳洲土人的婦女舞蹈，僅僅知道採取野生植物的工作在這類部落的生活佔什麽樣的地位，就可以充分理解了。然而想充分理解某種舞蹈的作用，僅僅知道經濟關係，還是不算數的。例如法國美奴依苔式的舞蹈，我們如果僅僅知道十八世紀的法國經濟，決不能得完滿的理解。；因為這種美奴依苔式的舞蹈所含的作用，是表現着非生產階級的意識。這種意識，需要所謂上流社會的「慣例與禮儀」來分析的。可是說到這裏，好似表現經濟「因素」讓席與心理的因素了。然而這個問題，我們不能任它忘記，社會上所謂非生產階級的形成，也正是社會經濟發展的產兒。這句話的意義，就表明經濟因素雖然是讓席與心理的因素，可是經濟因素依然保持優越的價值，支配者的地位。這點是不難感覺到的，當經濟因素規定其他因素的可能與範圍的時候。

同時，再注意其他的事象：「高等的人物」，當他以管理者的地位，參加生產過程的時候，對待低等的階級是輕蔑不堪的，這種事實，在階級意識中都反映着在。例如中世紀法國的俗諺，特別是所謂「敬愛曲」裏面所描現的農民是怎樣呢？我們去看吧。卽是：——

巨人似地十五英尺的身軀，
不可想像的醜陋的面龐；
你這些笨鈍的農民，
你這些臭不可聞的東西。
唉，你們怎會骯髒若此？
令人難堪．

不待言的，在封建領主淫威之下的農民，在他們心目之中的自己，當然另樣一種的世界。他們憤怒地歌着：

我們全樣是人，並沒相異。

他們有耐勞的筋骨，我們豈不是一樣？……等等。

他們而且發問：「當亞當耕着，夏娃紡着，領主又在那裏呢？」所以兩種階級對于事物觀察，各有特殊的立場，而這種立場的性質，是由各階級的社會形態所規定的。階級爭鬥，給爭鬥者以心理上的深痕，這不僅在法蘭西是這樣。卽在任何國家，各個時期的階級爭鬥越激烈，則對于各階級間心理的影响越是强烈。所以研究階級社會的意識，不得不估量到這些影响。如果不是這樣去探求，那就任何的東西也不能得到。就是說，對于什麼都不能理解。例如十八世紀法國提字畫派的形成，如果我們以直接的經濟原因，去說明這種派別，結果得到的，無非是可笑與無味的論據。然而另換一個方向，將這種所謂提字畫派，認爲法國大革命的前夕階級鬥爭，對于觀察上的反映，這個問題就整個地變相了。那在表面上，去觀察提字畫派，好像與社會經濟不生關聯一般，到了這裏，也完全地理解了。

古希臘的社會意識史上，全樣地表示，也深深地受到階級鬥爭的鑄痕。但在伊斯拍塞有趣味的著作上，並沒有着重這一點，因此，他重要的結論，自然不可避地陷于「一面性」的性質。現在要舉這樣的實例狠多。這些都足以證明，馬克思的唯物論對于許多學者的重大影響。唯物論指示他們，在技術的與經濟的「因素」以外，不得不注意其他的諸「因素」。這種觀點，在表面上看來，好像是一種詭辯；可是我們要理解，馬克思以經濟發展說明整個的社會運動，然而這種經濟發展的說明，却是最後的說明。就是在這種說明前，離不了諸「因素」作用的前提。理解上述的論據，自然這種沒有反駁餘地的眞理，不能使我們驚奇了。

（1） Alfred Espinas 法國學者，著有技術的起源一書。

十二

在近代科學界上，現在又出現了與依斯拍塞對立的傾向，這種觀察的傾向，是以階級鬥爭的影响來說明意識的歷史。可以說這種恰恰開始的新傾向，是在馬克思史的唯物論直接影响之下而發展的。這種傾向，我們是在希臘人伊羅不里斯的主要著作「經濟與歷史」上發見。這本書一九〇〇年出版于柏林。伊羅不里斯主張謂各時期的哲學，不過表現各時期特殊的人生觀與世界觀。這不能說是新解的論點。黑格爾早已說明，各哲學體系無非是各時期觀察的表現。然而黑格爾以為各時期的特殊性與哲學的發展，係受絕對的觀察所規定，恰恰相反，伊羅不里斯却認定各時期的特殊性是受經濟狀態所規定的。各民族經濟規定了世界觀，在哲學中顯然地表示出來。社會的經濟基礎變化，觀察的上層建築也隨之而變化。然因經濟的發展，形成社會上的階級分裂。階級鬥爭的尖銳化，所以某時期的世界觀，決沒有什麽統一的性質；這因為階級相異，諸階級為本身的地位及利益，自然有相異的努力，諸階級間的鬥爭，給他們以深刻的不全的教訓，于是那有不全的世界觀。

上述的論點，就是伊羅不里斯關于哲學史的見地。我們無須說這種見地，怎使我們贊仝。在狠早的過去，哲學的文獻中，已經不重視將哲學史當做諸哲學體系的累積。一八九〇年的時候，關于怎樣去研究哲學問題的著作上，法國著名的著作家柏格夫說，眞稱哲學體系的累積，實際上狠少能夠說明的。伊羅不里斯著作的刊行，在哲學史的研究上，可說一步前進。狠愉快的，這一次，可算是史的唯物論適用于離開經濟的意識之一次勝利；然而伊羅不里斯對于唯物論的辯證法的使用，缺乏熟練的調度，這不能不說是一件遺憾的事。所以在他之前的問題，變成極端的單純化，自然所獲得的是不充分的解決了。

例如加斯訥傅，伊羅不里斯以爲他的哲學，爲古希臘的普羅利格利亞觀察上的表現者。所以他是那時代的廬騷。他的社會改革論，就會有各市民平等的意義。他的萬有統一說，無非是他改革方案的理論基礎。加斯訥傅的哲學，在改革的傾向上，形成理論的各部分——關于神的見解，以及對外界感覺錯誤的理論。這樣完成論理的歸結。

二

黑拉柯里斯的哲學，因希臘的普羅利搭利亞革命，而貴族也就是有反動的針對。他的哲學是在這樣的情形之下而形成的。人類平等是不可能的——不平等是由自然產生的。每一個人，在自己的生涯中，都應知足。在國家內應該將它顛覆的，不是既存的秩序；而是在少數者，或大衆統治之下，都可以發生的暴政。權力是屬于表現神意的法律，神的法則之下，不排斥任何的統一性。而這種統一性是所謂對立的統一。這樣，加斯訥傳企圖得以實現，或則是侵害神的法則。黑拉柯里斯發展了這種思想，並且引用其他的論證，創造他的辯證理論。

以上便是伊羅不里斯的論點。這裏篇幅上沒有餘裕，所以關于他分析規定哲學發展的原因，不能再引用了，而且也沒有這種的必要。這種分析的失敗，讀者諸君可以自己去觀察，實際上，意識的發展過程是狠複雜的。我們讀到伊羅不里斯關于階級鬥爭對哲學史影响的考察，眞是最淺薄的沒有了。這裏我們就代他抱憾，如果他能讀到上述伊斯柏塞的著作；那麽，對于他「一面性」的著作，或者能夠補充他的分析上的缺陷。

總之，伊羅不里斯不幸的嘗試，却形成新的論據。這自然超于許多人的意思之外的。這種新的論據，卽馬克思史的唯物論之深刻的智識，對于現在許多研究者是狠大的貢獻；因爲可以排除他們一面性研究法的缺陷。伊羅不里斯對于馬克思的唯物論是知道的，可是還有些誤解。這種證據，在他以爲馬克思的唯物論，有修正必要的見地上，就可以明瞭了。

他以爲民族的經濟關係，不過規制它的「發展必然性」。個人的行爲和民族的世界觀，是依存下列三種的原素：第一，民族與土地的性質；第二，民族的需要；第三，內部的改革者人格。于是伊羅不里斯以爲哲學與經濟的關係，在這種意義上才有可能。哲學應時代上的必要，這種必要依存着哲學者的人格。

關于哲學與經濟關係的見解，在伊羅不里斯以爲他的觀點，全馬克思·昂格斯唯物論的論據，有顯然的不同。因此，他以爲對于自己的歷史觀，有重取新名稱的必要，這就是所謂希臘的變動論。這自然是一件狠愉快的事啊！實際上，關于這點：所謂「希臘的變動論」，無非是混亂錯綜的史的唯物論。所以伊羅不里斯對于這種方法的特徵，推移到適用，那他離馬克思的觀點更遠了。

時常有人說，關于「哲學家的人格」，以及于人類歷史上留下深痕的人物，在馬克思•昂格斯理論中，對于這些人物，是不給他們以地位的；但是抱這樣見解的人們，確是重大的錯誤。這種人物的「人格」地位是沒有否認的；然而避免這種「人格」的活動與經濟的必然規定發展過程形成相對立的理論。如果引用這種相對立的理論，就夠證明對于「史的唯物論」的分析，理解得非常淺薄。在史的唯物論上，再三說明歷史是人創造的　這是狠顯然地，即所謂由「偉人」造成的。然而問題在這裏，「偉人」的行爲，是依存什麽而決定呢？關于這點，讓我引用昂格斯信扎中一斷片：

「這樣的人，正是這樣的人，在特定的時期，在特定的國家產生，這是純屬偶然的事。雖然我們排除這樣一個人，依然有第二者的發見。例如苦于戰爭的法蘭西共和國在必要上產生了軍事獨裁者——哥拉克人拿玻崙。如果沒有拿玻崙，自然第二者的出現，這是屬于偶然的事象。必要的人物，如凱撒，奧柯斯特，克倫威爾的出現，都夠以證明。馬克思是唯物史觀的發見者，然從提克士，多美諾，克沙以及在一八五〇年以前的英國歷史家，都是向這種目標努力的，摩爾根更有同一的見解發現，這些，都夠證明史的唯物論已到完成的時期了。歷史上的偶然，以及表面上呈現着是偶然的，都不是例外。我們的探究，離開經濟，到帶有抽象觀念性質的領域。在這種發展中所發見的偶然事件，更加豐富了，這種發展更加是曲線的了。但是我們在這種曲線上，描畫了平均軸，因此，研究的時代更加延長，領域更加廣闊，這根平均軸與經濟的軸也愈趨于平行。」

在意識的領域，或在社會的領域，所謂人物的「人格」，都要偶然的例內，這種偶然的事件，也沒有阻礙人類的意識發展「平均」線與經濟發展的「平均」線並行。所以伊羅不里斯如果精到地去研究馬克思的歷史理論，不要這樣熱心地去創造他獨特的「希臘的理論」，不消說得，對于上述的一點，當能理解的吧。

關于一定時期哲學的觀察與經濟狀態間的因果關係，到如今還不能時常發見，這點我們並不否認；可是我們正在這一個方向開始走，如果我們能夠解答整個的問題，或則能夠解答大部分的問題；這就可以說我們的工作已經完了，或則是在完了的過程中。現在的重要問題，不是在不能戰勝當面的困難。在科學上一舉而征服困難的手段是不存在的。重要的，是歷史之唯物論的分析，比較那些觀念論的以及折衷的分析，在征服困難上是容易得多了。很顯然的證明：自從法蘭西王朝復政以來，在歷史領域內的科學思想，都傾向到現象之唯物論的解釋。就是說，對于唯物論的學說，到如今還有探求的傾向，這是不可否認的事實；雖然尊貴的布爾喬亞思想家，一聞到「唯物論」的名詞，便憤怒地疾走了。

我們在費里爾黑士脫所著的「政治經濟學上的樣式」（Die Enstehung der Stilh aus politschen echonomie (leipzig 1902) 一書上，關于人類文化不可避免地需要唯物論的說明，又找到第三個例證了。費氏說：「支配的生產形式，以及爲這種形式所規制的國家形式，人類的悟性傾向到某一方面的發展，如他所不到的方向。這樣，所以每種形式（如關于藝術），先在一定的國家組織之下生活，在一定的生產方法之下生產，有一定理想人類的存在必要。有了這樣的原因，結果，使人類創造合于這些原因的形式，好似太陽的出現，使麻布變爲白色，臭化銀隨之黑化，雲端呈現了色彩燦爛的虹；這些都是必然地不可避免。」

上述的自然是這樣。而這種事實也為藝術史家所承認，這是狠富于興味的事象。然而費氏以古希臘經濟狀態來說明希臘各種的形式，所得到的結果就狠機械地了。他這部書的第二卷，現在不知道會出版不，然而我們對于它並沒有任何關注的雅意；因為他並不能熟練地使用近代唯物論的方法。他所有的圖解式的論證，便憶想到我們的理論家——佛郎西與魯易柯夫。我們對于費氏與他倆的企望，是一樣的，要他們精到地首先研究一下現代的唯物論。并且告訴他們，唯有馬克思主義，才能超度他們于圖解主義的沈淵中。

（一）Xenophones（紀元前五百七十年生——紀元前四百八十年死）哲學家。

（二）Heiakleitos 古代希臘哲學家（紀元前五三五年——四七五年）。

十三

逝去了的美若伊羅斯基與我們論爭的時候，斷言馬克思的歷史理論，在學術界上沒有廣大的影晌。這種觀點，據我們上面所理解的，以後也可以知道的，狠明瞭這是不正確的。可是首先要掃除對于史的唯物論的誤解，然後才能得到眞確的觀點。

關于馬克思・昂格斯對「基礎」與「上層建築」的見解，可以簡明地表示如次：

（一）生產力的狀態。

（二）被生產力所規定的經濟關係；

（三）在一定的經濟基礎上所發生社會的政治的組織；

（四）一部分爲經濟所直接規定，一部分爲由經濟上所發生社會的政治的組織所規定社會的人類心理。

（五）反映這種心理的諸觀念。

以上的方式，充分地包含整個歷史的發展。全那些折衷主義，僅僅到了社會力的相互作用，就不能有所發展，並且對于社會力的相互作用，也沒有解決這種事實的起源問題；根本上是相異的。我們這種方式，是一元論的方式，在本質上純粹是唯物論的。黑格爾在他的「精神哲學」上說，「精神爲歷史唯一的運動原理。」以爲思惟規定實有，站在這種觀點的觀念論者，結果自然不外于這樣說：馬克思的唯物論，正確地指出實有的歷史規定思想的歷史；可是觀念論上，沒有反對黑格爾承認經濟作用爲「精神發展的媒介」；那好似在唯物論上，也沒有對于馬克思承認歷史上的「精神」作用爲一種力量。在一定的時期，這種力量的傾向，是由經濟發展的行程來規定的。自然唯物論也沒有來妨礙這種觀點。

整個意識的共仝基礎，這是不難瞭解的：即那一時期的心理。理解事實的眞相，自然會肯定這一點。例如風靡一世的法蘭西浪曼主義。囂俄[一]，提羅克亞[二]，柏歐爾[三]三個人，是在迥不相仝的分野中活動的。他們三人中間都有相距的鴻溝。我們至少可以說，囂俄是不愛好音樂的，提羅克亞是輕視音樂家的。可是以當然的理由，被人們仝稱爲浪曼主義時代的權威；這因爲他們反映共仝的心理。我們看提克羅亞「但丁與文吉利」的名畫，囂俄的「歐那尼」；柏歐爾的「空想曲」，都流露着一樣的情緒。他們全時代的人們，即對于文學與藝術不大關心的，也可以感覺到的。對于古典派藝術的沉醉者哈格伊，曾怒罵柏歐爾的音樂，爲醜聲，怪物，殺人者，反基督教者，而稱提羅克亞爲「醉後的拂箒」。這一點可以表現古典派的意見。柏歐爾與囂俄一樣，都是身經苦戰的。柏歐爾獲得勝利的經過，比較囂俄更困苦。在柏歐爾音樂中所表現的心理，全浪曼派的詩和劇所表現的是一樣，可是他所獲得的經過不同。要解答這一點，首先對于法蘭西音樂與文學的比較史，需要詳細的理解。這種詳細的理解，雖然不是永久不可能，可是最近是不易闡明的。但這是無疑的，法蘭西浪曼主義的心理，唯有視爲一定社會與歷史條件之下的一定階級的心理，這樣，始可以理解。

提士沙[四]曾說過：「在一八三〇年代文學與美術的運動，離開民衆革命的性質，尚很遙遠呢。」這句話是絕對的眞理。這種運動本質上是屬于布爾喬亞的。

可是這樣說還不是充分。在布爾喬亞的中間，它還不能獲得一般的同情。提士沙以為這些運動，却是少數天才者的志向表現。提士沙皮拍的，觀念論的考察，恰恰表明那時的布爾喬亞，不理解代表自己的思想家在文學與藝術上的活動。思想家志向與趣味的表現與他們所屬的階級間乖離，在歷史上是常見的例。這種的乖離，可用人類智的發展與它種種的特殊性來說明的，而且「敏感」的思想家與「鈍感」的布爾喬亞互相以輕蔑態度相對立。這種態度到如今，依然妨礙許多人不理解浪漫主義帶着最高的布爾喬亞性。可是這種乖離的發生和結果，唯有以社會階級的經濟狀態來說明。所以這裏無過去並沒有分歧，唯有唯物論能夠以科學說明「觀念的運動」。

（一） Victor Hugo （一八〇二——一八八五）法國文學家浪漫主義者。

（二） Ferdinaad Vict0r Del.croix （一七九八——一八六三）法國畫家。

（三）Hector Berlioz（一八〇三——一八六九）法國音樂家。

（四）Louis Adolphe Thiers（一七九七——一八七七）法國革命史著者。

十四

觀念論者分析現象，沒有理解從「事物行程」的見地來作周詳考察的。所以太諾—探究藝術的作品，是以圍繞藝術家環境的性質來說明的。可是需要什麼性質來說明呢？心理的性質，即一定時期特有的一般心理。然而這些本身還有說明的必要。唯物論依據經濟發展形成社會的構造，來分析一社會或一階級的心理。而唯心論者太諾恰恰相反，卻以社會的心理來說明社會組織，這樣就形成他無限的矛盾。現在各國的觀念論者都不喜歡太諾了，這因爲他所說的「環境」，却是一定時期一定階級的民衆心理，卽所謂「普通人」的心理。他又以爲這種心理是學者的最後審判者。這就是表明著說，「偉人」的思想時常受「普通人」規制的。這當然不是事實，並且使布爾喬亞的「智識者」不滿，自然他們將自己也數入「偉人」的範疇中的啊！太諾是說了A就沒有力量說B的人，想從矛盾中解放出來，舍了史的唯物論能予「人格」，「環境」，「中庸」以及可尊崇的「偉人」以相當的地位外 是沒有辦法的。

中世紀以來（包含一八七一年在內）法蘭西社會的與政治的發展，以及社會諸階級間的鬥爭，在西歐而言，是典型的國家。鬥爭的發展與意識歷史間的因果關係，在法蘭西最容易發見，這是狠富于興味的。

在法蘭西王朝復政時代，關于歷史哲學上神政主義學派思想的普及，這種普及的原因，會林特說[二]：「沒有加提伊柯感覺論的開拓，或者這種哲學，不依存王朝復政時代前後，負着使命的廣汎階級的利益，這種哲學的說明是不可能的。」這種論點是眞實的。而且顯然地，那一階級在神政主義學派中，發見自己利益在觀念上的表現。可是我們去研究法蘭西歷史，更須深刻一層，而要如次地發問：革命前法蘭西感覺論成功的社會原因，將它全樣地發見是不可能的麼？感覺論的理論運動，豈不是一定的社會階級志向表現呢？不錯，這種運動是法蘭西「第三階級」爲解放而努力的表現。從這一面的方向，更進一層，例如特克俐托[三]哲學反映出那時經濟發展的必然性與社會力的關係。最後，追憶到十四世紀，風靡法蘭西宮廷與貴族間的騎士小說，那我們立刻可以發見該階級生活與趣味的反映。一言以蔽之，最近「諸民族間的先進」的國家，思想運動的曲線與經濟發展，以及爲後者所規定社會的政治的曲線共趨于平行的方向。

無數「批判」馬克思的紳士諸君，關于這點，狠缺少理解。批判是可以的；但首先要理解自己所批判的對象。批判一定的科學研究法，要可發見現象的因果關係上來決定，就是來使用這種方法，以實際上的經驗來體會。要批判史的唯物論，唯有將馬克思・昂格斯的方法，使用于研究人類歷史的運動上。如此始能深悉這種方法的長處和短處。要知道布丁的滋味，唯有將它拿來嘗一下(The proof of the pudding is in the eating)，這是昂格斯分析他的認識論時所說的。這種觀點，移用于史的唯物論上，仝樣是眞確的。要批評這種肴味怎樣，自然不得不將它嘗一下。誰要理解馬克思・昂格斯的方法，誰就不得不去使用這種方法。比較那些似是而非地批評馬克思主義的「一面性」，要愈眞率地做科學的準備，要愈忍耐地做智識的勞動。

馬克思的「批評家」，感慨地，非難地，有意譏諷地說。一直到如今，終于沒有在理論上證明史的唯物論的著作。但據他們的意見，這部書的內容，不外于從唯物論的立場觀察世界史的小册子。然而像這樣一部書，不論學者的個人，或則他們的集團，不用說他們的智識，是怎樣地深湛宏博，去著作這樣的一部書，不但現在沒有充分的材料，將來也不見有什麼材料的。唯有依照馬克思的方法，在廣大的科學各領域內，經過重重的調查和長時期的蒐集，才有可能。就是說，需求這樣一部書的「批評家」，企圖在終端開始他們的工作，即從唯物論的觀點，想去說明歷史過程上本來展開的問題。在事實上，這樣的一部書，决不是沒有；當今的學者，往往無意識地，從社會學中，不能不予他們所探討的現象，使用唯物論的說明。現在這樣的學者，已經不少，上述的例就可以充分地證明了。

里拍里斯[四]說，在牛頓[五]大發見以後五十年，始出現」重要的補充；因為偉大的眞理，在為一般人所理解上，而且對于旋風說的征服，對于與牛頓同時代數學家的嫉忌與中傷，又須施以反攻，所以這種偉大的出現，有經過長時期的必要。

統一而且徹底的理論——近代的唯物論，它當面的阻礙物，比較牛頓學說所遭遇的困難，不知超過幾多倍。馬克思的理論直接就與現在的支配階級的利益相衝突，然而近代大多數的學者必然地只有拜倒屈服于支配階級之下。「對于一切事物，都以動的觀點來考察」的唯物論的辯證法，想獲得保守階級，在西歐卽是布爾喬亞的同情是不可能的。這是與該階級的意識形態根本相反的。所以這一階級的思想家，就以爲唯物論是不可容忍的，不合法的。又爲一般「有名譽的人物」，尤其甚爲「可尊敬」的學者所不齒。這樣使「可尊敬」的學者，抹除同情于唯物論的色彩，爲道德上的義務，這是不用驚奇的。然而在事實上，這些學者一方面努力表示與唯物論毫無關係，而另一方面在他們特殊的研究上却固執唯物論的觀點。這是半意識的「因襲虛僞」。這種虛僞的結果，在唯物論的思想上，自然是狠有害的影响。

（一） Hippolyte Taine（一八二八——一八九六）法國自然主義批評家。

（二） Robert Flint （一八三四——一九一〇）歷史哲學的著者。

（三） René Lescartes （一五九六——一六五〇）法國哲學家。

（四） Marquis Pierre Simon de Lapl ce（一七四九——一八二九）法國大天文學者，數學家。

（五） Sir Jssac Newton （一六四二——一七二七）。英國自然科學家。

十五

在階級分裂的社會，「因襲的虛僞」更加延長下去，現存秩序隨着經濟的發展，以及爲這種發展所挑撥的階級爭鬥之下，顯著地增大它的動搖。馬克思狠正確地說，增大的生產力與現存秩序間的敵對愈趨發展，支配階級的意識也愈趨于虛僞。生活上呈現虛僞的性質，而這一階級的言語却變成更加神聖的與道德的了。(Sankt Max; Dokumente des Sozialismus August 1904 P 370—371)這種思想是否正確，我們可以舉一個例吧。德國哈定與馬羅多克的案件，暴露內容的腐敗與放逸，全社會學中「觀念論復活」的傾向是平行的。這一點今人已一目瞭然。卽就在我們中間，無產階級的理論家間，竟也有不理解這種「復活」的社會原因，而屈服于它的影响之下；例如波格達諾夫，柏柴羅夫等等。

馬克思的方法給予一切研究家的長處，是這樣地顯著，服從現代「因襲的虛僞」人們，也不得不公然承認了。這一種的人們：例如一九〇九年出版「歷史之經濟的解释」(The Economic Interpretation of History) 著者美人世加曼爾。他居然不否認，學者對于史的唯物論，保持逡巡動搖的態度；是因爲馬克思從史的唯物論上所獲得的，恰是社會主義的歸納。然而他却以爲可以拋棄野草，得到山羊也就滿足了。卽他發見一方面可以反對社會主義，而另一方面却並不失爲「唯物論的朋友」。他又說：『馬克思經濟見解是不錯誤，但並沒有與他的歷史哲學正確與否發生什麼關係。」

可是事實上，馬克思的經濟見解，全他的歷史見解是有密切聯繫的，所以要理解「資本論」，首先對于有名的「經濟學批判」序言，有絕對深刻研究的必要。這裏不能提示馬克思的經濟見解，而這些見解，實際上就是構成史的唯物論的一要素，這是無須說明的事實。但是這裏必須附帶地說到，「可尊敬」的學者世加曼爾，同樣地對唯物論是懷戒心的。這位所謂「經濟的唯物論」信奉者，對于以經濟原因來說明「宗教以至基督教」的論點，却認爲是絕對不容許的動作。這都顯示着：馬克思的理論要怎樣向這些偏見和阻害苦鬥呵。世加曼爾著作的產生，以及他所保留的性質，固然史的唯物論在被簡約和「單純化」的形式之下，也許希望得到那些想將歷史見解完成的布爾喬亞思想家的承認吧。

可是要向社會主義，唯物論以及「不愉快」的極端思想鬥爭，首先以「精神的武器」存在爲前提。現代對社會主義鬥爭的主要武器，可說是爲稍有成就的統計學所補充的「主觀經濟學」。而對唯物論鬥爭的重砲，不消說得，是各種形式的康德主義。在社會學的領域內，使用康德主義的任務，不過將實有與思惟的聯繫，解剖爲兩不相關的東西，形成它爲二元論的學說吧了。關于經濟問題的探究，不是我們這裏所要企圖。以下是對于布爾喬亞反動哲學的精神武器，作一番深刻的吟味。

昂格斯在其所著的「社會主義之烏托邦到科學的發展」結論上說，資本主義時代構成强大的生產手段，轉化爲社會的所有，生產依存社會的必要而組織，那時人類就成爲自然界的主宰。人類將自覺地創成自已的歷史，那個時候，人類的播種下社會原因，生長了希望的落蒂。（這是「必然」的世界到「自由」的世界之人類的「飛躍」。）

昂格斯這種的論點，在一般上並不反對「飛躍」的觀念，而對于必然的王國到自由的王國的「飛躍」是不理解，或不高興理解的人的抗議。提出抗議的人們，在以爲這類的「飛躍」，全昂格斯自已在「反杜林論」所說自由的慨念，是相矛盾的。想理解他們的混亂在那裏，首先要明瞭昂格斯在這本書上所說的是些什麼，這是必要的。

昂格斯的話是怎樣呢？他表明黑格爾的話說道：「盲目的必然性，爲在不理解的程度而言。」自由爲「自然的必然基礎，對于自己與自然界的支配。」昂格斯的表明是狠確定的。充分通曉黑格爾學說的，對于昂格斯的見解也會理解的。但是狠不幸，近代的康德主義者不研究黑格爾，却來批判黑格爾。不理解黑格爾，那裏能夠理解昂格斯呢？他們向「反杜林論」的著者抗議，以爲屈服于必然性，就是沒有自由。這是不懂得思惟與實有的統一，他們的哲學見解，浸染于二元論的陷阱中，那自然完全是論理的呢？從二元論的見地來考察必然到自由的飛躍，在事實上，他們是完全不能理解的。但馬克思的和費爾諾巴哈的哲學，在實有和思惟統一的見解是相仝的。固然馬克思的哲學內（在費爾諾巴哈哲學內也已表明），對于這種統一的和絕對觀念論的理解是相異的，也已闡明；然而關于自由與必然的聯繫問題，仝黑格爾的理論，並沒有分歧的。

整個問題的核心，在于解釋「必然」的意義。亞里斯多德說，「必然」的概念有各種。治愈疾病，必然要服藥；想生活，必然要呼吸；要取得黃金，必然要到沃克諾那裏去。這些都是有條件的必然：如果想生活，必然要呼吸；如果想治愈疾病，必然要服藥等等。這些在人類對外界動的過程，是必然如此的：想收獲穀物，必然要播種；想打獵，必然要射箭；想運轉蒸汽機，必然需要燃料等等。在「新康德派之馬克思批判」的立場，也須明瞭在這種有條件的必然中，具備服從的原素。能夠滿足人類的需要，那人類就愈加自由；然而並不是說人類可以不費一點力。人類雖然征服了自然，但自己也時常服從自然。服從自然爲人類解放的條件，服從自然，增加人類對自然的力量，即擴大自己的自由。社會生產在合理的組織之下，也是全樣的。服從技術的經濟的必然要求，人類當隨之停止，那以自己的生產物所支配着的愚蠢組織，即人類自己的自由得了高度的增大。可以說，在這裏服從爲解放的源泉。

這樣還不夠的。熟練于將思惟與實有分隔兩大鴻溝的馬克思「批評家」，他們所知道的必然僅僅是一種。讓我們借用亞里斯多德的言辭來說，他們將「必然」視爲妨害我們的活動；壓制我們的欲望；强迫我們爲違返欲望而活動的一種力量了。這種必然與自由是相對立的，而且對我們多少有强制的意義。然而違返人類欲望的力量，對于强制人類外界的力量，在這裏不要忘却，完全是不全的形式。例如俄羅斯的農業問題。「强制沒收土地」對于有才智的立憲民主黨地主，無論如何是一種可悲慘地——歷史的必然（他們自然是作「平均的賠償」思想）恰恰相反。對于渴望得土地的農民，「平均的賠償」却是可悲慘的歷史的必然，而「强制沒收土地」在他們正是自由意志的表現，自由價值的保證。

在這一方面，我們也以爲是自由學說的核心，最重要的焦點。昂格斯對于這一點，所以不曾說明的理由，是因爲精通黑格爾學說的人們，都能夠理解的，自然無須再解釋的必要。

在宗教哲學中，黑格爾曾說過：「自由就是舍了本身以外，不希冀任何的東西。」——（Die Freiheit ist dies; nichts zu wollen als sich）。這是關于社會意識的一句話，却使自由的整個問題，獲得熠爛的光明。要求將大地主的「小許土地」歸農民，「舍了本身，不希冀任何的東西。」承認將「小許土地」歸農民的

——立憲民主黨的地主；他們所欲求的，已不是自己的「本身」；却因歷史的強制。前者稱爲自由；後者稱爲聰明地服從必然。

使生產工具轉化爲社會所有，使社會生產組織于新的基礎上的普羅利搭利亞，也是這樣的。他「舍了本身」，不希冀任何的東西。所以他感覺到自己整個是自由的。說到資本家呢，仝採取「農業綱領」立憲民主黨的地主，感覺到一樣的地位吧。他們對于自由與必然不得不分爲兩重的世界。

反對昂格斯的「批評家」，對于這一點是不理解的。我們以爲他們所以不理解的緣故，因爲他們的心理，依存着資本家的地位，而不能到普羅利塔利亞的「皮膚」內去考察。仝樣地，這也不消說得，是屬于社會的原因，論根窮源必然地要歸給于經濟的原因。

十六

近代布爾喬亞思想家，他們所心服的二元論，對于史的唯物論還有一種非難。例如斯達謨拉，他就非難史的唯物論說，以爲它一向沒有考慮到社會目的論。這一種論點與前一種的論點，是有密切關聯的。仝樣地，這些非難都缺乏了基礎。

馬克思說：「因爲需要生產，人與人間就形成了一定的社會關係。」斯達謨利爾就依據馬克思這句話，去證明馬克思不能不犧牲自己的理論，去遷就目的論的考察。他以為馬克思的話，表示人類沒有這種關係，生產是不可能的。而這些關係是有自覺的活動，是合目的的行爲所產生。

這种觀點是推理的顛倒，在斯達謨利爾以後的批判，鑄上這些顛倒的深痕。他這類的誤謬，我們要指出它並不困難。

這裏再舉一個例吧。勇蠻的獵人，想獲得他的目的物，例如追逐象。于是因這種目的而團聚的一羣人，在組織之下使用他們的力量。我們可以理解，在這樣情形之下，他們的目的是什麽？他們的手段是什麽？這是無須說明的：他們的目的，是要獲得象，或是殺死象；他們的手段，是團結起來追逐動物的力量。以什麽指定目的？是人類身體的必然性。以什麽決定手段呢？那是狩獵的條件。人類身體的必然性是依存于他的意志麽？決不是這麽一回事。關于這個問題的探討，是屬于生理學的範圍，不屬于社會學的領域。這裏我們對于社會學的需求是什麽呢？就是需求它解釋，爲什麽人類要滿足他們的要求（例如食物的要求）。這種的關係，有時都形成完全不同的關係。關于社會學上，說明這種事實的原因，已由馬克思以生產力的狀態來分析過的。然而生產力的狀態依存人類的意志，或是依存人類所追求的目的呢？據馬克思派社會學的答覆，是否定的：它並不是依存這些的。那就表明它是由不依存人類的一定條件所決定的必然性而形成的。

這樣的結果是怎樣呢？追逐動物是獵人有目的的活動，這些事實，決不能動搖馬克思思想的價值，就是說，不能抹殺獵人的生產關係不依存他們合目的的活動而形成的論據。我們可以再加以申明，原始的狩獵者或則有自感地獲取許多動物的計劃，可是因此不能斷定這些狩獵者特有的共產主義就是他活動有目的的產物。不，絕不是這麽一回事。共產主義的發生，是完全不依存于人類意志的勞動組織無自覺地，即因必然的結果而發生，或則更正確些說是保留，因爲發生在以前已經成立。關于這一點，也正是康德主義者斯達謨利爾所不理解的。也正爲這種的不理解使他墮入我們的司特魯夫，傅里加夫以及其他暫時的馬克思主義者的迷路中去了。

斯達謨利爾更陸續地批判道：「社會的發展，如都爲因果的必然性所形成；那麽，協助發展的自覺志向便成爲毫無意義了。」在他的論點，以爲若是說現象是必然的，即不可避的，即我們沒有一點協助它的必要；若是說我的協助對于現象的發生是必要的，那就不能承認這種現象，是屬于必然的。二者任擇其一。若說是必然，誰能給不可避免的太陽升沈以助力呢？

這是顯然的，被康德的二元論所薰陶過的人，在他們的頭腦上，思惟與實有永遠是兩大鴻溝。

太陽的外況，全人類的社會關係沒有因果的結合。我們視它爲自然的現象，全人類沒有什麼因果的關係，而且與人類有意識的努力相對立。但關于歷史上，社會現象上就完全異趣了。我們早已理解，歷史是人類創成的。人類的努力，是歷史運動的一要素。可是人類所創成的是這樣一定的歷史、關于這點，是上面早已充分論到的「必然」的結果。人類的努力，爲社會進化不可避免的結果。這種努力的結果，並沒有排斥必然性；恰恰相反，它的本身就爲必然性所決定。所以若是將必然性與人類的努力對立起來，那正是論理上重大的過失。

例如一階級努力于自己的解放，在從事于社會的革命行程中，這類的活動，時常適合于這一階級所追求的目的。這類的活動，不能不說革命的原因。然而這種努力，本身爲經濟發展的結果，也就是爲「必然性」所決定的。

社會學——它到了理解社會人類的目的出現（社會的「目的論」）在最後爲

經濟發展的路徑所規定的社會過程的必然結果，到了這個時候，它才成爲科學。

唯物史觀的徹底反對者，有想證明社會學成爲科學不可能的企圖。這是異常要注意的。這種的「批判主義」，現在成爲近代科學發展的障礙了。需求哲學史之科學的說明，在現在是狠富于興趣的工作。卽決定這種「批判主義」、全現代社會的階級鬥爭形成聯繫的作用。

我可以這樣地說，我如果從事這種工作；那麽，這種成功却能認爲歷史的必然。那僅說我的努力，爲總體的必然，確保這種運動的勝利，這種種條件中的鏈鎖之一環而已。也不在以上，也不在以下；也不多，也不少，恰恰是如此。這些觀點，實爲二元論者所不理解的。然而對于主體與客體的統一理論，有深刻須會的，尤其是理解這種統一，表現于社會現象上的，自然能夠得到充分的理解。

在北美洲新教主義的理論家心目中，關于自由與必然對立的問題，充滿歐洲布爾喬亞思想家的頭腦中，據說于他們是不大了然的。這却是狠可注意的事實。柏士斯說：『在美洲的教授們，狠少承認意志的自由。』據他的觀察，以為這些都是實行的人，所以都承認「宿命論的決定」。可是這點就使柏士斯陷于誤謬。這全宿命論並沒有任何的關係。就在他對于道德家伊多實爾的批評上，也可以看得狠清楚：『伊多實爾的立場，……是一切實行家的立場。在生活上有一定目的的人類，自由就是全力給他以返求目的的力量。』這是一句名言。他與黑格爾所說的：『舍了本身，不希冀任何的東西。』一樣地有意義。可是人類到了「舍了本身，不希冀任何的東西。」的時候，他已經不是所謂宿命論者，他那是一個實行的人了。

康德主義不是鬥爭的哲學，而是站在中途逡巡着的哲學，妥協的哲學。

昂格斯說，排除社會罪惡的手段，要在生產的一定物質條件中去發見，而不是什麽改良家的發明。斯達謨利爾關于這點，是仝昂格斯一致的；然而他非難昂格斯思想的不明瞭，他以爲問題的重要在于「以什麽方法可以發見」。這種異議，很夠證明他思想的混亂。對于這種異議我們可以提示着：這種「方法」的性質，是由各種各樣的「要素」來決定的，這種「要素」的源泉，即在經濟發展的過程上找得說明，這些簡明的事實，無須爭論的。馬克思理論的產生，爲資本主義的生產方法發展所規定，在馬克思以前的空想社會主義，不僅受資本主義生產方法發展的痛苦，而且恐怕更增高些，受那社會發展不充分的痛苦，這是很容易理解的事實。

這些我們已沒有再行評論的必要。而在本書的終結，如果不將馬克思·昂格斯的戰術與他歷史理論的根本原則和兩者相互密接的關係，這麽重要的論點，不促起讀者的注意，自然不能不說是一種缺陷。

我們依據馬克思的理論，知道人類的問題，往往是人類所能解決的問題。「因爲問題的形成、它的本身，已有解決的物質條件存在，或至少已在構成的過程中。」在物質的條件已經完備，全「在構成的過程」，完全是相異的狀態。前者的狀態，「飛躍」已經到來，後者的狀態，「飛躍」那是未來的事象。而且須經社會階級相互間的諸關係，種種「漸次的變化」的準備，以達到「最後的目的。」當「飛躍」尚未成熟的時候，改革者的任務是什麼呢？他唯有對于「漸次的變化」，貢獻他的能力。就是說，爲改革而戰。所以「最後目的」與「改革」是全樣存在的。「最後目的」與「改革」的對立失去存在的根據，追放到烏托邦的傳說中去了。使「最後目的」與「改革」趨于對立的，如德國的「修正主義者」倍恩斯坦，以及出席最近非拉士工團主義者大會的之意大利「革命的工團主義者」，就是這樣。可是也不過暴露他們沒有理解近代科學社會主義的能力吧了。當現在修正主義與工團主義借用馬克思名字的時候，不要忘記上述的一點，這是很有用的啊！

「人類面前的問題，往往是他們所能解決的問題。」這是何等健全的樂觀主義表現啊！不消說得，這決不是初期烏托邦主義者所提出的。關于人類大問題的解決，都是正確的。烏托邦主義者與人類，正確地說，一定時期內代表人類最高利益的社會階級，完全是兩件不全的事物。馬克思也曾說過：『歷史運動的深刻浸透于人類的生活，努力完成這種運動的大衆，也因此擴大他們的範圍。』這句話，給關于歷史問題上烏托邦的態度，以致命的排斥。馬克思如果以為人類的面前，沒有不能解決的問題；這一點從理論上說來，却是主體與客體統一的思想，應用于歷史的發展過程上，一種新的表現而已；而從實踐的立場說來，它顯示着達到最後目的，所持冷靜的雄壯的信念。這一點，令人不能忘記我們的嘉士諾其夫斯基熱烈地確信地高呼着：

「要來的來吧，敬祝我們的勝利！」

（一）Rudolf Stammler（一八六五——）德國學者，著有無政府主義論，唯物史觀等。

（二）Nikolai Gowrilowitch Tscernitschewski（一八六——一八八九）俄國革命的社會主義者

——完——

什麼是列甯主義

文維城編譯

新知書店總經售

1938

目錄

第一編　列寧主義是在帝國主義和無產階級革命時代的馬克思主義

第二編　方法和理論

編者聲明

編譯本書之目的，是爲要給我國有志研究列甯主義者以非常急需的最低限度參考材料。而爲便利讀者加深研究計，在本書每章末尾，尙附有加深研究之參考書目。

凡本書所引證之列甯全集，概指該全集俄文第三版而言。凡本書所引證之斯大林所著列甯主義問題，概指該書俄文第十版而言。

凡每一摘引論文末尾所附註之年份，是指該論文寫就或發表的年份而言。頁尾脚註，除特别指出爲譯者附註外，概係原著作者本人之註解。

一九三七年二月

第一編　列寧主義是在帝國主義和無產階級革命時代的馬克思主義

第一章　列甯主義之定義和列甯主義之主要點

（一）**斯大林同志論列甯主義**　　列甯主義底基礎，是一個大題目。要盡量說明這個題目，必須要著作一整本書，甚至於要著作好幾本書。因此，我的講演，自然不能對列甯主義作一詳盡無遺的說明。這些講演至多也只能給列甯主義基礎一個概要的分析。但是，我還是認爲，作這樣一個概要分析，指出幾個爲有成效地研究列甯主義所必要的基本出發點，是有益處的。

敘述列甯主義底基礎，這還不是敘述列甯底宇宙觀底基礎。列甯底宇宙觀與列甯主義底基礎——這兩個題目底範圍並不相同。列甯是一個馬克思主義者，他的宇宙觀的基礎當然就是馬克思主義。但是，從這裏並不能得出結論說，敍述列甯主義應當從敍述馬克思主義底基礎開始。敍述列甯主義，這就是說，敍述列甯在其著作中給與馬克思主義底總寶庫的一些寶貴的，而自然是和列甯底名字相關的特別的和新的貢獻。我在自己的講演中，將只是就這個含義來敍述列甯主義底基礎。

那末，列甯主義是什麼呢？

有些人說：列甯主義乃是馬克思主義在俄國特殊環境中的應用。這個定義是有一部分眞理的，但是牠還千萬沒有說盡全部眞理。列甯的確是把馬克思主義應用到了俄國實際情況中，而且應用得很巧妙。但是，假如列甯主義僅僅是馬克思主義在俄國特殊環境中的應用，那末，列甯主義就是純粹民族的，而且僅僅是民族的，純粹俄國的，而且僅僅是俄國的現象了。可是，我們知道，列甯主義是國際的現象，牠與整個國際發展過程都有根本的聯繫，而並不僅僅是俄國的現象。正是因爲這個原因，所以我以爲這個定義犯有片面性的毛病。

另外有些人說：列甯主義是十九世紀四十年代的馬克思主義革命原素底復活，而與四十年代以後的馬克思主義不同；據說四十年代以後的馬克思主義已變成溫和而不革命的主義了。如果把這種將馬克思主義分爲革命部分和溫和部分的愚蠢而又庸俗的意見除開不說，那末，就應該承認，就是這個完全不充分的和完全不能令人滿意的定義，也有一部分眞理。這部分眞理就在於，列甯的確恢復了馬克思主義之被第二國際機會主義者所埋沒了的革命內容。但是，這只是一部分的眞理。關於列甯主義的全部眞理是在於：列甯主義不只是復活了馬克思主義，而且更進了一步，在資本主義及無產階級階級鬥爭底新條件下面向前發展了馬克思主義。

列甯主義究竟是什麼呢？

列甯主義是在帝國主義與無產階級革命時代的馬克思主義。更確切些說：列甯主義是無產階級革命底一般理論和策略，特別是無產階級專政底理論和策路。馬克思和恩格斯在革命（我們所說的是無產階級革命）以前的時期，當時還沒有已經發展的帝國主義，他們生活在準備無產者們去作革命的時期，當時，無產階級革命還不是直接的實際的不可免的事情。而列甯呢，馬克思與恩格斯底這位學生呢，則生活在已經發展了的帝國主義時期，生活在無產階級革命正在開展的時期，這時，無產階級革命已經在一個國家裏取得了勝利，已經打破了資產階級的民主制，已經開闢了無產階級民主制的紀元，蘇維埃的紀元。

所以，列甯主義是馬克思主義之向前的發展。

人們通常指出，列甯主義帶有非常戰鬥和非常革命的性質。這是完全正確的。但是，列甯主義之所以有這種特性，是由於以下的兩個原因：第一，列甯主義是從無產階級革命中產生出來的，牠不能不帶着無產階級革命底特色；第二，列甯主義是在與第二國際機會主義搏戰過程中間長成和强壯起來的，而與這種機會主義鬥爭，曾經是，並且現在還是爲戰勝資本主義所必要的先決條件。不要忘記，在馬克思恩格斯兩人和列甯中間，隔着第二國際機會主義獨佔統治的整個時代，而與這種機會主義作無情的鬥爭，不能不是列甯主義最重要的任務之一。

（斯大林：列甯主義問題，第一頁至二頁，摘錄關於列甯主義底基礎，一九二四年）

（二）馬克思主義列甯主義之一致　第一，關於「馬克思主義和列甯主義」這種措辭，我有一個小小的意見。根據這種措辭，有人會以為馬克思主義是一回事，而列甯主義又是一回事；以為某人雖不是馬克思主義者，而他却可以做列甯主義者。但這種觀念是不正確的。列甯主義並不是除開馬克思主義的列甯學說。列甯主義是在帝國主義和無產階級革命時代的馬克思主義。換句話說，列甯主義包括馬克思底整個學說，再加上列甯對馬克思主義的新貢獻以及對馬克思一切學說之必要的發揮（無產階級專政學說，農民問題，民族問題，黨的問題，改良主義之社會根源問題，共產主義運動中的基本傾向問題以及其他等等）。因此，最好是說馬克思主義或列甯主義（基本上是一個東西），而

（斯大林：共產主義青年團底任務，一九二五年）

不要說馬克思主義和列甯主義」。

（三）反對機會主義者之曲解列甯主義定義　在關於列甯主義底基礎這本小冊子裏，我給列甯主義作了一個定義，這定義大概已經爲大家所公認了。這定義就是：

「列甯主義是在帝國主義與無產階級革命時代的馬克思主義，更確切些說，列甯主義是無產階級革命底一般理論和策略，特別是無產階級專政底理論和策略」。

這定義是否正確呢？

我認爲這定義是正確的。這定義之所以正確，第一是因爲這定義很正確地指出列甯主義底歷史根源，認爲牠是帝國主義時代的馬克思主義，恰好和有些

譯者附註：本段引文，是從斯大林同志於一九二六年所發表的關於列寧主義問題一書中節錄下來的。

批評列甯的人所說的相反，這些人妄說列甯主義是在帝國主義大戰以後產生的。這定義之所以正確，第二是因爲這定義很正確地指出列甯主義底國際性，正好和社會民主黨所說的相反，社會民主黨妄說列甯主義祇能適用於俄國特殊環境中。這定義之所以正確，第三是因爲這定義很正確地指出列甯主義與馬克思學說間的血統關係，認爲牠是帝國主義時代的**馬克思主義**，正好和有些批評列甯主義的人所說的相反，這些人妄說列甯主義不是馬克思主義底繼續發展，而僅是馬克思主義底恢復，是馬克思主義在俄國實際情形中的應用。

所有這些，顯然是不需要什麼特別解釋的。

可是，在我們黨內，竟還有些同志認爲有給列甯主義做出另外一種定義的必要。例如季諾維也夫同志認爲：

「**列甯主義是在帝國主義戰爭與世界革命時代的馬克思主義，這革命是在以農民佔大多數的國家裏直接開始的**★」（見季諾維也夫同志所著《布

★着重點是季諾維也夫同志自己加上的——斯大林註。

爾塞維主義還是托落茨基主義一文，見眞理報第二百七十三期，一九二四年十一月十號）。

季諾維也夫同志所特別着重指出的句子，究竟有什麼意義呢？將俄國底落後性及農民性，放進列甯主義底定義以內，這究竟表示什麼呢？

這就是說，他將列甯主義由國際的無產階級學說變爲俄國特殊情況底產物。

這就是說，他替鮑威爾和考茨基搖旗吶喊，因爲鮑威爾和考茨基正是否認列甯主義能在其他資本主義更發展的國家內適用。

不待說，農民問題對於俄國是有極大的意義，俄國是一個農民國家。但是，在估計列甯主義底基礎時，這事實能有什麼意義呢？難道列甯主義僅僅是根據俄國條件和專爲俄國產生出來的，而不是根據帝國主義條件和爲一般帝國主義國家產生出來的嗎？難道列甯底這樣的著作，如帝國主義，國家與革命，無產階級革命與叛徒考茨基，「左派」幼稚病等等，祇是對於俄國有意義，而不是對於一般帝國主義國家都有意義嗎？難道列甯主義不是世界各國革命運動經驗底歸納嗎？難道列甯主義底理論基礎與策略基礎，不是世界各國無產階級政黨所可以採用和定要採用的嗎？難道列甯說「布爾塞維主義是世界各國所應該採用的策略模範」（見列甯全集第二十三卷，第三八六頁），這不是說得很對嗎？難道列甯說「蘇維埃政權與布爾塞維主義底理論基礎與策略基礎有國際意義」（見列甯全集第二十五卷，第一七一至一七二頁）這不是說得很對嗎？難道列甯下述一段話不是說得很對嗎？

「在俄國，無產階級專政，因爲俄國很大的落後性與小資產階級性的緣故，所以和先進的國家比較起來，必然有一些兒特點。但是基本的力量——以及基本的社會經濟形式——在俄國與在任何資本主義國家內，都是一樣的。所以這些特點無論如何不能牽涉到最主要的問題★」（見列甯全集第二十四卷，第五〇八頁）。

★着重點是我加的——斯大林註。

可是，假如這些都是對的，那末豈不是應該說，季諾維也夫同志所給的列甯主義定義決不能算是正確的嗎？給列甯主義下這種民族狹隘的定義，這怎樣能與國際主義相容呢？（斯大林：列甯主義問題，第一九一到一九二頁，節錄關於列甯主義問題，一九二六年）

新托落茨基主義並不以爲必須公開來擁護不斷革命論。牠「只是」認爲，十月革命是完全證實了不斷革命觀念。從此，牠就做出結論說：列甯主義在戰後，在十月革命以後所有的東西，才是重要而可以容納的，反之，列甯主義在戰前，在十月革命以前所有的東西，却是不正確而不可容納的。由此就產生了托落茨基份子把列甯主義截分爲兩部分的理論：一部分是戰前的列甯主義，是「舊的」，「不中用的」，主張工農專政的列甯主義，另一部分是新的，大戰以後的，十月革命時期的列甯主義。他們打算使這個新的列甯主義適應於托落茨基主義底要求。托落茨基主義之所以要有這種把列甯主義截分爲二的理論是因爲這種理論可以作爲他所必要的多少「可以採納的」第一步，好使他易於調列甯主義作進一步的鬥爭。但是列甯主義並不是由五花八門的各種成分湊合攏來而可以分截爲幾部分的理論。列甯主義是完整一體的理論，這個理論是在一九〇三年產生的，牠經過了三次革命底考驗，而且現在正在繼續前進，而爲全世界無產階級底鬥爭旗幟。

列甯說：

「布爾塞維主義從一九〇三年起就已成爲一個政治思潮和政黨而存在着。爲什麽布爾塞維主義在最困難的條件中都能鍛鍊和保持爲無產階級勝利所必要的鐵的紀律，這只有布爾塞維主義存在以來的全部歷史才可以解釋得令人滿意」。（見列甯全集，第二十五卷，第一七四頁）。

布爾塞維主義和列甯主義，實際上是一個東西。這是一個東西之兩種名稱。因此，把列甯主義截分爲二的理論，乃是破壞列甯主義的理論，乃是用托落茨基主義來代替列甯主義的理論。

黨不能容忍這個奇怪的理論，這是不用說的。

……現在來說黨性的問題。舊托落茨基主義曾以主張與孟塞維克一致的理論（與實踐）來破壞布爾塞維克黨。但是這個理論已經醜態百出，以致現在連提都不願去提牠了。現時的托落茨基主義為要破壞黨起見，就想出了一種新的，比較不丟醜的而且差不多是「民主主義的」理論，即把我們黨的新黨員和老幹部相對立起來。照托落茨基主義看來，我們黨並沒有完整的統一的歷史。托落茨基主義把我們黨的歷史分為輕重不等的兩部分，分為十月革命以前和十月革命以後的兩部份。說我黨在十月革命以前的一部分歷史，其實並不是歷史，而只是「歷史底序幕」，是不重要的，或者至少是不很重要的準備我黨的時期。而我黨在十月革命以後的一部分歷史才是實在的眞正的歷史。在第一個時期中所有的，是「老的」，「歷史序幕時期的」，不重要的黨幹部。在第二個時期中所有的，是新的，眞正的「有歷史的」黨。這種新奇的考察黨史的方略，乃是破壞我黨舊幹部和新幹部間的一致的方略，乃是破壞布爾塞維克黨性的方略。

（斯大林：論反對派，一二一到一二三頁，托落茨基主義還是列寧主義（在全蘇聯總工會一九二四年十一月十九日黨團會議上的演說））。

（四）馬克思主義、列甯主義之要點　　有些人時常說和寫道：馬克思學說底主要點，是階級鬥爭。然而這種說法是不對的。從這種不正確的觀點出發，往往就會對於馬克思主義作機會主義的曲解，往往就會把馬克思主義曲解成爲適合於資產階級口味的東西。因爲階級鬥爭的學說並不是由馬克思所創立，而是在馬克思以前由資產階級所創立的，而且一般說來，這個學說是資產階級所能容納的。誰若是只承認階級鬥爭，那還不是馬克思主義者，那還可以不越出資產階級思想和資產階級政治底範圍。說馬克思主義只是階級鬥爭的學說，那就是縮小馬克思主義，曲解馬克思主義，把牠變成爲資產階級所可以容納的學說。只有那承認階級鬥爭以至於承認無產階級專政的人，才是馬克思主義者。這就是馬克思主義者和通常一般小資產者（大資產者亦然）最深刻的差別點。必須用這個試金石去試驗誰是眞正懂得馬克思主義和眞正承認馬克思主義。

（列甯全集，第二十一卷，第三九二頁，國家與革命，一九一七年）。

我在關於列甯主義底基礎這本小册子上曾說：

「有人以爲，列甯主義底基本問題是農民問題，列甯主義底出發點是關於農民，農民底作用及其比重的問題。這是完全不對的。列甯主義底基本問題，列甯主義底出發點，並不是農民問題，而是關於無產階級專政，關於爭取無產階級專政條件，關於鞏固無產階級專政之條件問題。農民問題，卽無產階級在奪取政權鬥爭中的同盟者的問題，祗是附屬的問題」。

這個原理是否正確呢？

我認爲這個原理是正確的。這個原理是完全從列甯主義定義中推論出來的。實在說來，如果列甯主義是無產階級革命底理論和策略，而無產階級革命底基本內容又是無產階級專政，那末，很明顯的，列甯主義底主要點就是無產階級專政問題，就是規定這個問題，並且使這個問題有理論根據和具體化。

可是，季諾維也夫同志顯然還是不同意於這個原理的。他在自己的紀念列甯這篇論文裏說道：

「我已經說過了，農民底作用問題，是布爾塞維主義，即列甯主義底**基本問題**★」（見眞理報第三十五期，一九二四年二月十三號）。

季諾維也夫同志底這個意見，顯然完全是從他給列甯主義所下的不正確的定義中推論出來的。因此，這個意見也和他的列甯主義定義一樣，是不正確的。

列甯說無產階級專政是「革命底根本內容」（見列甯全集第二十三卷，第三三七頁），他這個提綱是否正確呢？是絕對正確的。說列甯主義是無產階級革命底理論與策略，這個提綱是否正確呢？我想是正確的。但從這裏應當得到怎樣的結論呢？從這裏就應當得到這樣的結論：列甯主義底基本問題，牠的出

★着重點是我加的——斯大林註。

發點，牠的基礎，是無產階級專政問題。

帝國主義問題，帝國主義發展之躍進性問題，社會主義之在一個國家內勝利問題，無產階級國家問題，此國家之蘇維埃形式問題，黨在無產階級專政系統中之作用問題，社會主義建設道路問題——所有這些問題，豈不正是列甯所規定的嗎？這些問題豈不正是無產階級專政觀念底基礎及根基嗎？假如沒有規定這些基本問題，豈不是根本就不能從無產階級專政觀點上去規定農民問題嗎？

不待說，列甯是一個精通農民問題的人。不待說，農民問題，即無產階級底同盟者問題，對於無產階級有極重要的意義，牠是無產階級專政這個基本問題底組成部分。但是，如果在列甯主義面前未曾擺着無產階級專政這個基本問題，那末，也就不會產生無產階級底同盟者這個附屬問題，即農民問題，這點難道還不淸楚嗎？如果在列甯主義面前未曾擺着無產階級奪取政權這一個實際問題，那末，也就不會發生工農聯盟問題，這難道還不明白麼？

假如列甯不是站在無產階級專政底理論和策略基礎上來規定農民問題，而是離開這個基礎，站在這個基礎以外來規定這個問題，那末，他就會不是一個極偉大的無產階級思想家，像實際情形那樣，而不過是一個平常的「農民哲學家」，像國外的庸俗的歪曲作家所常常描寫的那樣了。

二者必取其一：

或者是，農民問題是列甯主義底主要點，那末，列甯主義對於資本主義先進發展的國家，對於非農民的國家，是不適用的，是不必要的。

或者是，無產階級專政是列甯主義底主要點，那末，列甯主義就是世界各國無產者底國際學說，對於全世界所有的國家——資本主義已發展的國家也在其內——都是適用的和必要的。

這裏應當選擇一個。

（斯大林：列甯主義問題，第一〇三至一〇五頁，摘錄關於列甯主義問題，一九二六年）

參攷書：

馬克思與恩格斯合著　共產黨宣言第一章和第二章

恩格斯著　由空想的社會主義發展到科學的社會主義第一章至第三章

恩格斯著　在馬克思安葬時的演詞，見馬克思選集第一卷。

列甯著　恩格斯，見列甯選集第一卷

列甯著　在舉行馬克思與恩格斯紀念碑落成典禮時的演說詞，見列甯全集第廿三卷

列甯著　馬克斯與恩格斯來往書信集，見列甯全集第十七卷

列甯著　俄國工人刊物之過去歷史，見列甯全集第十七卷

列甯著　國家與革命，第二章第三章與第六章見列甯全集第廿一卷

列甯著　無產階級革命與叛徒考茨基，「什麼是國際主義」一章，見列甯全集第廿三卷

列甯著　馬克思主義之三個來源與三個組成部分，見列甯全集第十六卷

列甯著　馬克思，見列甯全集第十八卷

列甯著　馬克思學說底歷史命運，見列甯全集第十六卷

列甯著　馬克思主義與修正主義，見列甯全集第十二卷

列甯著　共產主義運動中的「左派」幼稚病第一章，見列甯全集第廿五卷

列甯著　各國自由派對於馬克思的估計，見列甯全集第十二卷

斯大林著　「關於列甯主義問題」第一章與第二章見「列甯主義問題」

第二章　列寧主義之歷史根源

（一）**斯大林同志論列甯主義之歷史根源**　列甯主義是在帝國主義條件下面長成和形成的，這時資本主義底矛盾已達到極點，這時無產階級革命已成爲直接行動的實際問題，這時準備工人階級去革命的舊時期已到盡頭而進入直接推翻資本主義的新時期。

列甯稱帝國主義爲「垂死的資本主義」。爲什麼呢？因爲帝國主義使資本主義矛盾底緊張程度達到極端，達到頂點，接着便是革命底開始。在這些矛盾中，最重要的有以下三個：

第一個矛盾，就是勞動與資本間的矛盾。帝國主義就是工業國家裏壟斷性的托拉斯和新迪加，銀行和財政寡頭之萬能勢力。與這種萬能勢力鬥爭時，工人階級底通常鬥爭方法——職工會和合作社，國會政黨以及國會鬥爭——已經是完全不夠了。或者是完全投降於資本，依舊過着非人生活而每況愈下；或者是運用新的武器，——這就是帝國主義向千百萬無產階級羣衆提出的問題。帝國主義推動着工人階級走向革命。

「**第二個矛盾**，就是各個財政資本集團間及各個帝國主義列强在彼此爭奪原料產地，爭奪別國領土中所發生的矛盾。帝國主義就是把資本輸出到原料產地，就是爲要獨佔這些原料產地而進行猛烈鬥爭，就是爲要重新瓜分已經瓜分完的世界而進行鬥爭，就是那些尋求「日光下的地盤」的新興財政資本集團和列强進行特別劇烈的鬥爭，來反對那些不肯放鬆其已得贓物的老大財政資本集團和列强。各派資本家集團間這種猛烈鬥爭底特點，就在於牠包含着一種不可避免的原素——帝國主義戰爭，爲掠奪別國領土而進行的戰爭。而這種情況底特點又在於牠使帝國主義者們互相削弱，使整個資本主義底陣勢都削弱，使無產階級革命底時機接近，使無產階級革命成爲實際上必不可免的事情。

第三個矛盾，就是爲數極少的統治的「文明」民族與世界上數萬萬殖民地和附屬國人民間的矛盾。帝國主義就是對最廣大的殖民地和附屬國內數萬萬人民施行最殘暴的剝削和最無人道的壓迫。榨取額外利潤，便是這種剝削和這種壓迫底目的。可是帝國主義在剝削這些國家的時候，不得不在那裏敷設鐵路，設立工廠和成立工商業中心。無產階級之出現，本地智識界之產生，民族覺悟之興起，解放運動之加强，——這些便是這一「政策」所不可避免的結果。所有一切殖民地及附屬國革命運動之加强，便是顯然證明這一點。這種情形對於無產階級是重要的，因爲這種情形根本動搖資本主義底基礎，把殖民地和附屬國由帝國主義底後備軍變爲無產階級革命底後備軍。

一般說來，帝國主義底主要矛盾，把舊的「興盛的」資本主義變爲垂死的資本主義的矛盾，便是這樣。

十年前所發生的帝國主義戰爭底意義，除其他各點之外，還在於牠把所有這些矛盾都集成一團，使其緊張萬分，結果就加速了和便利了無產階級底革命戰鬥。

換一句話說：帝國主義不僅已經使革命成了實際上不可避免的事情，而且已經造成了直接推翻資本主義的良好條件。

這便是產生了列甯主義的國際環境。

有人會向我們說：好罷，但是，這種情形，對於當時並不是，而且也不能是模範式的帝國主義國家的俄國，有什麼關係呢？這種情形，對於首先是在俄國工作，而且首先是爲着俄國而工作的列甯，有什麼關係呢？爲什麼恰好是俄國成了列甯主義底策源地，成了無產階級革命之理論和策略底故鄉呢？

因爲，俄國曾經是帝國主義所有這一切矛盾底集合點。

因爲，在俄國，革命醞釀底程度，曾比其他任何國家都要厲害，所以祇有俄國曾能夠用革命手段來解決這些矛盾。

第一，專制俄國乃是各種壓迫——資本主義壓迫，殖民地壓迫及軍事壓迫——表現得最無人道而最野蠻的國家。誰不知道，在俄國，資本之萬能勢力是與專制制度之專橫暴虐，互相混合着？誰不知道，俄國民族主義之侵略是與俄國專制政府對於非俄羅斯民族的屠殺，互相混合着？誰不知道，對土耳其，波斯，中國整批區域的剝削是與俄國專制制度對這些區域的侵佔，互相混合着，是與侵佔領土的戰爭、互相混合着？列甯說得很對：俄國專制制度是「軍閥封建的帝國主義」。俄國專制制度把帝國主義所有一切最壞的因素都總合起來，而且使之加倍厲害了。

其次，專制俄國是西方帝國主義底最大的後備軍。這不僅是說，牠放任了外國資本自由進口活動，讓外國資本操縱了俄國國民經濟中如燃料和冶金業這樣有決定作用的部門；而且是說，牠曾用千百萬兵士去供給西方帝國主義者。試回想一下，一千二百萬俄國軍隊，爲保證英法資本家底極高度的利潤，而在帝國主義大戰前線上犧牲流血的事實。

再其次，俄國專制制度不僅是帝國主義底東歐看門狗，而且是西方帝國主義底代理人，牠從倫敦．巴黎．柏林．布律塞爾得到借款而替牠們從人民身上榨取幾萬萬元的利息。

最後，俄國專制制度是西方帝國主義在瓜分土耳其、波斯、中國等等方面最忠實的同盟者。誰不知道帝國主義戰爭是俄皇政府與協約國帝國主義者聯合進行的呢？誰不知道，俄羅斯是這次戰爭中的一個重要角色呢？

所以俄國專制制度底利益便與西方帝國主義底利益結合起來，以至於打成一片，形成整個帝國主義利益的系統。既然如此，西方帝國主義是不是能夠不預先試用一切力量來和俄國革命拚命決戰以圖維持和保存俄皇制度，而就甘心喪失舊時的專制的資產階級的俄國這樣一個在東方的强大支柱，這樣一個富有人力物力的來源呢？當然是不能夠的！

可是由此可見，當時，誰想打擊俄皇制度，他就必然要去打擊帝國主義，誰要實行武裝起來反對俄皇制度，他也就要實行武裝起來反對帝國主義；因爲誰要是實際上想不僅打碎而且還要永遠消滅俄皇制度，那麼當他力圖推翻俄皇制度的時候，他就也一定要推翻帝國主義。這樣，反對俄皇制度的革命便接近了反帝國主義的革命，接近了無產階級的革命；而且必然要轉變爲反帝國主義的革命，轉變爲無產階級的革命。

而同時，當時在俄羅斯，恰巧又興起了最偉大的人民革命，這個革命是由世界上最革命的無產階級所領導，而這個無產階級又有俄國革命農民這樣重大的同盟者。這樣的革命决不能半途中止，在勝利的時候，牠就應該向前進展，高舉反帝國主義的武裝起義旗幟，——這點難道還須證明麽？

正是因爲這個原因，所以俄國曾經是帝國主義各種矛盾底集合點，這不僅是說，因爲這些矛盾在俄國帶有特別醜惡，特別難堪的性質，所以最容易暴露出來，也不僅是因爲俄國曾是西方帝國主義底主要支柱，牠將西方財政資本與東方殖民地聯接起來；而且是因爲當時僅僅在俄國才有一種眞正能夠用革命手段來解决帝國主義矛盾的實力。

可是由此可見，俄國革命不能不成爲無產階級的革命，牠不能不一開始發展便帶着國際性，於是就不能不震動帝國主義底根基。

在這種實際情况之下，俄國共產黨人難道可以把自己的工作僅限於俄國革命底狹隘的民族範圍以內嗎？當然不可以！正是相反，無論國內的（深入的革命危機）和國外的（戰爭）環境，都曾經推動他們的工作超出這個範圍：把鬥爭轉變到國際舞台上去，揭穿帝國主義的瘡結，證明資本主義破產底必然性，打碎社會沙文主義和社會太平主義，最後，推翻本國的資本主義，並替無產階級鍛鍊出新的鬥爭武器，——無產階級革命底理論和策略，以便利全世界無產者爲推翻資本主義而奮鬥的事業。

俄國共產黨人曾不能不這樣行動，因爲祇有這樣，才可以希望國際環境內產生某種變化，足以保證俄國不致有資產階級制度底復辟。

就是因爲這些原因，所以俄國便成爲列甯主義底策源地，而俄國共產黨人底領袖列甯，便是列甯主義底創造者。

俄國和列甯底「遭遇」，差不多與十九世紀四十年代德國和馬克思，恩格斯底「遭遇」一樣。當時德國也是醞釀着資產階級的革命，正好像二十世紀初期的俄國一樣。當時馬克思在共產黨宣言上寫道：

「共產黨人現在的目光，正注射在德國身上，因為德國正處在資產階級革命底前夜，因為德國將在一般歐洲文明更進步的條件之下，和具備着比十七世紀的英國和十八世紀的法國更發展得多的無產階級去完成這個革命。因此德國資產階級革命一定是無產階級革命之直接的序幕」。

換句話說，當時，革命運動底中心已經開始移到德國了。

毫無疑義的，德國之所以恰巧成為科學社會主義底故鄉，而德國無產階級底領袖馬克思和恩格斯之所以恰巧成為科學社會主義底創造者，正是由於馬克思在上面這段話內所指出的這種情況的結果。

二十世紀初期的俄國也是如此，而且有過之而無不及。當時的俄國正處在資產階級革命底前夜，曾應當在歐洲更進步的條件之下和具備着比德國（英法更不用說了）更發展的無產階級，來進行這個革命；並且所有一切的事實材料都已經指明，這個革命曾經應當成為無產階級革命底酵母和序幕。無怪乎遠在一九〇二年，當俄國革命還剛才萌芽的時候，列甯在其所著的做什麼？這本小冊子內，就已經預言道：

「歷史現在向我們（即俄國馬克斯主義者，——斯大林註）提出了一個迫近的任務；這個任務與其他任何那一國無產階級底一切迫近任務比較起來都是最革命的任務……。」「實現這個任務，就是說，不僅是打破歐洲的，而且也打破亞洲的最强大的反動支柱，這會使俄國無產階級成爲國際革命無產階級底先鋒隊」（見列甯全集，第四卷，第三八二頁）。

換句話說，革命運動底中心已移到俄國來了。

大家知道，俄國革命底過程已經綽綽有餘地把列甯這個預言證實了。

既是這樣，那末，作過了這樣的革命和具備着這樣的無產階級的這個國家，成了無產階級革命理論和策略底故鄉，這還有什麼奇怪呢？

這個無產階級底領袖列甯，同時也成了這個理論和策略底創造者以及國際無產階級底領袖，這還有什麼奇怪呢？

（斯大林：列甯主義問題，第三至第七頁，摘錄關於列甯主義底基礎，一九二四年）

（二）布爾塞維主義之在馬克思主義基礎上產生及布爾塞維主義政治經驗之國際意義

一方面，布爾塞維主義是於一九〇三年在最堅固的馬克思主義理論基礎上產生的。而這個——只有這個——革命理論之正確，不但由整個十九世紀全世界的經驗所證明，而且特別是由俄國革命思想界的迷惑和動搖，錯誤和失望的經驗所證明。在十九世紀四十年代到九十年代的半世紀裏，俄國進步的思想界，曾處在空前野蠻與反動的俄皇專制壓迫之下，尋求正確的革命理論，如渴思飲；牠用了驚人的奮勉精神與精密態度來探索歐美關於這方面的每一種「新發明」。俄國在半世紀裏，受到了空前的痛苦與犧牲，表現了空前的革命勇氣，牠以驚人的努力和熱誠，從事探究，經過訓練，實際試驗，失望，切實審查，參照歐洲經驗等等折磨，——俄國眞是受盡這千辛萬苦之後，才獲得馬克思主義這個唯一正確的革命理論。因革命者不堪俄皇政府之迫害而不得不逃出國外，所以革命的俄國，在十九世紀的後半期，其國際聯絡之豐富，及其對於各國革命運動底形式與理論之熟悉，實爲世界任何國家所不及。

另一方面，在這個堅固的理論基礎上所產生出來的布爾塞維主義，經歷了十五年（一九〇三到一九一七年）的實際歷史，這種歷史經驗之豐富，世界上沒有倫比。因爲在這十五年內，任何國家都未曾稍許有過俄國這樣豐富的閱歷，卽這樣多的革命經驗，這樣迅速，這樣複雜的運動各種形式——合法的與非法的，和平的與激烈的，祕密的與公開的，小組的與羣衆的，議會鬥爭的與恐怖行動的種種方式——彼此交替的現象。任何一個國家在這樣短促的時期內都沒有表現這樣多的現社會一切階級間鬥爭底形式，色彩及方法；而且因爲俄國落後與俄皇政府殘暴壓迫的關係，這種鬥爭成熟得特別迅速，其領會和採用歐美政治經驗之相當的「新發明」，也特別熱烈，特別奏效。

（列寧全集第二十五卷，第一七五頁，共產主義運動中的「左派「幼稚病，一九二〇年）

參考書：

列甯著　帝國主義即資本主義最高階段，第十章，見列甯全集第十九卷

列甯著　社會主義與戰爭，由第二章到第四章，見列甯全集第十八卷

列甯著　共產主義運動中的「左派」幼稚病，由第二章至第四章，見列甯全集第二十五卷

列甯著　白伯里，見列甯全集第十六卷

列甯著　做什麼？，見列甯全集第四卷

列甯著　世界政治中的引火物，見列甯全集第十二卷

第三章　列甯主義是馬克思主義發展之新階段，斯大林同志之繼續發展列甯主義

（一）斯大林同志論列甯對於馬克思主義之新貢獻

我以爲，列甯並沒有給馬克思主義「補充」任何「新原則」，同樣，他也沒有取消馬克思主義底任何一個「舊」原則，列甯曾經是，而且始終還是馬克思和恩格斯最忠實而最徹底的學生，他是完完全全以馬克思主義原則爲依據的。可是，列甯並不僅僅只是馬克思與恩格斯學說底執行者，他並且也是馬克思與恩格斯學說底繼續者。這是什麼意思呢？這就是說，他根據發展底新條件，根據資本主義新階段底條件；根據帝國主義底條件，而向前發展了馬克思恩格斯底學說。這就是說，列甯既然是在階級鬥爭底新條件下面繼續發展了馬克思底學說，這樣他就給馬克思主義底總寶庫放進了一些爲馬克思與恩格斯所沒有的新貢獻，放進了一些在

帝國主義以前的資本主義時期內所不能有的新貢獻，同時，由列甯所放進馬克思主義寶庫內去的這些新貢獻，完完全全是以馬克思與恩格斯所規定的原則做基礎的。正是在這個意義上，我們說列甯主義是在帝國主義和無產階級革命時代的馬克思主義。列甯在向前發展馬克思底學說的時候，曾在幾個問題方面給了一些新貢獻。請看這是那幾個問題罷：

第一，就是關於壟斷資本主義問題，關於帝國主義即資本主義底新階段問題。馬克思和恩格斯在資本論裏面，已經分析了資本主義底基礎。可是馬克思和恩格斯是生活在壟斷資本以前的資本主義統治時代，生活在資本主義平穩進化與「和平」推廣於全地球的時代。這個舊階段到十九世紀末葉和二十世紀初期已經終結，這時馬克思和恩格斯已經去世了。當然，馬克思和恩格斯曾只能猜想資本主義發展底這樣一些新條件，這些新條件，是因爲資本主義底新階段代替了舊階段而發生的，是因爲資本主義發展到了帝國主義的，壟斷的階段而發生的；在這時候，資本主義底平穩的進化已被資本主義之躍進式的，充滿奇災大禍的發展所代替了；在這時候，資本主義發展底不平衡性和矛盾已表現得特別厲害；在這時候，在這種極不平衡的發展條件中，爲爭取銷售市場和投資市場的鬥爭，已經使這種爲着定期重新分割世界及勢力範圍的定期帝國主義戰爭，成爲必不可避免的了。在這方面，列甯底功勞，也就是說，列甯底新貢獻，就在於他根據資本論底基本原理，對於帝國主義這個資本主義最後階段作了一個有理論根據的馬克思主義的分析，揭露了牠的瘡結所在和那些使牠必定滅亡的條件。根據這一個分析，列甯就規定一個著名原理，這個原理就是：在帝國主義條件下面，社會主義有在個別的，單個的資本主義國家內面獲得勝利的可能。

第二，就是關於無產階級專政問題。馬克思和恩格斯已經給了無產階級專政底基本思想，認爲這個專政是無產階級底政治統治，是用暴力推翻資本政權的方法。列甯在這方面所給的新貢獻就在於：（一）他發明了蘇維埃政權，認爲這是無產階級專政底國家形式，爲着這個發明，他利用了巴黎公社和俄國革命底經驗；（二）他根據無產階級底聯盟者問題來解釋了無產階級專政底公式，他認爲，無產階級專政就是領導者的無產階級與被領導的非無產階級的被剝削羣衆（農民及其他等等）間的階級聯盟底特殊形式；（三）他特別着重指出了一件事實，就是無產階級專政是階級社會內最高式樣的民主制，是代表多數人（被剝削者）利益的無產階級民主制，而與代表少數人（剝削者）利益的資本主義民主制相反。

第三，就是關於在無產階級專政時期，在由資本主義過渡到社會主義的過渡時期，在被資本主義國家所包圍着的國家內，社會主義勝利建設底形式和方法問題。馬克思和恩格斯曾把無產階級專政時期看作是多少長久的，充滿着革命戰鬥和國內戰爭的時期，在這時期內，掌握政權的無產階級採取經濟上的、政治上的、文化上的和組織上的必要辦法，以便創造新的社會主義的社會，無產階級的社會，無國家的社會，以代替舊的資本主義的社會。列甯是完完全全以馬克思和恩格斯底這些基本原理爲基礎的。列甯在這方面的新貢獻就在於：

（一）他在理論上證明了：被各帝國主義國家所包圍着的無產階級專政國家，如果絕不會被這些帝國主義國家底武裝干涉所撲滅，那末在這個國家內就有建成完全的社會主義社會的可能；（二）他規定了經濟政策底具體道路（「新經濟政策」），藉着這些具體道路，握有經濟命脈（工業、土地、運輸業、銀行等等）的無產階級就可以把社會主義工業與農村經濟聯絡起來（「工業與農民經濟底聯絡」），這樣來引導整個農民經濟走到社會主義；（三）他規定了經過合作制來漸漸把農民基本羣衆引導到和吸收到社會主義建設軌道上去的具體道路，合作制是由無產階級專政拿來改造小農經濟和以社會主義精神來教化農民基本羣衆的最偉大的工具。

第四，就是關於無產階級在革命中，在所有一切人民革命中，在反對專制制度的革命中以及在反對資本主義的革命中的領導權問題。馬克思和恩格斯，已經規定出無產階級領導權觀念底基本大綱。列甯在這裏的新貢獻，就是他向前發展了這些大綱，並且把這些大綱擴張成為無產階級領導權底嚴密系統了，擴張成爲無產階級不僅在推翻專制制度及推翻資本主義的事業上，而且在無產階級專政時期裏的社會主義建設事業上都對城鄉勞動羣衆施行領導底嚴密系統了。大家知道，無產階級領導權底觀念，因爲有列甯和列甯黨的緣故，在俄國得到了巧妙的應用。俄國革命之所以達到了建立無產階級底政權，局部地也是因爲這個緣故。從前的情形，照例總是在革命底時候，工人在街壘上作了鬥爭，流了血，推翻了舊制度，可是政權却落到了資產階級手裏，而資產階級後來又壓迫和剝削工人。英國和法國底情形曾經是這樣。德國底情形曾經是這樣。我們俄國底情形，就不是這樣了。在我們俄國，工人曾不僅是革命底突擊力量。俄國無產階級既然是革命底突擊力量，同時又曾力謀成爲領導者，成爲城鄉一切被剝削羣衆底政治領導者，把這些羣衆團結在自己周圍，使這些羣衆脫離資產階級，使資產階級在政治上孤立起來。俄國無產階級既然是被剝削羣衆底領導者，他就時刻力謀奪取政權和利用這政權來擁護自己的利益以反對資產階級，以反對資本主義。正是因爲這個緣故，所以俄國革命底每一個強有力的發動，無論是在一九〇五年十月也好，無論是在一九一七年二月也好，都把工人代表蘇維埃推上政治舞台，都把這個負有鎭壓資產階級使命的新政權機關底萌芽，提出來和資產階級的國會——負有鎭壓無產階級使命的舊政權機關——相對抗。我們俄國的資產階級會　次企圖恢復資產階級的國會和消滅蘇維埃：在一九一七年八月，在「預備國會」時期，就是說在布爾塞維克奪取政權以前，以及在一九一八年一月，在「立憲會議」時期，就是說在無產階級奪取政權以後，但資產階級這種企圖每次都遭了失敗。爲什麼呢？因爲資產階級在政治上已經孤立了，千百萬勞動羣衆已認定無產階級是革命底唯一領袖，而蘇維埃已受了羣衆底審查和試驗而被他們看作自己的工人政權，如果把這個政權拿去換成資產階級的國會，這對於無產階級便是一個自殺政策。因此，難怪資產階級的議會主義，在我們俄國並沒有發育過。所以革命在俄國就達到了建立無產階級政權的結果。這就是實行列甯關於無產階級在革命裏的領導權的觀點之結果。

第五，就是民族殖民地問題。馬克思和恩格斯在分析愛爾蘭、印度、中國、中歐各國、波蘭、匈牙利諸國事變的時候，已經規定了民族殖民地問題之基本的原理。列甯底著作是以這些原理爲基礎的。列甯在這方面的新貢獻就在於：（一）他把這些原理集成爲關於帝國主義時代的民族殖民地革命的觀點底整個系統；（二）把民族殖民地問題與推翻帝國主義的問題聯繫起來；（三）把民族殖民地問題宣佈爲國際無產階級革命總問題底一個組成部分。

末了，就是關於無產階級底政黨問題。馬克思和恩格斯定出了關於政黨的基本大綱，認爲無產階級底政黨是無產階級底先進部隊，如果沒有牠（沒有政黨），無產階級就不能得到解放，就是說也不能奪取政權，也不能改造資本主義社會。列甯在這方面的新貢獻，就是他根據帝國主義時代無產階級鬥爭底新條件而繼續向前發展了這些大綱，因爲他指明了：（一）黨是無產階級之階級組織底最高形式，牠比無產階級其他各種組織（職工會，合作社，國家組織）都要高些，牠的使命就是要歸納和指導其他這些組織底工作；（二）無產階級專政只有經過黨才能實現，因爲黨是無產階級專政底指導力量；（三）無產階級專政只有由一個政黨，由共產黨來領導——共產黨是不與而且也不應與其他政黨瓜分領導權的，——祗能夠成爲完滿的專政；（四）如果在這個政黨裏沒有鐵的紀律，那末就不能實現無產階級專政關於鎮壓剝削者以及把階級社會改造爲社會主義社會的任務。

列甯在自己的著作裏，根據無產階級在帝國主義時代鬥爭底新條件而具體化了馬克思的學說和向前發展了這個學說，列甯在這裏的新貢獻，大體上就是這樣。因此我們就說，列甯主義是在帝國主義和無產階級革命時代的馬克思主義。

由此可見，既不能把列甯主義與馬克思主義分開，更不能把牠與馬克思主義對立起來。

在代表關底問題中往下又說：「如果說列甯相信『創造性的革命』，而馬克思却比較喜歡等待經濟力量底登峯造極的發展，那是不是正確呢？」我認爲，這是完全不正確的。我想，無論那個人民革命，如果牠是眞正的人民革命，都是創造性的革命，因爲牠打破舊制度和創造並建立新制度。當然，例如在阿爾巴尼亞有時發生這些部落反對別些部落的兒戲「武裝起義」，在這樣的所謂「革命」裏是不能有絲毫創造性的。可是這樣的兒戲的「武裝起義」從來沒有被馬克思主義者認作革命。這裏所說的，顯然不是關於這種武裝起義，而是關於發動被壓迫階級去反對壓迫階級的那種羣衆的人民革命。而羣衆的人民革命却不能不是創造性的。馬克思和列甯所主張的正是這樣的革命，——而且僅只是這樣的革命。而且，很明顯的，這樣的革命不是在隨便那種條件下面都能發生的，牠只是在一定的順利的經濟條件和政治條件下面才能發生的。

（斯大林：列甯主義問題，第一六九至一七三頁，與第一個美國工人代表團的談話，一九二七年）

（二）斯大林同志是列甯之偉大戰友和列甯學說之繼續者〔聯共（布）中央委員會及中央監察局祝賀斯大林同志五十生辰的信（一九二九年）〕

親愛的知己和英勇奮鬥的同志！

列甯黨底中央委員會和中央監察局向你這位最優秀的列甯主義者，最老的中央委員會委員和政治局委員致熱烈的敬禮！

你五十年來的生活，你三十多年來的布爾塞維克的積極活動，是同我黨全部的英勇奮鬥，同列甯主義底勝利分不開的。

你是一個革命職業家，你在列甯領導之下建立了布爾塞維克黨底第一批支部，你開始自己的工作時就表現出自己是列甯底最忠實最優秀的學生。在列甯最親近的學生和戰友之中，你是最堅定，最澈底的列甯主義者。在你全部的活動過程中，你的理論上原則上的立場以及你的實際工作，是連一次也沒有離開過列甯的。

極困難的祕密工作，俄皇制度殘酷的追究，監禁，放逐，——所有這些都鍛鍊了你的鐵的意志和革命的不屈不撓的精神。

無論在革命嚴重失敗的年份，或在革命高漲的年份，你總是堅忍不拔，你總是與列甯一起，在列甯領導之下實現澈底的布爾塞維克路線，非常堅決地反對機會主義，反對知識份子的空談，反對他們垂頭喪氣，猶豫動搖入公開叛變的行動。

在偉大的勝利的十月革命時，你與列甯底其他某些學生相反，你是列甯第一個最親近最忠實的助手，你是十月革命勝利最著名的組織者。

在艱難的布勒斯特和約時期，在這個決定革命命運的緊急關頭，你與列甯一塊堅決擁護布爾塞維克的戰略，反對機會主義者，當時，這些機會主義者想用小資產階級的「左派」名義來破壞布爾塞維克黨的一致而分裂黨。

在國內戰爭時期，黨曾派你到最緊要的戰線上去組織勝利。我國紅軍最光榮的勝利是和你的名字分不開的。

剛在最困難的恢復國民經濟的年份，我們最偉大的領袖和導師列甯逝世了。當時黨是處在嚴重的時期。仇視列甯主義的托落茨基主義向黨進攻，企圖抓得黨底領導，並設法使黨離開列甯的道路。中央委員會在列甯逝世以後同列甯底敵人初次交鋒，而爭取列甯黨底一致的鬥爭中，就已經團結到你的周圍，因爲你是列甯事業最忠實而堅定的繼續者。

黨很光榮地戰勝了托落茨基主義，戰勝了季諾維也夫，加米業夫新反對派，戰勝了這種用列甯主義做幌子而實際上是做反革命托落茨基主義直接奸細的新反對派。

在一九二三年你就把反黨的孟塞維克的托落茨基主義實質揭露出來，同樣，在一九二八年你也把反黨反無產階級的右傾底富農實質揭露出來。

正因爲這樣，黨底中央委員會才能夠把千百萬羣衆團結到自己的周圍，能夠擊破右傾，能夠在實際上眞正實行黨底列甯主義的總路線。

布爾塞維克黨使我們的國家渡過恢復時期和改造時期底莫大難關，走上了大規模的社會主義建設底軌道。國家工業化和農業社會主義改造底蓬勃發展，正是明顯地證實了列甯關於社會主義在我們國內能夠建設成功的理論，而這個理論就是你在反對小資產階級托落茨基主義的鬥爭中保持下來的。

我黨在社會主義建設方面所得到的最偉大的勝利，是和你的名字，和你爲着擁護黨底總路線而作的，堅忍而不調和的鬥爭分不開的。

我們黨以人類史上所未見的速度實行國家工業化，使我國的農村決然走上社會主義集體大經濟底軌道，大胆進攻富農，擴展社會主義比賽和自我批評，凡此種種，都是與你的名字分不開的。

沒有那一個人像你這樣在理論上深刻認識列甯主義而同時又能在各種不同的革命鬥爭階段上堅決實行列甯主義。

這就使得黨能以最少的力量和最短的時間去順利地完成最困難的歷史任務，這就幫助了黨去保全自己隊伍底眞正的列甯的一致。

你是眞正的列甯主義者，所以你爲着黨底一致而奮鬥時，並不向機會主義作絲毫讓步，決不以向機會主義讓步爲保全一致的代價，而是勇敢地不妥協地對各種機會主義表現作鬥爭。

正因爲這緣故，黨底一切敵人把中央委員會和你對立起來的可憐企圖，就一概遭受了失敗。

中央委員會和斯大林乃是分不開的、一致的、列甯主義的整體，——關於這一點，列甯主義底敵人都累次不得不信服了。

在你五十生辰的今天，數百萬人的黨將更加緊密地團結在中央委員會底周圍，千百萬無產階級和勞動羣衆將更加緊密地團結在我黨列甯主義總路線底周圍，而你就是始終爲着這條總路線而奮鬥的，你把自己的全部力量，全部精力和全部知識都貢獻於這條路線。

千百萬的無產階級羣衆可以完全相信，布爾塞維克黨中央委員會既有斯大林這樣的領導者，定能使國家完全建成社會主義和達到全世界無產階級革命底勝利。

列甯的布爾塞維克黨萬歲！

堅如鋼鐵的革命戰士——斯大林同志萬歲！

聯共（布）中央委員會和中央監察局

共產國際執委主席團祝賀斯大林同志五十生辰的信（一九二九年）

親愛的斯大林同志！

共產國際執委主席團在你五十生辰的日子，向你致熱烈的布爾塞維克的敬禮！

你在領導世界共產主義運動方面起着非常重大的作用，共產國際執委主席團認爲整個共產國際都應當注意這一點。

共產國際執委主席團慶祝你這位久經鍛鍊的老布爾塞維克幹部底代表，列甯黨和共產國際底領袖。在革命底一切危急時期及轉折關頭，你都堅信不拔地站在列甯底戰鬥陣地上。在列甯死後，你是列甯學說和布爾塞維主義光榮傳統底最忠實堅定的代表，這是共產國際所特別重視的地方。在最困難最緊急的關頭，你總是幫助聯共（布）和共產國際去正確地和有成效地應用列甯的階級戰略和階級策略底辯證法。

現在新的革命高潮開始的時候，你在確定國際無產階級底任務方面，在蘇聯繼續實行社會主義進攻方面，在準備西方各國無產階級及殖民地被壓迫民族進攻帝國主義要塞方面的領導作用，是無限偉大的。

在你的積極參加之下，共產國際就給了那些被鬥爭中的各種困難所驚退的「左的」和右的機會主義者以致命的打擊，你揭破了托落茨基份子所謂社會主義在蘇聯沒有勝利可能的謬論，你揭破了他們所謂聯共（布）只注意本國事情的毀謗，共產國際執委主席團特別指出你在這一方面的歷史功績。蘇聯社會主義之勝利的建設，已成爲世界無產階級革命最偉大的推動力，這一點，國際無產階級已經根據事實而確信無疑了。你在反對公開右傾機會主義者之投降立場的鬥爭中所表現的那種不可調和的精神，就是這社會主義建設勝利底最必要的前提。勞動羣衆底勞動熱情和革命創造性是保證無產階級專政達到了這種偉大的勝利，而你就是這種勞動熱情和革命創造性底熱烈的發動者。

共產國際執委主席團還指出，在你直接參加和領導之下，共產國際第六次全世界代表大會鑄成了無產階級革命鬥爭底勝利武器——世界共產主義底綱領。

我們祝你百事成功；我們深信，將來世界無產階級革命底勝利一定是與你的精明老鍊的列甯主義的領導分不開的。

共產國際執委主席團

列甯底戰友和學生，列甯事業底最優秀的繼續者——斯大林，把馬克思主義、列甯主義的理論更加以具體化，更加以發展了。

斯大林發展了馬克思，列甯的無產階級專政學說，他規定了在社會主義建設各個階段上無產階級底階級鬥爭形式問題，規定了消滅資本主義份子及消滅一般階級的方法問題。斯大林把馬克思．列甯關於資本主義過渡到共產主義的過渡時期的學說更具體化了。斯大林發展了列甯關於我國能建成社會主義社會的學說。斯大林就在這種基礎上製定了社會主義全線總進攻的總計劃，把建成無階級的社會主義社會之方法．形式及道路，更具體化了。

列甯認爲工業化是我國社會主義勝利底條件，斯大林就把列甯的工業化學說更發展起來了。斯大林規定了在無產階級領導之下改造農民而使之轉到社會主義方面來的具體方法，規定了工農間的生產聯絡問題，規定了農業集體化以及在全盤集體化基礎上消滅富農階級的條件和方法問題，這樣，斯大林就給了馬克思、列甯理論一種最寶貴的貢獻。

斯大林發展了馬克思，列甯關於民族殖民地問題（整個世界革命問題一部分）的學說。

斯大林發展了列甯關於黨，關於黨在無產階級專政系統中的作用的學說，他絕妙地規定了無產階級政黨底戰略和策略。斯大林發展了列甯對於機會主義底社會根源和思想根源的分析，並揭露出機會主義在各個不同的階級鬥爭階段上所表現的各種特徵。

斯大林根據列甯關於帝國主義的學說，把兩個制度在資本主義總危機條件下，在日益發展的國際無產階級革命條件下的鬥爭，加以明確的分析。

斯大林本着列甯的剛强而不調和的精神領導着兩條戰線上的鬥爭，反對左蘇聯共產黨與共產國際內部的各種機會主義底表現，反對後來已成爲反革命的托落茨基主義，反對右傾機會主義，——這種機會主義正反映出反革命富農對於勝利的無產階級之反抗。斯大林是聯共與共產國際底理論家和領袖，他的全部工作正是革命理論和革命實際緊相聯繫的最好模範。他使馬克思主義，列甯主義的革命方法——唯物主義辯證法——更加充實而豐富。斯大林是與世界無產階級最偉大的理論家和領袖——馬克思，恩格斯，列甯齊名的。

（見聯共（布）中央附設之馬克思恩格斯列寧研究院關於馬克思逝世五十週年的宣傳大綱）

參考書：

列寧著　論馬克斯主義歷史發展之幾個特點，見列寧全集第一五卷

列甯著　政治危機及機會主義策略之破產，見列寧全集第一〇卷

列寧著　共產主義運動中的左派幼稚病，見列寧全集第二五卷

斯大林著　論列甯，有單行本

文集　斯大林（關於斯大林同志五十壽辰）

紀念冊　列甯（馬克思、恩格斯、列甯學院於列甯逝世十周年的宣傳大綱）

卡岡諾維赤　在馬克思逝世五十周年紀念會上的演說詞

曼努意斯基著　關於馬克思逝世五十周年紀念的報告

曼努意斯基著　關於恩格斯逝世四十周年紀念的報告

斯特茨基著　關於列甯逝世十周年的報告

赫魯曉夫著　斯大林憲法與黨（在蘇聯第八次全國蘇維埃代表大會上的演說）

伯里亞著　關於南高加索布爾塞維克組織之歷史問題

紀念冊　卡爾，馬克思（馬克思、恩格斯、列甯學院關於馬克思逝世五十周年的宣傳大綱）

第二編　方法和理論

第一章　列甯主義方法之基礎和實質

（一）**列甯主義方法之與第二國際理論和方法絕對不相容**　我在上面已經說過，在馬克思、恩格斯兩人和列甯中間，隔着第二國際機會主義獨佔統治的整個時代，爲要說得確切起見，我應該補充說，這裏所指的，不是機會主義在形式上的統治，而是機會主義在實際上的統治。在形式上，當時領導第二國際的，是所謂「正教的」馬克思主義者，所謂「正統派」——考茨基及其他等人。可是，在事實上，第二國際底基本工作，當時都是按照機會主義底路線進行的。機會主義者當時由於他們迎合性的小資產階級的天性而迎合了資產階級，而所謂「正統派」又爲着和機會主義者「保持統一」，爲着維持「黨內和平」起見而迎合了機會主義者。結果便造成了機會主義底統治，因爲，資產階級底政策和「正統派」底政策已經從此結合爲一了。

這是資本主義比較和平發展的時期，即所謂戰前的時期，那時，帝國主義之包含奇災大禍的矛盾，還沒有來得及全形畢露，那時，工人的經濟罷工和職工會還多少「照常」發展着，那時，選擧鬥爭和國會黨團還產生了「黨心醉目的」成效，那時，人們把合法的鬥爭形式頌揚得高入雲霄，想要用合法手段來「打死」資本主義，——總而言之，那時，第二國際底政黨一天一天長得肥胖胖的，不願意認眞想到革命和無產階級專政，不願意認眞想到羣衆底革命教育。

不是完整的革命理論，而是與羣衆底實際革命鬥爭脫離關係的、變成了死板教條的、自相矛盾的理論觀點和理論斷片。爲要裝飾門面起見，他們當然也曾想起馬克思底理論，可是，爲的是要剜去這理論中的活潑的革命的精髓。

不是革命政策，而是萎靡的庸俗態度和畏縮的政客手腕，議會的外交手段和議會的拉攏行爲。爲裝飾門面起見，他們當時也曾通過「革命的」決議和口號，可是，爲的是要把這種決議和口號擱置起來。

㈡不是使黨在自己的錯誤中領受教育和學習正確的策略，却反而小心躲避迫切問題，掩蔽和抹煞這些問題。爲裝飾門面起見，他們自然也會不嫌說到緊急問題，可是，爲的是要用一些「橡皮性的」決議來敷衍了事。

第二國際底面目，牠的工作方法，牠的武庫，就是這樣的。

而同時，帝國主義戰爭和無產階級革命戰鬥底新時代，却已經到臨。在財政資本萬能的時候，舊的鬥爭方法，已經顯然不夠和輭弱無力了。

當時，必須重新審查第二國際底全部工作，牠的整個工作方法，必須驅除庸俗態度，狹隘觀點，政客手腕，叛徒行爲，社會沙文主義和社會太平主義。當時，必須審查第二國際底整個武庫，拋棄一切生銹的陳腐的東西，鍛鍊出新式的武器。㈠當時假如沒有做這種預備工作，那末就根本莫想去與資本主義作戰。當時假如沒有做這種工作，那末無產階級遇到新的革命鬥爭時，就一定會遇到武裝不足或者簡直沒有武裝的危險。

這個把第二國際底汚濁馬底拿來做一番總審查和總清洗的光榮任務，便落到了列甯主義身上。

列甯主義底方法，就是在這樣的環境中產生和鍛鍊出來的。

（斯大林：列甯主義問題，第七至第九頁，摘錄關於列甯主義底基礎，一九二四年）

（列甯主義概論解放社中文譯本第十二至十四頁）

（二）列甯主義方法之基本要求和第二國際敎條之被揭破　這個方法底要求是怎樣的呢？

第一，是要在羣衆的革命鬥爭火燄中，在具體的實際工作火燄中，去審查第二國際底各種理論敎條，這就是說，要恢復那個已被破壞了的理論和實踐間的一致，要消滅這兩者間的分離狀態，因爲，祗有這樣，才能造成那具備有革命理論的眞正無產階級的政黨。

第二，是要不根據第二國際各黨底口號和決議（牠們的口號和決議是不可相信的），而是根據第二國際各黨底實際工作去審查第二國際政黨底政策；因爲，祇有這樣，才能獲得和配受無產階級羣衆底信任。

第三，是要根據新的革命的精神，根據教育羣衆及準備羣衆從事革命鬥爭的精神，去改造黨的全部工作，因爲，祇有這樣，才能準備羣衆去進行無產階級革命。

第四，是要無產階級政黨進行自我批評，要無產階級政黨根據本身的錯誤來受訓練和受教育，因爲，祇有這樣，才能教育出黨的眞正的幹部和眞正的領袖。

這就是列甯主義方法底基礎和實質。

這種方法在實際中怎樣應用了呢？

第二國際底機會主義者有一些理論的教條，他們總是死守成規，動輒藉口這些教條。試舉其中幾條來看吧。

第一個教條：關於無產階級奪取政權的條件。機會主義者斷定說，無產階級如果在本國人口內不佔大多數，牠就不能夠而且不應該奪取政權。一點證據也沒有，因爲，無論在理論上或實際上都沒有可能來辯護這個荒謬的觀點。列甯回答第二國際的先生們說，我們就假定是這樣吧。可是，如果造成了這樣一種歷史環境（戰爭，農村危機等等），在這種環境之下，無產階級雖在人口中佔少數，可是却有可能來把極大多數的勞動羣衆團結在自己的週圍，——那末，爲什麼牠不應當去奪取政權呢？爲什麼無產階級不應當去利用順利的國際環境和國內環境來衝破資本主義底戰線，來加速總爆發底到來呢！難道馬克思不是在十九世紀五十年代就已經說過，如果德國當時能發生所謂「再版的農民戰爭」來協助無產階級革命，那末德國無產階級革命底情況就會「很好」嗎？難道大家不是都知道，當時德國的無產者要比一九一七年俄國的（比方說）無產者相對地少些嗎？難道俄國無產階級革命底實踐還沒有證明，第二國際英雄們底這一個得意的敎條對於無產階級是絕無絲毫實際的意義嗎？羣衆革命鬥爭底實踐豈不是顯然把這個陳腐敎條打得粉碎了嗎？

第二個敎條：無產階級如果還沒有足數的現成的能夠治理國家的文化人材

和行政人材，牠就不能保持政權，——起初必須先在資本主義條件下造就這種人材，然後才可以奪取政權。列甯囘答道：我們就假定是這樣吧；可是，為什麼不能把事情這樣弄轉過來，起初先奪取政權，給無產階級底發展造成一種順利的條件，然後便一日千里地前進，以便提高勞動羣衆底文化程度，以便造就很多由工人出身的領導人材和行政人材。難道俄國的實際還沒有證明：在無產階級政權下面，工人出身的領導人材底增長，要比在資本政權下面迅速百倍和徹底百倍嗎？羣衆革命鬥爭底實踐豈不是顯然把機會主義者底這一個理論教條也打得粉碎了嗎？

第三個教條：政治總罷工的方法，無產階級是不能採用的，因為這種方法在理論上是沒有根據的（參看恩格斯底批評），在實際上是危險的（能夠破壞國家經濟生活底常態，能夠虛耗工會基金等等），這種方法不能代替無產階級鬥爭底主要形式——議會的鬥爭形式。列甯主義者囘答說：好吧，但是，第一，恩格斯所批評過的並不是任何的總罷工，而只是某一種總罷工，即無政府主義者爲代替無產階級的政治鬥爭而提出來的無政府主義者經濟總罷工；——這與政治總罷工的方法有什麼關係呢？第二，什麼人和什麼地方證明過，議會的鬥爭形式是無產階級鬥爭底主要形式呢？革命運動底歷史難道不是證明，議會鬥爭僅僅是組織無產階級在議會以外鬥爭的學校和助力嗎？難道不是證明，在資本主義之下，工人運動底基本問題，是要用暴力，用無產階級羣衆底直接鬥爭，用他們的總罷工，用他們的武裝起義來解決的麼？第三，關於以政治總罷工底方法來代替議會鬥爭這個問題，是從那裏找來的呢？主張政治總罷工的人，在什麼時候和什麼地方，曾企圖用議會以外的鬥爭形式來代替議會的鬥爭形式呢？第四，俄國的革命難道還沒有證明：政治總罷工是無產階級革命最偉大的學校，是在衝擊資本主義堡壘的前夜動員並組織廣大無產階級羣衆的一個不可替代的工具麼？這與所謂破壞經濟生活底常態及工會基金等等庸俗思想的怨言，有什麼關係呢？革命鬥爭底實踐豈不是顯然把機會主義者底這個敎條也打得粉碎了嗎？

還有其他許多諸如此類的教條。

就是因爲這個緣因，所以列甯說過：「革命的理論並不是教條」，「革命的理論只是在與眞正羣衆的和眞正革命的運動底實踐密切聯繫中，才能最終形成起來」（見共產主義運動中的「左派」幼稚病），因爲理論應該供實踐使用，因爲「理論應該回答實踐所提出的問題」（見什麼是人民之友），因爲理論應出實踐材料來考驗。

至於講到第二國際政黨底政治口號和政治決議，那末，祇要想起「以戰爭對付戰爭」這個口號底歷史，就足以了解這些政黨底政治實際是何等虛僞和腐敗了，牠們以漂亮的革命口號和決議來掩蔽牠們的反革命的工作。大家都還記得，第二國際在巴塞爾大會上作過冠冕堂皇的示威，曾威嚇帝國主義者說，要是帝國主義者敢於開始戰爭，那就免不了要遇到慘象百出的武裝起義，並且提出了「以戰爭對付戰爭」的嚇人的口號。可是誰不記得，不久以後，在戰爭正要開始的時候，巴塞爾的決議却已拋在腦後，而向工人們提出了新的口號，卽爲資本主義祖國底光榮而互相殘殺的口號呢？革命的口號和决議假如不加以實行，那豈不是顯然一錢不値嗎？祇要把列甯之變帝國主義戰爭爲國內戰爭的政策拿來和第二國際在戰爭時期的叛徒政策比較一下，便能懂得機會主義的政客是何等卑鄙，列甯主義的方法是何等偉大。我不能不在這裏引證列甯底無產階級革命與叛徒考茨基這本書裏的一段，在這一段內，他無情地痛罵了第二國際首領考茨基底機會主義的企圖，這企圖就是想不按政黨底實際行動而按政黨底紙上口號與文件去估計這政黨。列甯說：

「……考茨基所實行的是標本式小資產階級的庸俗政策，以爲……提出口號便可以改變情況。整個資產階級民主運動史都是揭破這種荒謬見解的：爲了欺騙民衆起見，資產階級民主派過去和現在都總是提出各種各樣的『口號』。問題是要考察他們是否誠意從事，把他們的言論拿來和他們的行動做比較，不要以唯心的或騙人的空話爲滿足，而要澈底找到階級的實情」（見列甯全集，第二十三卷，第三七七頁）。

我更不用說第二國際政黨之懼怕自我批評，不用說他們的各種手腕，如掩蔽自己的錯誤，抹煞迫切的問題，用關於百事大吉的虛僞話頭來遮掩自己的缺點，這種話頭消磨活潑的思想，阻礙黨改正自身錯誤去領受革命教育的事業。這些手腕曾受到列甯底譏笑和辱罵。列甯在他所著的共產主義運動中的「左派」幼稚病這本書上關於無產階級政黨底自我批評說：

「……一個政黨對於本身錯誤所抱的態度，就是最重要和最可靠的標準之一，以審查這個政黨是否鄭重其事和是否在事實上執行自己對於本階級和勞動羣衆的義務。公開承認錯誤，暴露這錯誤之原因，分析產生這錯誤之環境，仔細討論改正這錯誤之方法，——這便是鄭重其事的政黨之標誌；這便是政黨之履行自己的義務；這便是教育和訓練階級，以至於羣衆」（見列甯全集第二十五卷，第二〇一頁）。

有些人說，揭露自身錯誤和實行自我批評，這對於無產階級政黨是危險的，因爲敵人可以利用這一點來反對牠。列甯認爲這種反駁是不鄭重的，並且是完全不正確的。關於這一點，還在一九〇四年的時候，當我們的黨還是幼弱而不甚大的時候，列甯就在自己的進一步退兩步這本書上面說道：

「……他們（卽馬克思主義者底敵人。——斯大林註）看見我們內部的爭論，就幸災樂禍，洋洋得意；他們爲謀自己的方便，自然極力想斷章取義，摘引我這本專門談論我黨本身缺點的小册子中的個別章句，但是俄國社會民主黨人已久歷戰鬥，飽受風霜，決不會被這區區針刺所驚動，却能夠不管這些針刺而繼續自我批評的工作，無情揭露本身的缺點；這些缺點一定和必然會因工人運動底發展而被克服的」（見列甯全集第六卷，第一六一頁）。

列甯主義方法底特點，大體上就是這樣的。

列甯方法底原理，在馬克思底學說中大致已經有了，這個學說，正如馬克思自己所說：「實質上乃是批評的和革命的學說」。而列甯底方法，正是澈頭澈尾充滿了這一種批評的和革命的精神，但是假如以爲列甯底方法僅僅只是恢復了馬克思底方法，那是不正確的。實際上，列甯底方法不僅只是恢復了馬克思底批評的和革命的方法，不僅只是恢復了馬克思唯物辯證法，而且把這個方法更加具體化和往前發展了。

（斯大林：列甯主義問題，第九至十二頁，摘錄關於列甯主義底基礎，一九二四年）（列甯主義概論解放社中文本第一四五二〇頁）

（三）理論和實踐之一致，是列甯主義之革命方法之主要特點。

社會主義的知識份子一定要拋棄一切幻想而以俄國實際的（而不是所希望的）發展，以實際的（而不是可能的）社會經濟關係爲根據，才可以希望他們的工作成爲有效果的工作。那時他們的理論工作底方向應當是具體研究俄國經濟衝突所有一切形式，具體研究這些形式相互的聯繫及其發展的因果關係；凡遇這個衝突被政治歷史，被法制特點，被根深蒂固的理論偏見所掩蔽着的地方，理論工作都必須加以揭露。理論工作必須把我國實際情形全盤托出，使大家知道這是一定的生產關係系統，必須指出在這個系統下，剝削和剝奪勞動者是必然的，指出脫離這種制度的出路，即經濟發展本身所指示的出路。

這個以詳細研究俄國歷史和實際情形爲根據的理論，必須供應無產階級底需求——若是這個理論將適合科學的要求，那末無產階級任何反抗思想之激發都必然地會把這種思想引到社會民主主義的軌道上來。創立這個理論的工作愈是向前進展，則社會民主主義運動底發展也愈快，因爲就是最狡猾的保護現制度的人也不能阻礙無產階級思想底激發，其所以不能如此者，是因爲這種制度本身就是必然和不可避免地使對於生產者的剝奪日益加强，使無產階級及其失業後備軍日益增長——而同時社會財富又日益增多，生產力又大加發展，勞動又因資本主義制度之發展而漸漸社會化。雖然要創立這種理論還須要做很多的工作，但是下列的事實却担保社會主義者一定能完成這個工作，這些事實就是：在社會主義者中間，唯物主義——唯一的科學方法（這種科學方法要一切綱領都能確切反映出實際的過程）流行甚廣，接受這些思想的社會民主派日益獲得成效，甚至於驚動了我們的自由派和民主派，如一個馬克思主義者所說，使他們厚本的雜誌不再成爲枯燥之味的東西了。

我如此着重指出社會民主黨理論工作底必要和重要以及這個工作底繁重，並非想說這個工作是比實際工作重要★，更不是說實際工作可以等到理論工作完成後才開始進行。只有傾心於「社會學之主觀方法」的人，或者是空想社會主義之信徒才會這樣說。當然，如果以爲社會主義者底任務是要找尋該國之「別的（超實際的）發展道路」，那末，實際工作自然是只有在英明哲學家發明和指出這些「別的道路」以後，才有可能。或者反過來說，這些道路一經發明和指出後，理論工作就告結束了，而那些應當把「祖國」引上「新發明的」「別的道路」的人就應開始工作。若是社會主義者底任務是要使自己成爲無產階級底思想領導者，以便領導無產階級作實際鬥爭去反對實際的眞正的敵人……橫

★恰是相反，宣傳和鼓動底實際工作總是要放在第一位，這第一是因爲理論工作只是回答實際工作所提出的問題。第二是因爲，社會民主黨人常常由於情勢所迫，而不得不祗做理論工作，因此必須重視每一個做實際工作的機會。

在當前社會經濟發展底實際道路上的敵人，那末情形就完全不同了。在這種條件之下，理論工作和實際工作就要打成一片，結合爲一個工作，而據德國社會民主黨的老將威廉、李卜克內西非常中肯的話說來，這工作就是：「研究，宣傳，組織」。

如果不作上述的理論工作，那就不能成爲思想領導者；同樣，如果不使這工作適合於實際需求，不在工人中宣傳這理論底效果，不協助工人組織起來，那也是不能成爲思想領導者。

這樣提出任務，就會保證社會民主黨能避免某些社會主義者所常犯的毛病，即教條主義和宗派主義。

如果認爲使理論適合於社會經濟發展底實際進程是最高的，唯一的標準，那就不會犯教條主義的毛病；如果認爲任務是要協助無產階級組織起來，也就是說，認爲「知識份子」底作用是要使特別的，知識份子的領導者成爲不必要的東西，那就不會犯宗派主義的毛病。

（列甯全集，第一卷，第一九一到一九二頁，什麼是「人民之友」，一八九四年）

……爲要學會共產主義，我們就需要什麼呢？爲要求得共產主義的知識，我們就要從一般知識中選擇那部分知識呢？這裏，如果學習共產主義的任務提得不正確，或者把這個任務了解得太片面，我們往往就會遇到許許多多的危險。

自然，初看起來，一定以爲學習共產主義，就是求得共產主義教科書、共產主義書籍和著作裏所闡明的那些知識。但這種關於學習共產主義的定義，未免太粗淺而不充分了。若是說學習共產主義就只在於求得共產主義著作、書籍和小冊子上闡明的知識，那我們就能太容易造就背熟共產主義書籍的學究或吹牛者了，但這是對於我們往往有害無益的，因爲這些人雖能背熟共產主義書籍，却不能把所有這些知識連貫起來，不能根據共產主義真正的要求來行動。

資本主義舊社會所留給我們的最大遺毒和禍害之一，就是書本知識和實際生活完全隔離，因爲我們雖有許多寫得非常漂亮的書籍，但是這些書籍往往充滿着最可惡的虛言謊語，把共產主義社會描寫得完全不對。所以，如果單是從書本上去學習共產主義知識，那是極端不對的。現在我們的文章中已經沒有絲毫像過去關於共產主義所說的那種話了，因爲我們的文章都是與日常各方面的工作相聯繫的。如果不做實際工作，不作鬥爭，那從共產主義書本上所得到的知識就毫無價値，因爲這樣就會使理論和實際之間的隔離情形仍然保持下去，而這種舊有的隔離情形，却是資產階級舊社會之最可惡的特點。

如果我們祇是來學習共黨主義的口號，那就更其危險了。如果我們不及時了解這種危險，如果我們不隨時隨地設法消除這種危險，那末，如果有五十萬或一百萬男女青年在這樣學習共產主義以後就自命爲共產主義者，那就只能使共產主義事業大受損失了。

（列甯全集，第二十五卷，第三八五到三八六頁，在蘇聯共產主義青年團第三次代表大會上的演說，一九二〇年）。

（四）**不要根據宣言而要根據行動來判斷黨及首領**……斯魯茨基斷言

，列甯（也就是說布爾塞維克們）並沒有採取與德國社會民主黨底機會主義者，與戰前第二國際底機會主義者絕緣和分裂的路線。你們想來同斯魯茨基底這個托落茨基主義提綱作討論麼？但這裏有什麼可以討論的地方呢？斯魯茨基簡直是誹謗列甯，誹謗布爾塞維克們，這難道還不明白麼？誹謗應該加以痛斥，而不應把牠變成討論底對象。

每個布爾塞維克，要是他是眞正的布爾塞維克，都知道，在戰前很久的時候，約從一九〇三——一九〇四年起，當布爾塞維克派已在俄國形成而德國社會民主黨左派初露頭角的時候，列甯已實行了與俄國社會民主黨內的機會主義者，以及與第二國際內的，尤其是與德國社會民主黨內的機會主義者絕緣與分裂的路線……

……斯魯茨基斷言，現在還沒有找到充分的正式文件，證明列甯（也就是說布爾塞維克們）作過堅決不調和的反對中派主義的鬥爭。他把這個官僚主義的提綱作爲無可爭辯的理由，來斷言：列甯（也就是說布爾塞維克們）曾輕視第二國際裏面中派主義底危險。你們想來同這種荒謬言論，同這種騙人論調進行討論麼？但這裏有什麼可以討論的地方呢？斯魯茨基極力用什麼文件的話來掩飾其荒謬絕倫的所謂「主張」，這難道還不明白麼？

斯魯茨基認爲現有的黨文件是不足夠的。爲什麼？有什麼理由？難道盡人皆知的關於第二國際以及關於俄國社會民主黨裏面黨內鬥爭的文件，還不足以十分明確表明列甯和布爾塞維克在其反對機會主義者和反對中派主義者鬥爭中的革命的不調和的精神麼？斯魯茨基到底根本是否看過這些文件呢？他還需要什麼文件呢？

假定除了已經知道的文件以外，又將找到一大堆其他的文件，例如布爾塞維克再三說到必須消滅中派主義的決議案。這是不是說，祇要有了紙上文件，就表明布爾塞維克對中派主義採取了眞正的革命精神和眞正的不調和態度呢？除了無可救藥的官僚以外，還有誰能只憑紙上文件呢？除了書獃子以外，還有誰不懂得爲要審查黨和黨的首領，首先就要根據他們的行動而不是根據他們的宣言呢？歷史上有過不少的社會主義者，他們樂意贊同任何的革命決議，以便搪塞厭煩的批評。但這還不是說他們實行了這些決議。再則，歷史上還有過不少的社會主義者，他們聲嘶力竭地要求其他各國工人政黨採取最革命的行動，但這還不是說他們在自己本黨內或自己本國內並沒有屈服於自己的機會主義者和自己的資產階級。列甯教訓我們說，審查革命政黨、政派、首領時，不要根據他們的宣言和決議而要根據他們的行動來審查，豈不就是因為這個緣故麼？

要是斯魯茨基真想審查列甯和布爾塞維克對中派主義的不調和態度，那末在他做文章時，他就不應以個別文件和兩三封私信做基礎，而是要根據布爾塞維克之事業，根據布爾塞維克之歷史，根據布爾塞維克之行動，來審查布爾塞維克，——這一點難道還不明白麼？難道在我們俄國社會民主黨裏未曾有過機會主義者，中派主義者麼？難道布爾塞維克未曾進行堅決而不調和的鬥爭以反對這一切派別麼？難道這些派別沒有在思想上和組織上與西歐機會主義者及中派主義者發生聯繫麼？難道布爾塞維克之打擊機會主義者和中派主義者，沒有打擊到世界上任何左派集團所不能達到的程度麽？既然這樣，那末，怎麽可以說列甯和布爾塞維克曾輕視中派主義之危險呢？爲什麽斯魯茨基竟忽視了這些在估計布爾塞維克時具有决斷意義的事實呢？爲什麽他沒有應用最可靠的審查方法，卽根據列甯和布爾塞維克之工作，根據列甯和布爾塞維克之行動來審查列甯和布爾塞維克呢？爲什麽他甯願應用比較不可靠的審查方法，卽在偶然拾得的紙堆中翻來翻去呢？

這是因爲如果應用比較可靠的審查方法，卽如果根據布爾塞維克之行動來審查布爾塞維克，那馬上就會把斯魯茨基底整個立場完全推翻。

這是因爲如果根據布爾塞維克之行動來審查布爾塞維克，那就會證明布爾塞維克乃是世界上唯一的革命組織，這個組織澈底撲滅了機會主義者和中派主義者，並把他們逐出黨外。

這是因爲如果去考察布爾塞維克之實際行動和實際歷史，那就會證明斯魯茨基底老師——托落茨基份子曾是這樣一個主要和基本的集團，這個集團在俄國培植了中派主義並爲此而建立了八月聯盟這個特別組織，作爲中派主義之老巢穴。

這是因爲如果根據布爾塞維克之行動來審查布爾塞維克，那就會徹底揭露斯魯茨基乃是曲解吾黨歷史的人，他企圖用誣蔑列甯和布爾塞維克輕視中派主義危險的方法，來掩飾戰前托洛茨基主義之中派主義。

編輯同志們：關於斯魯茨基及其文章的問題，就是如此。

由此可見，編輯部與曲解吾黨歷史的人進行討論，是犯了錯誤的。

（斯大林：列甯主義問題，第四六八頁，第四七三至四七五頁，摘錄關於布爾塞維主義歷史中的幾個問題，一九三一年）。

龍格派底兩個決議案都是毫不中用的。但是這兩個決議案却有一個特別的用處：就是可以說明現時西歐工人運動有一個可說是最危險的害處。這個害處就是，舊的領袖們看見羣衆洶湧般轉到布爾塞維克和蘇維埃政權方面來，於是就在口頭上承認無產階級專政和蘇維埃政權來找尋出路（而且往往找到這種出路！），而在事實上，他們則仍然或者是無產階級專政底仇敵，或者是不能或不願了解無產階級專政意義，不能或不願實行無產階級專政的人物。

這種禍害實有無限大的危險，這已由匈牙利第一個蘇維埃共和國陷於滅亡（隨着第一個滅亡的蘇維埃共和國，會有第二個勝利的蘇維埃共和國到來的）的事實所明白證實了。奧國共產黨中央機關報「紅旗」（維也納出版的）上面的許多文章，已指出使匈牙利第一個蘇維埃共和國陷於滅亡的一個主要原因，這原因就是由於「社會主義者」叛變了革命，因爲他們在口頭上轉到伯拉昆方面來並自稱爲共產黨人，但在實際上却並沒有實行與無產階級專政相符合的政策，而是猶疑不決，表示意志薄弱，趨奉資產階級，其中有一部分人甚至公開對無產階級革命怠工和叛賣這個革命。當時包圍着匈牙利蘇維埃共和國的那些帝國主義大强盜（即是英法等國資產階級政府），當然是利用了匈牙利蘇維埃政權內部的這些動搖，並假手於羅馬尼亞的劊子手而殘酷地撲滅了這個蘇維埃共和國。

匈牙利社會主義者有一部分是誠心轉到伯拉昆方面而且真心宣佈自己爲共產主義者，這是無疑問的。可是這絲毫不能改變事情底實質：「誠心」宣佈自己爲共產主義者的人，如在事實上不去實行鐵面無情的堅決强硬的，忠勇無畏的政策（只有這種政策才與承認無產階級專政相符合），而是猶疑不決，畏首畏尾，——像這樣的人，因爲他沒有氣節，因爲他動搖不定，因爲他猶疑不決，也就與直接的叛徒一樣，實行同樣的叛變。就個人說來，由於意志薄弱而做叛徒的人和存心做叛徒或因圖利做叛徒的人是有很大區別的；但是從政治上說來，這種區別是沒有的；因爲政治是與數千百萬人底實際命運攸關的，而叛賣數千百萬工人和貧農是由於意志薄弱，還是由於自私自利之故，這對於工農底命運是毫無差別的。

贊成上述兩決議案的龍格派中間，究竟那一部分人是屬於上面所指的第一類人，那一部分人是屬於第二類人，或屬於什麼第三類人，這在目前是不得而知的，企圖解決這樣的問題是徒勞無益的。龍格派這個政治派別目前所進行的、政策，正是那些葬送了匈牙利蘇維埃政權的匈牙利「社會主義者」和「社會民主黨人」底政策。他們目前所進行的正是這一種政策，因為他們在口頭上自稱為擁護無產階級專政和蘇維埃政權的人，而在實際上則仍然如舊，他們在決議上仍舊擁護舊政策，在事實上也仍舊實行舊政策：對社會沙文主義，機會主義，資產階級民主派作小讓步，動搖不定，猶疑不決，推諉躲避，隱忍緘默等等。如果把這些小讓步，動搖，猶疑，推諉躲避，隱忍緘默等綜合起來，結果必然就是叛賣無產階級專政。

專政兩字乃是有很大意義的，嚴厲的，血腥的字眼，他是表示兩個階級，兩個世界，兩個全世界歷史時代之間生死劇烈的鬥爭。

因此隨便空談這種字眼是不行的。

迫切提出實行無產階級專政的問題，而同時又「怕得罪」阿利別洛夫、託姆，伯拉科夫先生們，薩姆巴以及法國其他最卑鄙的社會沙文主義健將們，叛徒報「L,Humanite」☆和「La Batailee」等方面的英雄們，——這就是實行叛賣工人階級，這種叛賣或是由於魯莽輕率之故，或是由於覺悟性缺乏之故，或是由於無氣節之故，或是由於其他各種原因所致，但無論如何，這都是實行叛賣工人階級。

言行不符就是第二國際死亡底原因，第三國際產生以來還不到一年，而在那些看羣衆跑到那裏就往那裏跑的政客們看來，牠已經漸漸成爲時髦東西香餌了。言行不符的危險已開始威脅到第三國際了。無論如何，隨時隨地都要揭破這個危險，都要根本剷除這個禍害底任何表現。

龍格派底決議案（也如德國的獨立派——即德國的龍格派，——最近一次

☆譯者附註：「L,Humanite」（「人道報」）係由法國社會黨領袖饒列斯於一九四〇年所創辦。第一次帝國主義大戰以前，本是一個優秀的社會主義報紙；但在大戰時期，却被社會沙文主義所包攬。而自一九二〇年之法國社會黨士爾大會以後「L,Humanite」遂轉入法國共產黨之手。

代表大會底決議案一樣）把「無產階級專政」變爲偶像，也如第二國際的領袖，工會官僚，國會議員，合作社負責人員往往把第二國際的決議案當作偶像一樣：對偶像應該崇拜禱告，在偶像前應該跪拜叩頭，但是偶像却終究不能改變實際的生活，不能改變實際的政治。

可是，先生們，我們決不容許把「無產階級專政」的口號變爲偶像，我們決不能讓第三國際也容忍言行不符的現象。

若是你們贊成無產階級專政，那你們對於社會沙文主義就不要採取推諉敷衍的，半途而廢的妥協政策，而你們現在正採取着這種政策，而且你們第一個決議案開頭幾行就表現了這種政策，該決議案說道：大戰竟把第二國際「扯破了」，大戰使第二國際離開了「社會主義教育」的事業，而「這個國際中某些部分」且因爲和資產階級分掌政權而「削弱了自己的力量」，以及諸如此類等等。

這不是自覺和誠心贊成無產階級專政思想的人所說的話。這是前進一步後進步者或政客們所說的話，若是你們願意這樣說話，——正確點說，當你們還這樣說話時，當你們政策還是這樣的時候，你們最好還是留在第二國際裏罷，那裏正是你們的容身之地哩。或者就讓那些以羣衆壓力推動你們到第三國際方面來的工人們把你們留在第二國際裏，而自己呢，卻不要你們參加而自動轉到第三國際方面來。而對於這樣的工人（無論他是法國社會黨的工人，或是德國獨立社會民主黨的工人，再或是英國獨立黨的工人），我們卻要說，而且根據同樣的條件說：請你們來吧！

若說承認無產階級專政而接着就提到一九一四到一九一八年的大戰，那就不應該像你們那樣說法，而要這樣說：這次大戰是英法俄帝國主義強盜同德奧帝國主義強盜爲分贓、爲分割殖民地、爲劃分財政資本「勢力範圍」的戰爭。在這種戰爭中宣傳「保護祖國」，那便是叛變社會主義。若是不把這個眞情解釋清楚，若是不把這種保護祖國的叛變思想從工人的頭腦中、心坎中、政策上都剷除乾淨，就不能免除資本主義的災難，就不能免除新的、在資本主義還存在時所必不可免的戰爭。

你們不肯而且不能說這種話，進行這種宣傳嗎？你們的朋友昨天在德國威廉時代或諾斯克時代，在英法等國資產階級執政時代，都宣傳過「保護祖國」，你們想「憐惜」你們自己或你們的這種朋友嗎？那末請你們也憐惜第三國際而不來參加第三國際罷！因爲你們不來參加第三國際，正是第三國際之幸呀！

（列寧全集，第二十五卷，第三二到三五頁，政論家底時評，一九二〇年）

（五）改造黨的全部工作以便準備羣衆去進行無產階級革命……麥克唐納爾在自己文章上所說的話，就是以口頭承認革命來敷衍了事底標本例子。第三國際，即共產國際之創立，正是爲着杜絕「社會主義者」以口頭承認革命來敷衍了事的行爲。在口頭上承認革命，而在實際上却以這種口頭上的承認來掩飾澈頭澈尾都是機會主義的，改良主義的，民族主義的，小資產階級的政策，這就是第二國際之基本的罪惡，而我們正是向這種罪惡進行拚死的戰爭。

當人們說第二國際已經遭受可恥破產而陷於死亡時，那就應該善於了解這句話底意思。這句話底意思就是說機會主義，改良主義，小資產階級的社會主義已經破產而死亡了。因爲第二國際有牠歷史上的功勞，有牠永世長存的成績，這種成績凡是有覺悟的工人是決不會否認的，這就是牠創立了羣衆的工人組織，合作社，職工會，各種政治組織等，利用了資產階級國會制度以及所有一般資產階級民主的機關等等。

爲要在事實上戰勝使第二國際陷於身敗名裂以至於壽終正寢的機會主義，爲要在事實上幫助甚至於連麥克唐納爾也不得不承認其日益迫近的革命，就必須：

第一，要根據革命觀點，根據與改良相對立的革命觀點，來進行全部宣傳和鼓動工作，在理論上和實際上都要有系統地向羣衆解釋革命與改良底這種對立性，無論在國會的，職工會的，合作社等等的工作上處處都要進行這種解釋工作。雖然不要拒絕（特別的例外情形不算在內）利用代議制以及一切資產階級民主的「自由」，不要反對改良，但是應當把改良只看作爲無產階級的革命階級鬥爭底副產品。在「彼恩」國際中，沒有一個黨能夠滿足這一個要求，甚至沒有一個黨是懂得，應該怎樣進行全部宣傳和鼓動工作而解釋革命和改良底差別，應該怎樣一貫地教育黨和羣衆去進行革命。

第二，必須把公開的和祕密的工作配合起來。布爾塞維克在任何時候，都是教導着這樣做的，而特別是在一九一四到一九一八年大戰時更是特別堅決教導着這樣做的。而卑鄙的機會主義英雄們却譏笑這一點，却自滿自足地頌揚西歐各國，共和國等等底「法制」，「民主」和「自由」。現在，只有用空話欺騙工人的十足騙子，才能否認布爾塞維克觀點的正確。世界上任何那個國家，那怕就是最先進最「自由」的資產階級共和國，都厲行着資產階級的恐怖手段，都禁止自由鼓吹社會主義革命，禁止這方面的宣傳和組織工作。一個政黨，要是直到現在還沒有承認在資產階級統治底條件下必須把祕密工作和公開工作兼取並用，要是不肯違背資產階級及資產階級國會底法律以進行有系統的，各方面的祕密工作，那牠就是用口頭承認革命來欺騙人民的叛徒匪棍的黨。像這樣的政黨只能棲身於黃色的「彼恩」國際，而共產國際是決不會容留他們的。

第三，必須進行不斷的無情的鬥爭去反對在戰前，尤其是在戰時，在政治上，特別是在職工會及合作社方面，都大露頭角的那些機會主義領袖，要把他們從工人運動中完全驅逐出去。「中立」論不過是一種虛假和卑鄙的遁辭而已，這種遁辭在一九一四到一九一八年的大戰中曾幫助過資產階級去奪取羣衆。一個政黨，若是在口頭上主張革命，而實際上却不去進行一貫的工作以使革命政黨（正是而且只是革命政黨）在所有一切各種各樣的工人羣衆組織中獲得影響，那這樣的政黨就是叛徒黨了。

第四，在口頭上斥責帝國主義，而在事實上却並不進行革命鬥爭以謀使殖民地（以及附屬國）從本國帝國主義資產階級底壓迫中解放出來，這是不能容忍的事。這完全是口是心非。這是工人運動裏資產階級代辦們底政策。英、法、荷、比等國的政黨，如果在口頭上仇視帝國主義，而在事實上却並不在「自己的」殖民地內進行革命鬥爭去推翻「自己的」資產階級，並不去有系統地幫助在殖民地內到處都已經開始的革命工作，不去把武器和宣傳品運入殖民地以供殖民地革命政黨的需要，那這樣的政黨就是叛徒匪棍的黨了。

第五，「彼恩」國際各黨在口頭上承認革命並在工人面前用各種花言巧語來誇炫自己怎樣贊成革命，而在事實上對於凡是違背資產階級法律，逾越任何合法性的羣衆發動，如羣衆能工，遊行示威，士兵抗議，軍隊中的羣衆大會，兵房軍營中的散發傳單等等，對於這一切革命萌芽，革命發展底表現，却純粹採取改良主義的態度。「彼恩」國際各黨這種標本式的態度乃是極端口是心非的表現。

假若你們問問「彼恩」國際底任何一個英雄，問他的黨是否進行這種有系統的工作，那末，當他回答你們的時候，就或者是說一套敷衍的遁辭，來掩飾他自己沒有做這種工作的事實，掩飾沒有進行這種工作的組織和機關，他的黨沒有進行這種工作的能力的事實；或者就冠冕堂皇地宣言反對「盲從主義」（所謂跑快馬），反對「無政府主義」等等。「彼恩」國際叛賣工人階級利益的行爲就在於此，這個國際事實上投入資產階級營壘的行爲也就在於此。

「彼恩」國際底一切混蛋領袖，五體投地，表明「同情」一般革命，也「同情」俄國革命。但是只有僞君子或儍瓜們才不會懂得，俄國革命之所以獲得特別迅速的成功，是因爲多年來革命黨進行了革命的工作：該黨在多年內不斷地建立有系統的秘密的機關以便指導示威遊行和罷工鬥爭，以便在軍隊中進行工作，牠在多年內不斷地詳細研究工作方法，出版秘密印刷品以綜合一切經驗並教育全黨使之明瞭革命底必要，牠在多年內不斷鍛鍊羣衆底領袖以應這類鬥爭底需要，以及其他等等。

（見列甯全集第二十四卷，第三九一到三九四頁，論第三國際底任務，一九一九年）

共產主義者既須在英國經常不斷地，不屈不撓和堅持到底地去利用國會選舉，又須利用不列顛政府對愛爾蘭政策，殖民地政策，全世界帝國主義政策上底一切變故，利用社會生活底其他各部分和各方面，在各部分和各方面都按照新方法，按照共產主義的方法，不是用第二國際底精神，而是按第三國際底精神來努力工作。我在此地沒有時間，沒有篇幅，來描寫「俄國的」，「布爾塞維克的」參加國會選舉和參加國會鬥爭底方法，但是我可以切實告訴國外的共產主義者說，俄國的國會選舉運動，與通常西歐的國會選舉運動，完全不同。人們由此往往得出這樣的結論，說「是呵，在你們俄國，是這樣的，但在我們這裏，國會主義却是另一個樣子」。這是很錯誤的結論。世界各國共產主義者——站在第三國際方面的人底任務，正是要在各方面，在實際生活各部分上，把那舊的、社會黨的、工聯派的、工團主義的國會工作，改變為新的、共產主義的國會工作。以前在俄國選舉裏，也始終有過很不少的機會主義的行為，純粹資產階級的，不顧大局的，偽詐騙人的資本主義的弊端。西歐和美國的共產主義者，必須學會創造一種新的，非常的，非機會主義的，不是貪圖祿位的國會政策：就是說，共產黨應提出自己的口號，真正的無產者應藉助於無組織的，備受壓迫的貧民來散發傳單，走遍工人的宿舍，走遍鄉村的無產者和僻野的（幸而在歐洲，窮鄉僻野，要比俄國少許多倍，在英國尤少）農民所住的茅舍，到最平民式的茶樓酒肆，參加最平民式的團體和偶然的集會，同民衆說話時，不要用學者的口吻（也不要過於用國會的語氣），絲毫不要徵逐國會的「議席」，而要到處啓發思想，吸引羣衆，揭破資產階級食言的行爲，利用資產階級所設立的機關，所舉行的選舉，所發表的告全體民衆的宣言，在選舉時，利用平素（在資產階級統治之下）得不到的機會（自然除了大罷工底機會以外，因爲在俄國大罷工的時候，同是這一個全民鼓動機關，工作得更加緊張），來使羣衆盡量認識布爾塞維主義。在西歐和美國要進行這些事情，是很難得的，是十分困難的，但是這些事情是可以進行而且應該進行的，因爲不吃苦，共產主義底任務就根本不能解決，要解決一天比一天愈加複雜的，一天比一天愈加和各部分社會生活聯繫起來的，一天比一天愈加由資產階級手中節節奪取各部門和各方面社會生活的實際任務，就應當吃苦。

就在英國裏，在軍隊中，在「自己」國家被壓迫的和不平等的民族中間（如愛爾蘭及殖民地），宣傳，鼓動和組織底工作，也應當按照新方法和新精神

（不是按照社會黨的方法，而是按照共產黨的方法，不是用改良主義的精神，而是用革命的精神）來進行。因爲在這些社會生活方面，一般的在帝國主義時代，而現時是在大戰之後，當各民族受盡戰爭痛苦而很容易認淸眞情實況的時候（而這種眞情實況，就是幾千萬人陣亡和變爲殘廢，只是爲的解決究竟是英國强盜還是德國强盜，將掠奪更多的國家這一個問題），引火的燃料，特別充足；釀成衝突，引起危機，使階級鬥爭變本加厲的緣由，特別豐富。現時在全世界經濟和政治危機底影響下，在一切國家內，無數火星到處橫飛，我們不曉得，而且不能曉得，到底那顆火星將燃起大火，把羣衆特別從酣睡中喚醒起來，因此我們必須用我們新的共產主義的原則，去到各方面，甚至去到那最陳舊的、最腐敗的、看來沒有希望的方面，進行工作，不然，我們將來便不能勝任裕如，便不能顧到各方面，便不會使用各種武器，我們旣沒有準備去戰勝資產階級（資產階級用資產階級的方法建設了——而現在破壞了——各方面的社會生活），又沒有準備，以便得到這種勝利之後，用共產主義的方法去改組全盤社會生活。

（列甯全集第二十五卷，第二三四至二三五頁，共產主義運動中的「左派」幼稚病，一九二〇年）。

德國共產黨和意國共產黨在共產國際第三次代表大會後的發展情形證明，這兩個共產黨已經注意到這次代表大會上左派所犯的錯誤，而且已經在糾正這種錯誤了，——雖然是逐漸地，慢慢地，但却是一往直前地糾正着；共產國際第三次代表大會底決議，他們是誠心誠意地執行着。要把舊式的，西歐國會主義的實際上是改良主義的，只染着一點革命色彩的政黨，改造爲新式的，眞正革命的，眞正共產主義的政黨，乃是一件非常困難的事。法國例子就是最明顯的證明。在日常生活中去改造黨的工作方式，改造日常生活，設法使黨成爲革命無產階級底先鋒隊，就是說要使牠不離開羣衆，而日益接近羣衆，啓發他們的革命意識，發動他們的革命鬥爭，這是最困難的，但却是最重要的事。在一九二一年和一九二二年初，歐美許多資本主義國家經過許多革命戰鬥，當時是革命戰鬥特別緊張的時期，再過一些時間（大概是很快），會來一個新的革命戰鬥特別緊張的時期，若是歐洲共產黨員不去利用間隔時期（大概是很短促的時期）以便對於黨底全部工作和全部結構實行這種根本的內部的深刻的改造；那末，他們就是罪大惡極了。幸虧現在還用不着擔憂這一點。因為在歐美創立眞正的共產黨——眞正的無產階級革命先鋒隊——的工作，已經開始了而且正在進行着，雖然這個工作是不張揚的，不顯著的，不迅速的，然而却是切切實實的。

（列甯全集，第二十七卷，第二〇三頁，政論家底時評，一九二二年）。

（六）無產階級政黨之自我批評，在揭露和改正本身錯誤中去教育和訓練自己。

「不待說，自我批評是一個生氣勃勃的黨所絕對必要的。自滿自足的樂觀主義乃是最庸俗卑鄙的思想」（列甯全集第七卷，第三〇七頁）。

「……只要一覺悟到自己的缺點，這在革命事業中就等於改正一大半」（列甯全集第四卷，第三八六頁）。

1 自我批評是布爾塞維克培養黨幹部和教育工人階級之方法

自我批評的口號並不是一種臨時的曇花一現的口號。自我批評是一種特別的，布爾塞維克的，用以提高黨員幹部及一般工人階級之革命意識的方法。馬克思就已經說過自我批評乃是鞏固無產階級革命的方法。至於說到我們黨內的自我批評，那末當布爾塞維主義在我國產生時，在布爾塞維主義一開始成爲工人運動中特別的革命派別時，就開始有自我批評。大家都知道，列甯在一九〇四年春，當布爾塞維主義還未成爲獨立政黨，還同孟塞維克組織在一個社會民主黨內的時候，就已經號召黨「進行自我批評並無情揭露自己的短處」。列甯當時在進一步，退兩步一書中就這樣說：

「……他們（即馬克斯主義者底敵人。——斯大林註）看見我們內部的爭論，就幸災樂禍，洋洋得意；他們爲謀自己的方便，自然極力想斷章取義，摘引我這本專門談論我黨本身缺點的小冊子中的個別章句。但是俄國社會民主黨人已久歷戰鬥，飽受風霜，決不會被這區區針刺所驚動，卻能夠不管這些針刺而繼續**自我批評的工作，無情揭露本身的缺點**，★這些缺點，一定和必然會因工人運動底發展而被克服的。讓這些敵人老爺們也試把他們「黨」內的實況，表露出來罷，那怕就是稍許像我黨第二次大會記錄那樣明顯表露我黨實況也好！」（見列甯全集，第六卷，第一六一頁）。

因此，有些同志以爲自我批評是一個臨時的現象，是一種時髦的東西，如一切時髦貨一樣，很快就會過時，這是完全不對的。其實自我批評是布爾塞維主義武庫中所絕對不可少的，經常使用的武器，是同布爾塞維主義底本性，同布爾塞維主義底革命精神不可分離的一種武器。

人們有時說，自我批評，對於尚未執政而「無物可失」的黨是很好的東西，但是對於已經執政而受敵人包圍的黨是有害的，因爲敵人可以利用對於該黨本身弱點的揭露來攻擊這個黨。這是不對的。這是完全不對的。恰恰相反，正

★着重點是我加的——斯大林註

因爲布爾塞維克黨已取得政權，正因爲布爾塞維克也許會因我國建設勝利而自誇自大，正因爲布爾塞維克也許會看不見自己的弱點而助長敵人——正因爲如此，所以自我批評在目前，在得到政權以後就特別必要。自我批評之目的是揭露和消除我們的錯誤，我們的弱點，——自我批評在無產階級專政時只會使布爾塞維主義易於同工人階級底敵人作爭鬥，這難道還不明白嗎？列甯在一九二〇年五月在自己的共產主義運動中的「左派」幼稚病那本書上，關於布爾塞維克取得政權以後的狀況底這種特點，寫道：

「……一個政黨對於本身錯誤所抱的態度就是最重要和可靠的標準之一，以審查這個政黨是否鄭重其事和是否在事實上執行自己對於本階級和勞動羣衆的義務。公開承認錯誤，★揭露這錯誤之原因，分析產生這錯誤之環境，仔細討論改正這錯誤之方法——這便是鄭重其事的政黨之標誌，這便是政黨之履行自己的義務，這便是教育和訓練階級，以至於羣衆」（

★着重點是我加的——斯大林註

見列甯全集，第二十五卷，第二〇〇頁）。一九二二年三月，列甯在我黨第十一次代表大會上所說的話是千眞萬確的，他說：

「……無產階級不怕承認他自己在革命中某些事情做得絕妙，而某些事情却沒有做成功。向來所有一切革命政黨都已陷於滅亡，其所以陷於滅亡，是因爲自誇自大，看不見自己力量何在，而且怕說自己的弱點。★而我們却不會滅亡，其所以不會滅亡，是因爲我們並不怕說自己的弱點，而且學習怎樣消滅這些弱點」（見列甯全集，第二十七卷，第二六〇到二六一頁）。

結論只有一個，如果不實行自我批評，就不能正確地教育黨，教育階級，教育羣衆，而如果不是正確的教育黨，教育階級，教育羣衆，就不會有布爾塞維主義。

★着重點是我加的——斯大林註

爲什麼正在現時，正在當前這個歷史關頭，正在一九二八年，這個自我批評口號有了特別迫切的意義呢？因爲在現時，國內外階級關係底緊張，已比一兩年前暴露得更顯明了。因爲在現時，那些利用我們弱點和錯誤來反對我國工人階級的階級敵人陰謀破壞蘇維埃政權的工作，已比一兩年前暴露得更其顯著了。因爲沙哈亭煤井案件的教訓，鄉村資本主義份子搗亂糧食採辦工作的教訓，以及我們在規定計劃方面的錯誤，所有這些，都不能不，而且不應不引起我們的嚴重注意。若是我們想鞏固革命，想及時打退敵人，那我們就應該從速消除因沙哈亭煤井案件和糧食採辦工作困難而暴露出來的錯誤和弱點。若是我們不願一遇到各種「意外」和「偶然」事件就慌忙無措而中工人階級敵人的詭計，那我們就應該從速把還未偽露出來而其實定然存在的弱點和錯誤揭露出來。如把這事情延擱起來，那就是幫助我們的敵人，加深我們的弱點和錯誤。但如果不擴展自我批評，不加強自我批評，不吸引千百萬工農羣衆來揭露和消除我們的弱點和錯誤，那就不能做到這一切。

因此，中央和中監四月聯席會議上，關於沙哈亭煤井案件的決議是完全正確的，該決議上說：

「爲要保障所規定的辦法都能有成効的實行，其最主要的條件，就是要眞正實行第十五次代表大會底自我批評口號」。★但是，爲要擴展自我批評，首先就須要把黨面前的許多障礙消除。所謂障礙就是：羣衆文化程度之落後，無產階級先鋒隊文化人材之缺乏，我們的辦事遲緩，「共產黨人誇大狂」以及其他等等。但是，我們機關中的官僚主義，却要算是最嚴重的障礙之一，甚至可說是最嚴重的障礙。我們黨的，國家的，職工會的，合作社以及其他各種各樣的組織中，都有官僚主義份子。這些官僚主義份子專門利用我們的弱點及錯誤來生存，害怕羣衆批評，害怕羣衆監督如烈火，妨礙我們擴展自我批評，妨礙我們消除自己的弱點和錯誤。我們機關中的官僚主義，並不僅僅是辦事遲緩和官樣文章而已。官僚主義乃是資產階級影響我們機關的表現。列甯說得

★着重點是我加的——斯大林註

對：

「……我們應該明白，反官僚主義的鬥爭是絕對必要的，這個鬥爭也如反對小資產階級自發性的鬥爭任務一樣，是很複雜的。我們國家制度中的官僚主義是已經成了大的弊病，以致我們的黨綱也提到牠，這是因爲官僚主義是與這種小資產階級自發性及其散漫性有關係的」★（見列甯全集，第二十六卷，第二二〇頁）。

因此，若是我們眞想擴展自我批評，消除我們建設事業方面的毛病，那就須要用更大的決心反對我們各組織中的官僚主義。

因此，我們必須用更大的決心來發動千百萬工農羣衆自下起來批評，自下起來監督，作爲剷除官僚主義的主要武器。

列甯說得千眞萬確，他說：

「……如果我們想進行反對官僚主義的鬥爭，那我們就須吸引下層羣

★着重點是我加的——斯大林註

衆來參加這種鬥爭……」因爲，「要不是吸引工農，那還有什麼辦法可以消除官僚主義呢？」★（列甯全集，第二十五卷，第四九五至四九六頁。

但是爲要「吸引」千百萬羣衆，就應該在工人階級一切羣衆組織之中，首先是在我黨內部，擴展無產階級的民主。如果沒有這個條件，則自我批評就等於零，就會徒托空言。

我們所需要的，並不是隨便一種自我批評。我們所需要的自我批評，必須要能提高工人階級的文化，能發展工人階級底戰鬥精神，能鞏固工人階級對於勝利的信念，能擴大他自己的力量，能幫助他成爲眞正的國家主人翁。

有些人說，若是有自我批評，那是用不着勞動紀律了，那就可以把工作放着不做而去談天說地了。這並不是自我批評，而是汚蔑工人階級。自我批評之所以需要，並不是爲的破壞勞動紀律，而是爲的鞏固勞動紀律，而是要使勞動

★着重點是我加的——斯大林註

紀律成為自覺的，能夠阻擋小資產階級放蕩性的紀律。

另有些人說，若是有自我批評，那是再用不着領導了，那就可以離開船舵而一切「聽其自然」。這並不是自我批評，而是醜事。自我批評之所以需要，並不是為的減弱領導，而是為的加强領導，而是要把缺乏威信的紙上領導變為眞正有威信的切實領導。

但是還有另一種的「自我批評」，這種自我批評會破壞黨性，會破壞蘇維埃政權之威信，會削弱我們的建設工作，會瓦解我們的經濟工作人員幹部，會解除工人階級底武裝，會變成為高喊什麼蛻化的空談。不久以前，托落茨基反對派正是叫我們去實行這一種「自我批評」的。

不待說，黨所主張的自我批評是與這種「自我批評」毫無相同之點的。不待說，黨是以一切力量和一切手段去反對這種所謂「自我批評」的。

應該把這種異己的、反布爾塞維克的所謂「自我批評」和我們的、布爾塞維克的自我批評嚴格分清。我們的、布爾塞維克的自我批評是以加强黨性、鞏固蘇維埃政權、改善我們的建設工作、鞏固經濟工作人員幹部、加强工人階級底武裝等等爲目標的。

（斯大林：反對把自我批評口號庸俗化，見眞理報，一九二八年六月二十六日）。

2 馬克思和恩格斯論自我批評之意義　資產階級革命，例如十八世紀的革命，其勝利的進展較爲迅速，其中驚心動魄的事變，一椿比一椿迷人耳目；那時候，人們和景物，無不煥發異常，喜形於色；每一天都有使人薰醉的事情發生。但這種現象是轉瞬卽滅的，很快就登峯造極，於是社會就得經過一個長久的昏沉時期，然後才能從迷夢中蘇醒過來，細心領會牠那突飛猛進的果實。反之，無產階級革命，例如十九世紀的革命，則經常自己批評自己，有時候竟半途而廢，回到那恍惚已經走過的地點，以便然後重新做起；無情嘲笑頭幾次嘗試之半途性及其弱點或不中用；把敵人倒在地上，正好像讓敵人從地上吸取新鮮力量而比過去更有力地重新起來作戰；因感覺本身目標無限遠大，往往望洋興歎，一再退却，一直退到無路可退的時候爲止……。

（馬克思選集，第二卷，第二四九頁，摘錄拿破崙第三政變記，一八五二年）。

……我們在這裏極其看重德國黨在鬥爭中所遇到的困難，同時也極其看重德國黨不顧這一切困難而達到的那種成績以及黨員羣衆向來所有的模範行爲。當然，在德國所得到的每個勝利，也如其他任何國家所得到的勝利一樣，都使我們同樣高興，甚至還更高興些，因爲德國黨一開始就是本着我們的理論而生長起來的。但正因爲如此，我們就特別注意，務使德國黨底實際工作，尤其是黨的領導者底公開活動，不致離開一般的理論。毫無疑義的，我們的批評對於許多人是不樂意的，然而平心而論，這種批評定能給德國黨以很大的益處：德國黨在國外有這樣一種人，這種人並不受本國紊亂的地方條件以及零星鬥爭事件所拘束，而隨時用現代各國無產階級運動所適用的理論來估量黨內的事件和黨的活動，把國外因這種活動而發生的感想反映出來，——這對於黨，自然要比任何非批評態度的恭維，有益得多。

（馬克思選集，第二卷，第四九六頁，摘錄一八七九年十一月十四日恩格斯給白貝爾的信）。

3 列甯論自我批評

愈是多多考慮所謂民主會議底意義，愈是細心從旁去考察（俗語有云，旁觀者淸）這種意義，那就愈會確信，我們黨參加這個會議，是犯了錯誤。本應該是抵制這個會議的。也許有人說，現在事後來追究這個問題，究竟有何用處呢，已往的事，是無可挽回的。但是這種不理已往策略的觀點顯然是無根據的。我們向來總是斥責「得過且過」的策略，而且我們既是馬克思主義者，我們就應當斥責這種策略。片刻的勝利對於我們是不夠的。而且我們根本就不能以一時一日的打算爲滿足。我們必須研究一切政治事件之整個鍊條，研究這些事件的因果關係，這些事件的結果，而來經常審查自己。我們分析過去的錯誤，就是學習如何避免現在和將來的錯誤。

……爲要更明白說明抵制策略底客觀基礎，以及這種策略與階級相互關係的聯係，就可以這樣來觀察一九〇五年八月，一九一七年九月和一九〇七年六月這三個時期的形勢。壓迫者始終都是要欺騙被壓迫階級的，但是這種欺騙底意義在各個歷史時機是各不相同的。決不可只根據壓迫者欺騙人民的事實來規定策略，必須全般分析階級底相互關係以及非國會鬥爭和國會鬥爭底發展而來規定策略。

參加「預備國會」的策略是不對的，這個策略不適合於客觀的階級相互關係，不適合於客觀的時局條件。

當時本應抵制民主會議；而我們却沒有這樣做，這是我們大家的錯誤，但錯誤不是無可救藥的，只要我們誠心願意去擁護群衆革命鬥爭底利益，只要我們認眞考慮策略底客觀基礎，我們就一定能改正我們的錯誤……。

……先進階級的戰鬥黨是不怕有錯誤的。最可怕的是固執錯誤，恥於承認和改正錯誤。

（列甯全集，二十一卷，第二一五頁，第二一八至二一九頁，政論家底日記，一九一七年）。

如果有共產黨員以為可以不犯錯誤，不要有退却，不要再三改正未做好和做得不對的事情，而就可以完成這種有全世界歷史意義的「創舉」，如築成社會主義經濟之基礎（尤其是在小農國家裏），那樣的共產黨員可說是一定已經不可救藥了。共產黨員並不妄作思想，也並不悲觀失望，而是保持實力和靈活性以便「重新開始」去應付極困難的任務，只有這樣，共產黨員才不失其為共產黨員（而且一定不會失其為共產黨員）。

（列甯全集，第二十七卷，第二〇一頁，政論家底時評，一九二二年）。

4 及時揭露錯誤是布爾塞維克領導之最重要的原則

同志們，這並不是說，我們黨裏就沒有缺點了。不，缺點是有的，而且是有嚴重的缺點。讓我來簡單說說這些缺點罷。

例如就拿黨組織對於經濟機關和其他各種組織的領導來說罷。這裏是否一切都很好呢？不是的，並不是一切都很好的。不僅是在各地方，而且在中心裏，我們都往往看見人們藉所謂私人感情來解決問題的現象。比如某個組織裏的負責工作人張三，犯了極重大的錯誤，把事情弄壞了，但是李四却不願意批評他，指謫他的錯誤，糾正他的錯誤，因爲李四不願意同他「結怨」。犯了錯誤，弄壞了事，那有什麼要緊！我們誰個不犯錯誤呢？我今天寬恕他，他明天就會寬恕我。因爲那裏能担保我自己不也會犯錯誤呢？彼此客客氣氣，和和平平，豈不是好！寬容錯誤就會弄壞我們的大事麼？不要緊！總可以過得去的。同志們，這就是我們有些負責工作人員底普通論調。但這是什麼意思呢？我們布爾塞維克是批評全世界制度的，照馬克思底話說來，我們是翻天覆地的人，如果我們爲着某些同志底安甯而放棄自我批評，那就只能葬送我們的偉大事業，這難道還不明白嗎？（座中喊聲：「對啊！」鼓掌。）馬克思說，無產階級革命與其他一切革命不同處之一，就是牠自己批評自己的，牠是藉自我批評而鞏固起來的。馬克思這一個指示是很重要的。如果我們，無產階級革命底代表，閉着眼睛而不願看見我們的缺點，如果我們按私人感情來解決問題，彼此隱瞞自己的錯誤，正好似把我黨皮膚上的瘡毒打進我黨身體的內部——那末，究竟誰來糾正這些錯誤和這些缺點呢？如果我們不把這種在解決最重要的建設問題時所常見的庸俗氣，顧私人情面的習氣，從我們自己的隊伍中消除掉，我們就不復成爲無產階級的革命家，而一定陷於滅亡，這難道還不明白嗎？我們如果不去誠懇地直爽地進行自我批評，不去誠懇地公開地糾正自己的錯誤，我們就無法前進，無法改善我們的事業，無法使我們的事業獲得新的勝利，這一點難道還不明白嗎？要知道我們的發展並不是一帆風順前進的。不是的，同志們，在我們這裏，還有階級存在，還有國內的各種矛盾，在我們這裏，有過去的東西，有現在的東西，也有將來的東西，在他們中間有矛盾存在，所以我們還不能一帆風順地在生活浪潮中前進。我們是在鬬爭中，在矛盾底發展中，在克服這種矛盾，揭露和消滅這種矛盾的過程中前進的。當階級還存在時，我們無論如何都不能說：好了，現在什麼都很好了。同志們，無論如何這是不會有的。在我國實際生活中，總是有什麼東西在那裏死亡；但是這些舊東西，决不願意隨隨便便就死亡的，而是拚命想維持自己的生存，堅持他那已經腐朽的事業。

在我國實際生活中，總是有新的東西降生着，而這些正在降生的新東西，決不是隨隨便便降生的，而是大喊大叫地爭取他那生存的權利（座中喊聲：「對啊」鼓掌。）新東西和舊東西間的鬥爭，垂死者與新生者間的鬥爭，這就是我國發展底基礎，我們如果不以布爾塞維克應有的精神，去誠懇地公開地指出我們工作中的一切缺點和錯誤，那就等於自斷前進的道路。但我們是想前進的。正因爲我們是想前進，我們就應當把誠實的革命自我批評作爲我們極重要的任務之一。沒有這種自我批評，我們就不能前進，就不能發展。但是恰巧在這一切方面，我們的工作還不大好。而且，人們往往因爲得到某些成功，便把一切缺點都忘記掉，反而怡然自得，以爲可以高枕無憂了。有兩三次的大成功——就以爲百事大吉了；再有兩三次的大成功，就洋洋自得而目空一切了。可是錯誤和缺點却依然存在，於是有害的瘡毒，便會深入到我們黨的身體內部去。

（斯大林：聯共（布）中央對第十五次代表大會的政治報告。見大會速記錄，第七〇至七一頁，一九二七年）

5 揭破右傾機會主義者對於自我批評的曲解

今天我們接到了斯列普科夫同志關於自我批評的提綱。這個提綱原來在你們研究組會議上已經討論過了。研究組組員告訴我，說這個提綱發出的目的並不是要批評中央路線，而是要給中央路線以理論上的根據。如果否認黨員有批評中央路線之權，這是不對的。而且我還認爲你們研究組組員甚至有權在自己研究組內用自己特別的提綱來同中央的立場相對立。但是，斯列普科夫同志底提綱之目的，大概不是要批評中央路線或用什麼新的路線來同中央路線對立，而是要解釋中央立場，並給這種立場以理論上的根據。斯列普科夫同志底提綱在莫斯科黨組織內有幾許的流行，其原因大概就在於此。

但是，或者說正因爲如此，我就認爲應當聲明：第一，斯列普科夫同志底提綱，並不與中央對於自我批評口號的立場相符合；第二，這個提綱是「改正」和「補充」中央立場，因而自然是把中央立場弄壞而爲我們機關和組織中的官僚主義份子謀方便。

A首先，斯列普科夫同志提綱底立場就根本不對。斯列普科夫同志底提綱只在外表上是像自我批評口號的提綱。實際上，他的提綱乃是斷定自我批評口號含有危險性。不待說，每一個革命口號在實施時都有遇到某種曲解的可能。自我批評口號當然也有這種可能。但如把這種可能當作問題底中心，當作自我批評提綱底基礎，——那就是完全顛倒是非，就是損害自我批評底革命意義，就是幫助官僚主義者，因爲官僚主義者正是因爲害怕自我批評底「危險性」而躱避這種自我批評。我相信，我們黨組織和蘇維埃組織中的官僚主義份子讀罷斯列普科夫同志底提綱後，是一定感覺快意的。

這種立場同中央對於自我批評問題的立場，同中央和中監四月聯席會議對於沙哈亭煤井事件的決議，同中央關於自我批評問題的六月通告等，是否有絲毫相同之點呢？

我認爲是沒有的。

B斯列普科夫同志底提綱，按其內容說來，也是不對的。我們組織中的官僚主義，就是使自我批評成爲必不可免的最嚴重因素之一，而同時也就是自我批評底最重要對象之一，如果不去同黨機關和蘇維埃機關中的官僚主義作鬥爭，那是否能向前進展呢？是不能的。如果不去同我們組織中的官僚主義作堅決鬥爭，那是否能組織羣衆監督，提高羣衆底自動性和創造性，吸收千百萬羣衆去參加社會主義建設呢？是不能的。如果不去實行自我批評口號，那是否能打破、削弱和剷除官僚主義呢？是不能的。如果在說明自我批評口號的提綱上不說明官僚主義問題，不說明官僚主義乃是我們社會主義建設事業中的壞因素，乃是自我批評之最重要對象之一，——如果不去說明這點，那是否可以呢？顯然是不可以的。那末斯列普科夫同志在自己提綱上竟不提起這個迫切問題，這是什麼原因呢？怎麼可以在目的是要給中央立場以理論根據的自我批評提綱上，忘記自我批評最重要的任務，忘記同官僚主義作鬥爭的任務呢？但事實卻是：在斯列普科夫同志底提綱上沒有一語道及（簡直是沒有一語道及）我們組織中的官僚主義，沒有一語道及這些組織內部的官僚主義份子，沒有一語道及我們黨組織和蘇維埃機關的工作中有官僚主義的毛病。

這樣輕浮對待最重要的反對官僚主義的問題態度，是否可以與中央對於自我批評問題的立場，與中央和中監四月聯席會議關於沙哈亭煤井事件的決議，或中央關於自我批評問題的六月通告，彼此相容呢？

我認爲是不可以的。

此致共產主義的敬禮

斯大林　一九二八年六月八日

（斯大林同志給共產主義學院黨建設問題研究組組員的信，見一九二九年四月十九日共產主義青年團眞理報）。

參考書：

馬克思著　政治經濟學批評之序言，見馬克思選集第一卷

馬克思著　資本論第一卷再版序言

馬克思著　論費爾巴黑，見馬克思選集第一卷

馬克思著　與庫格曼通信集，有單行本

列甯著　共產主義青年團之任務，見列甯全集第三十卷

列甯著　馬克思主義與改良主義，見列甯全集第十六卷

列甯著　我國革命中的無產階級任務，見列甯全集第二十卷

列甯著　德國工人運動中什麽是不應模仿的，見列甯全集第十七卷

列甯著　論抵制，見列甯全集第十卷

列甯著　第二國際之破產，見列甯全集第十八卷

列甯著　告美國工人書，見列甯全集第二十三卷

列甯著　政論家時評，見列甯全集第二十五卷

列甯著　第三國際之任務，見列甯全集第二十四卷

斯大林著　關於布爾塞維主義歷史中的幾個問題，見列甯主義問題

斯大林著　聯共（布爾塞維克）中央對第十七次代表大會的報告，第三章第二節，見

列甯主義問題

斯大林著　論黨工作之缺點和消滅托洛茨基兩面份子及其他兩面份子之辦法。見中文本斯大林言論選集

卡爾諾維赤著　必須以布爾塞維克的精神研究黨史

伯里亞著　關於南高加索布爾塞維克組織之歷史問題

第二章 理論

（一）**理論在無產階級的階級鬥爭中之作用** 有些人認爲列甯主義是實踐重於理論，就是說，在列甯主義裏，主要的就是將馬克思主義的原理，化爲事實，就是「執行」這些原理，至於說到理論，那麼他們認爲列甯主義是很不關心這一點的。大家都知道，普列漢諾夫曾經屢次嘲笑列甯對於理論，特別是對於哲學的「不關心」。同樣大家亦知道，現在有許多做實際工作的列甯主義者不很注意理論，特別是因爲他們由於環境的關係不得不終日忙於實際工作。我應該指出，這一種非常奇怪的對於列甯及列甯主義的見解，是完全不正確的，而且是絕對不合於事實的；實際工作者忽視理論的傾向，是違反整個列甯主義底精神的，而且對於工作是包含着極大的危險的。

理論是世界各國工人運動經驗之綜合歸納的結晶。當然，理論假使不和革命的實踐聯繫起來，就要變成無對象的理論，同樣，實踐如果不以革命理論為指南，就要變成盲目的實踐。但假如理論是在和革命實踐密切聯繫中形成的，那末，牠就能夠變成工人運動底極偉大的力量，因為理論，而且祇有理論，才能夠使運動富有確信力，使運動能確定方針和認識四周事變底內部關係。因為理論，而且祇有理論，才能夠幫助實踐不僅去了解目前各階級行動底道路和方向，而且去了解在最近將來這些階級行動底道路和方向。不是別人，而恰好是列甯說過和幾十次重複說過一個著名原理，就是：

「沒有革命理論，就不會有革命運動」★（見列甯全集，第四卷，第三八〇頁）。

列甯比誰都更了解理論底重要意義，特別是對於我們黨，因為我們黨負有國際無產階級先進戰士的使命，而又處於四圍這種極複雜的國內和國外環境之

★着重點是我加的——斯大林註。

內。還在一九〇二年，他在預言我們黨這種特殊使命時就已經認爲必須指出：「祇有以先進理論爲指南的黨，才能盡先進戰士的使命」（見列甯全集，第四卷，第三八〇頁）。

現在當列甯關於我黨使命的預言已經成爲事實的時候，列甯這一個指示，更具有特別的力量和特殊的意義，這是無需證明的。

在唯物主義的哲學方面，把由恩格斯到列甯這時代中最重大的科學發現綜合起來，並從各方面去批評馬克思主義者隊伍裏的反唯物主義的派別，這是一個最重大的任務，而執行這個任務的正是列甯；這件事實可算是列甯異常重視理論底最明顯的表現。恩格斯說：「唯物主義應根據每一個偉大的新發現而採取新的形式」。大家知道，不是別人，而恰好是列甯，在他的唯物主義與經驗批評主義這本傑作裏面及時執行了這個任務。大家知道，普列漢諾夫是喜歡嘲笑列甯「不關心」哲學的，而普列漢諾夫本人，却甚至於沒有敢於認眞着手執行這一個任務。

（斯大林，列甯主義問題，第一二至一四頁，摘錄關於列甯主義底基礎，一九二四年）

……誰要是稍稍看到我們運動底實際情況，誰就不能不看到：在我們俄國，馬克思主義運動的範圍是擴大了，但理論水平却跟着降落。許多理論知識很淺薄的人，或者甚至完全沒有理論知識的人，爲着運動之實際意義和實際成績，都加入了運動。由此可見工人事務報之得意洋洋地引用馬克思底一句格言：「一步實際運動重要於一打綱領」，是引用得如何沒有道理啊。在理論上紊亂不堪的時代而要來重複這些話，這就等於遇見人家出殯時，高喊「恭喜恭喜」一樣。而且這句話是從馬克思論哥達綱領的一封信上摘下來的。但在這封信上，馬克思却嚴厲責備在確定原則時所犯的折衷主義。馬克思當時向黨底那些首領說：假如必定要聯合起來的話，那末爲着運動底實際目的計，你們可以締結條約，但決不要拿原則來做交易，決不要作理論上的「讓步」。馬克思底意思便是這樣，而我們中間，竟有人企圖假馬克思底名義來降低理論底意義！

沒有革命理論，就不會有革命運動。當人們風行一時地鼓吹機會主義和醉心於最狹隘的實際活動的時候，是必須努力堅持這種思想的。而對於俄國的社會民主黨，理論底意義，由於下面三種情形（人們常常忘掉這三種情形）而更加重大：第一：我們黨還剛在形成，剛在確定自己的面目，遙遠沒有同其他的，有使運動離開正確道路的危險的各種革命思想派別完全脫離關係。反之，正是在最近以來，非社會民主主義的革命思潮，却活躍起來了（如阿雪洛得早已向經濟主義者說過這一點）。在這些條件之下，看來似乎「不關重要」的錯誤，實可以引起最可痛心的結果。因此祇有淺見的人，才以爲黨內政派間的爭論和嚴格區別各種色彩，是一種不合時宜的或者是多餘的事情。這種「色彩」或那種「色彩」之鞏固，這在很多年內可以決定俄國社會民主黨底前途。

第二，社會民主黨的運動，按其實質講來，是國際的運動。這不僅就是說，我們應當與民族沙文主義作鬬爭；而且也就是說，在新起國家內開始着的運動，祇有實現別國的經驗，才能順利進行。但要真能實現別國的經驗，則單單認識這種經驗或單單把最近的決議抄寫一遍，是不夠的。要實現別國的經驗，就必須善於用批評態度考察這種經驗，而且要獨立地考驗牠。誰只要想一想，現代工人運動是何等偉大的增長了，是何等廣泛的散佈了，誰就會懂得，爲要履行這個任務，就需要多少富有理論修養的人材和政治的（及革命的）經驗呵。

第三，俄國社會民主黨底民族任務，是爲世界上各社會黨所沒有過的。這個把全體人民從專制壓迫之下解放出來的任務，就使我們負有各種政治上和組織上的責任，關於這點我們以後再說。現在我們只想指出一點，就是祇有以先進理論爲指南的黨，才能盡先進戰士的使命。爲要稍微具體知道這句話底意思，祇要請讀者回憶起俄國社會民主黨底老前輩，如蓋爾村、伯林斯基，齊內雪夫斯基和七十年代的許多光榮革命家；祇要請讀者考慮一下俄國著作現所具有的全世界的意義，祇要請……好吧，以上所說的也就夠了！

（列甯全集第四卷，第三七九至三八一頁，節錄做什麼？一九〇二年）

……恩格斯認爲社會民主黨不止有兩種偉大鬥爭（政治鬥爭和經濟鬥爭），像俄國許多人所想的那樣，而是有三種，認爲除這兩種鬥爭之外，還有理論鬥爭。從現時各種問題和爭論底觀點上看來，恩格斯對於實際工作上和政治上已經强固的德國工人運動的指示，是很可以借鏡的；因此我們要從德國農民戰爭一書（牠早已成為非常珍奇的一本書了）序言上摘引一大段話，希望讀者不要責備我們摘引得太長：

「德國的工人，與歐洲其他各國工人比較起來，具有兩大優點。第一，他們屬於歐洲最有理論修養的民族，他們保存了德國所謂『受過教育的』階級所差不多完全失掉了的理論見解。如果預先沒有德國哲學，尤其是黑格爾底哲學，那德國的科學社會主義——自古迄今唯一科學的社會主義，就決不會創立起來。如果工人沒有理論見解，那末，這種科學社會主義就永遠不會像現在我們所看到的那樣能夠深入工人的意識。一方面，英國工人運動，雖然個別職業有很好的組織，但進展卻很緩慢，其主要原因之，就是對於一切理論的漠視；另一方面，法國人和比利時人因原始形式的蒲魯東主義之傳播而發生模糊與動搖，西班牙人和意大利人因巴古甯所曲解了的普魯東主義之傳播而發生模糊與動搖，這些都可以證明，德國工人底這一種優點是無限偉大了。

第二個優點就是，德國人之參加工人運動，差不多比各國都要遲些。德國理論的社會主義永遠不會忘記，牠是以三大思想家——聖西門、傅立葉和渦文——為依據的；這三大思想家，雖然其學說是含有許多玄想和空想，但他們終究歸在有史以來最偉大的思想家之列，他們以英明的眼光預先見到了無數的真理，而我們現在正用科學的方法來證明這些真理是正確的。同樣的，德國實際的工人運動也永遠不應忘記，牠是依靠英國和法國的運動而發展起來的，牠曾經可以現成利用英法運動以很高的代價得來的經驗；而現在可以避免當時這種運動多半所不能避免的錯誤。如果沒有英國工聯運動和法國工人政治鬥爭底榜樣，尤其是如果沒有巴黎公社所給的那種偉大的推動，那我們現在會處在什麼地步呢？

我們應該替德國工人說一句公平話：如德國工人這樣善於利用自己的

優越地位，眞是罕見的。自有工人運動以來，這三方面的鬥爭——理論的，政治的和實際經濟的（反抗資本家）——都能有計劃的進行，而且能互相一致，彼此有聯繫，這要算是第一次了。這可以說是一種集中的襲擊，而德國工人運動之所以强而有力和必勝不敗，其原因卽在於此。

一方面因爲德國工人有這樣的優越地位，另一方面因爲英國工人運動帶有島國的特徵，而法國工人運動又受到暴力的鎮壓，所以德國工人現在是處在無產階級鬥爭底領導地位。究竟事變容許他們多麼長久佔居這種榮譽地位，這是不能預言的。可是當他們佔居這個地位的時候，他們定會得當地履行（應當這樣希望）他們所担負的責任。要做到這點，就必需在鬥爭和鼓動的各方面，加倍努力。特別是領袖們應當使自己日益認識各種理論問題，日益擺脫屬於舊世界觀的傳統詞句底影響，而始終要注意到：自社會主義成爲科學以來，牠要求也用對待科學的態度來對待牠，就是說，要研究牠。必須把這樣得來的而日益明確的意識，日益努力傳佈到工人羣衆中間去，必須日益緊密地把黨組織和工會組織團結起來……。

……假使德國工人將來也是這樣前進，那末，他們——雖然不一定當運動底領導者（一定要某國工人當運動底領導者，這並不是利於運動的）——將在戰士的行伍間佔居光榮的地位；而世如果意外的患難或偉大的事變要求他們有更大的勇氣，更大的決心和毅力時，他們定能整裝以待，起而應付的」。

恩格斯底話果然預料中了。過了幾年之後，德國工人果然遇到了意外的患難，卽遇到取締社會黨人的非常法律。德國工人當時果然是整裝以待而應付了患難，並順利地逃出了患難。

俄國無產階級將要遭遇不知厲害多少倍的患難，將要與一個大怪物作鬥爭，立憲國家內的非常法，與這個大怪物比較起來，不過是一個區區小醜而已，歷史現在向我們提出了一個迫近的任務，這個任務與其他任何那一國無產階級一切迫近任務比較起來都是最革命的任務。實在這個任務，就是說，打破不僅是歐洲的，而且也是（我們現在可以這樣說）亞洲的最强大的反動支柱，這會使俄國無產階級成爲國際革命無產階級底先鋒隊。我們敢相信，如果我們也像我們的前輩，七十年代的革命家那樣以奮不顧身的決心與毅力，來鼓勵我們現在比過去廣泛深入千百倍的運動，那末我們也定能得到他們所早已得到的這種榮譽稱號的。

（列甯全集，第四卷，第三八一至三八二頁，做什麼？一九〇二年）

（二）馬克思主義不是教條，而是行動的指南　國際社會民主黨目前正處在思想的動搖時期。馬克思和恩格斯底學說向來都被認爲是革命理論底堅固基礎的，而現在却到處都可以聽到一種流行的呼聲，說這些學說已有缺憾，已形陳舊。凡是自稱爲社會民主黨人且想創辦社會民主黨機關報的人，都必須確定自己對于這一個絕對不只是爲德國社會民主黨人所非常關心的問題的態度。

我們完全是以馬克思底理論爲根據的：這個理論破天荒第一次把社會主義由空想變爲科學，給這個科學立下堅固的基礎並指出應走的道路，指出在循着這道路走時，應繼續發展這個科學而加以詳盡週密的研究。這個理論說明了雇傭工人，購買勞動力等現象，是怎樣掩蔽着千百萬貧苦人民被少數資本家，地主，廠主和礦山主人等所奴役的事實，因此就揭露了現代資本主義經濟底實質。這個理論指出現代資本主義底全部發展過程怎樣具有大生產排擠小生產的趨向，怎樣造成種種使按社會主義原則建設社會成爲可能和必要的條件。這個理論教會人們去看清掩蔽在根深蒂固的習俗，政治陰謀，狡猾法律，騙人學說等等之下的階級鬥爭，即各種有產階級與貧窮羣衆間，各種有產階級與一切貧窮羣衆之先鋒隊——無產階級間的鬥爭。這個理論闡明了革命社會主義黨底眞正任務：不是杜撰改造社會的計劃書，不是勸導資本家及其走狗們來改良工人生活狀況，不是進行陰謀，而是組織無產階級的階級鬥爭並領導這個鬥爭，以無產階級奪取政權而組織社會主義社會作爲這個鬥爭底最終目的。

試問現在那些團聚於德國社會黨人培恩斯坦周圍而喧鬧一時，並以這理論之「革新家」自居的人，到底有什麼新的東西供獻於這個理論呢？簡直絲毫也沒有。他們並沒有把馬克思恩格斯所遺留給我們並要我們去繼續發展的科學推進一步；他們並沒有教給無產階級以任何新的鬥爭方法；他們只是向後退，抄襲落後理論底斷章零句，他們向無產階級所鼓吹的，並不是鬥爭論，而是讓步論，向着無產階級底死敵讓步，向着拚命找尋新手段以中傷社會主義者的政府和資產階級政黨讓步。俄國社會民主黨創基人之一及領袖之一的普列漢諾夫，曾無情批評培恩斯坦之所謂最新「批評」(現在連德國工人代表(在汗諾威爾代表大會上)也都拒絕了培恩斯坦底觀點)；而普列漢諾夫底批評是完全正確的。

我們知道，有些人聽到我們這種話以後，定會給我們加上一大堆罪名：說我們想把社會主義黨變成為一種「正教徒」底教會組織，專以排斥那一切離開「教條」而具有獨立意見的「異教徒」為目的。所有這些時髦的動人辭藻我們是完全知道的。不過這些辭藻並沒有絲毫眞理，也沒有絲毫意義，如果沒有革命的理論，來把一切社會主義者聯合起來，來做社會主義者一切信念底根本，來應用於自己的鬥爭方法和行動方法上；那末，就不會有堅固的社會黨；而擁護你自己所認爲正確的理論，使他不受各種無理的攻擊，不受損害，——這並不就是反對一切批評。我們並不認爲馬克思底理論是一種一成不變而神聖不可侵犯的理論；相反的，我們深信，這種理論只不過是給這樣一種科學奠下了基石而已，假使社會主義不願意落在實際生活之後，那他們就必須把這種科學在各方面加以發展。我們認爲俄國社會主義者特別須要獨立研究和發展馬克思底理論，因爲這種理論只指出一般的指南，這些指南在各國之應用起來，將各國不同，例如英國和法國不同，法國和德國不同，德國又和俄國不同。因此，我們很願意在我們報紙上，留出篇幅來登載討論理論問題的文章，並請一切同志來公開討論各種爭論之點。

（列甯全集，第二卷，第四九一至四九二頁，節錄我們的綱領，一八九九年）

當恩格斯說到他自己和他的著名知己朋友兩人的學說時，他說道：我們的學說並不是敎條，而是行動的指南。這句永垂不朽的名言，已特別明白地把馬克思主義底一個往往被人忽略的特點指出來了。而如果我們忽略這個特點，我們就把馬克思主義變成爲片面的、畸形的、呆板的學說，我們就把馬克思主義中的生動精髓拋棄掉，我們就破壞馬克思主義之基本的理論基礎——辯證法，卽關於那包羅萬象而充滿矛盾的歷史發展的學說；我們就使馬克思主義離開現代具體實際任務，而這些任務在每一個新的歷史轉折關頭都會發生變化的。

正是現時，在關心俄國馬克思主義運動之命運的人們中間，往往有人正是忽略馬克思主義底這個特點。然而大家都知道，最近幾年來，俄國經過一個急劇的轉變，這種轉變異常迅速地異常劇烈地改變了環境；改變了直接決定行動條件以及行動任務的社會政治環境。當然，我此地並不是指總的基本的任務而言，因爲既然各階級間的基本對比關係沒有改變，那末這種總的基本的任務在歷史轉變關頭是不改變的。很明顯的，在最近幾年來，比方說在最近六年來，俄國經濟（而且不只是經濟）進化底這個總方向，以及俄國社會各階級間的基本的對比關係，都沒有改變。

但是在這個時期中，追近和直接行動之任務，却往往隨着具體的社會政治環境底改變而劇烈改變了，——因此，馬克思主義既然是一種活的主義，牠的各別部分就不能不因環境變遷而各別佔居首要的地位。

（列甯全集，第十五卷，第七一頁，節錄馬克思主義歷史發展底幾個特點，一九一〇年）

（三）對於自發論之批評　我們已經講過，我們必須用以前七十年代那樣奮不顧身的決心與毅力，來鼓舞我們現時比七十年代時廣泛深入得多的運動。真的，直到現在，大概還沒有一個人否認現代的運動底力量乃是群衆（主要的，是工業無產階級）之覺醒，而其弱點卻是領導者——革命家覺悟性與主動性之不夠。

但是最近以來，卻有人作了一個「天翻地覆」的發明，使從來在這個問題上佔優勢的一切觀點，都有被顛倒的危險。這就是工人事務報底新發明。工人事務報在同火星報和曙光雜誌作論戰的時候，並不祇作局部的反駁，而是想把「一般的分歧」歸結到比較有更深刻根源的分歧，卽是說，「對於自發成份和覺悟『計劃』成份之對比意義有不同的估計」。★工人事務報底控訴狀是：「發展過程當中客觀成份底意義或者說是自發成份底意義被減輕了」。我們對這個控訴狀的答覆是：假使火星報及曙光雜誌對工人事務報的論戰，除了激起工人事務報想到這種「一般的分歧」之外，竟完全沒有得到任何其他的結果，那末，單是這一個結果也已經使我們很滿意了：工人事務報底這一個控訴狀底意義是何等的重大，牠把俄國社會民主黨人中間的現時理論和政治分歧底全部實質說得何等明顯呵。

正因爲如此，關於覺悟性與自發性的關係問題就有一般的重大意義，而我們就應當十分詳細來說說這個問題。

A　自發高漲之開始　我們在前章中已經講過：在九十年代中葉，俄國受過教育的青年都風行一時地傾心於馬克思主義底理論。大約就在那時候，在

★見工人事務報第十期（一九〇一年九月）一七到一八頁。着重點是該報自己加的。

一八九六年有名的彼得堡工業戰爭以後，工人的罷工，也同樣是風行一時，這些罷工普及於全俄，這很清楚地證明重新高漲起來的民衆運動是多麽深刻，假使眞的要說什麽「自發的成份」，那末，首先自然就應把這種工人運動認爲自發的運動，但須知自發性也有各種各樣的。在七十年代以及六十年代（甚至在十九世紀前半期），俄國都有過罷工，罷工的時候，工人「自發地」起來毁壞機器等等。九十年代時的罷工與這些「騷動」比較起來，甚至可以稱爲「覺悟的」罷工，由此可見在這時期內，工人運動已有如何長足的進步。這表明給我們看：「自發的成份」實際上無非就是覺悟性底雛形。而且原始的騷動也已經表現了一些覺悟性底激發：工人已經不復相信壓迫他們的那個制度是牢不可破的，他們已開始覺得……（我不說他們已經開始明瞭）必須共同起來反抗，因此他們就堅決拒絕向上司作奴隸式的服從。但這種情形與其說是鬥爭，不如說是掙扎與報仇底表現。九十年代的罷工，其覺悟性的色彩就明顯得多了：工人提出了一定的要求，事先計算便於鬥爭的時機，討論別處發生的事情和實例等等。騷動不過是一般被壓迫者底奮起，而有系統的罷工就已經是階級鬥爭底萌芽了，但祇不過是一種萌芽而已。這些罷工，就其本身講來，還是工聯主義的鬥爭，還不是社會民主主義的鬥爭，這些罷工還祇是勞資對抗底表現，但是工人那時還沒有（而且也不能）覺悟到他們的利益是與現代整個社會政治制度勢不兩立的形勢：就是說，他們那時還沒有而且也不能有社會民主主義的意識。在這一個意義上講，九十年代的罷工，雖然比較過去的「騷動」要進步得多，但終究還是一種純粹自發的運動。

我們已經講過，工人那時還不能有社會民主主義的意識。社會民主主義的意識，當時祇能從外面灌輸進去。各國歷史告訴我們：工人階級如果單靠自己的力量，就祇能培養出工聯主義的意識，就是說祇能培養出一種信念，即認為必需要組織工會，必須與業主作鬥爭，必須要求政府頒佈某些人所需要的法律等等☆。社會主義學說，則是從有產階級中受過教育的人——智識界所創造出的哲學的、歷史的、經濟學的理論中產生出來的。現代科學社會主義底創始者馬克思和恩格斯本人，按其社會地位來講，也屬於資產階級的知識界。俄國也是如此，俄國社會民主黨理論學說底產生，完全是與工人運動之自發增長無關的，牠的產生，乃是革命社會主義知識界底思想發展之自然的和必然的結果。在我們所講的這個時期底前夜，即是說在九十年代中葉底前夜，這個學說不僅成了勞動解放社已經完全形成的綱領，而且已經獲得俄國大多數革命青年底擁護。

這樣看來，當時一方面既有工人羣衆底自發的覺醒，趨於覺悟生活和覺悟鬥爭的覺醒，另一方面又有以社會民主主義理論做武裝並力謀接近工人的革命青年。同時，特別應當指出一件往往被人忘記的（而且比較不大著名的）事實：這一個時期底第一批社會民主黨人，雖曾熱心從事經濟鼓動（在這一點上，

★工聯主義並不排斥一切「政治」，如人們有時所設想的一樣。工聯組織向來總是作過某種（但不是社會民主主義的）政治鼓動與鬥爭。關於工聯主義政治和社會民主主義政治間的區別，我們將在下章加以說明。

他們曾完全注意到當時還沒有付印的論鼓動這本小冊子中許多眞正有益的指示•••），但他們不僅沒有把經濟鼓動當作自己唯一的任務，而且相反，他們一開始就提出了俄國社會民主黨一般的最重大的歷史任務，特別是推翻專制制度的任務。譬如，在彼得堡創立了工人階級解放鬥爭社的那些社會民主黨人，還在一八九五年末就編好了第一期工人事業報。但是在一八九五年十二月八日夜裏，當這期報紙已經準備付印的時候，却被憲兵從工人階級解放鬥爭社社員瓦涅夫手上奪去了，因此初次創辦的工人事業報就沒有能夠出版問世★。該報底社論（也許再過三十年之後，會有什麼俄國古董研究雜誌要從警局檔案庫中找出牠的原稿來），說明了俄國工人階級底歷史任務，而且把奪取政治自由的任務當作這些任務中的首要任務。其次還有一篇文章，題目叫做我國總長們所想的是

★瓦涅夫已於一八九九年死於西伯利亞流放處（因其在孤獨坐牢時，染上了肺病）。因此我們認爲可以把本文中所引證的消息公佈出來，而這消息之確實，我們是能担保的，因爲這消息是從最熟悉瓦涅夫的人那裏得來的。

什麼，是敍述警察如何摧殘識字運動委員會的，此外又有許多彼得堡和別地的通訊（如雅羅斯拉夫省工人流血記）。這樣看來，九十年代俄國社會民主黨人底「第一次嘗試」（要是我們沒有記錯的話），並不是狹隘地方性的，更不是「經濟主義」性的報紙，而是一種想把罷工鬥爭同反專制的革命運動聯絡起來，想吸收一切被黑暗反動政治所壓迫的人們來援助社會民主黨人的報紙。誰要是稍微知道當時運動底實況，他就會相信，這種報紙當時定會得到首都工人革命知識份子底同情，定會有極廣泛的傳播。這件事情之受到挫折，祇是證明，當時社會民主黨人因為缺乏革命經驗和實際準備的緣故，未能滿足當時迫切的需要。聖彼得堡工人小報，尤其是工人報和一八九八年春季成立的俄國社會民主工黨所發表的宣言，也是如此。當然，我們絕不是想把這種經驗不夠的現象歸咎於當時的活動人物。但是為要利用運動底經驗和從這個經驗中得到實際的教訓，我們就必須徹底了解各種缺點底原因和意義。因此絕對應當指出，在一八九五至一八九八年活動的一部份（也許甚至是大多數）俄國社會民主黨人，在「自發」運動一開始時就已認爲可以提出極廣泛的綱領和鬥爭的策略，這是完全正確的★。當時大多數革命者之缺乏經驗，乃是極自然的現象，並未能引起我們任何時別的顧慮。既然任務是提得正確的，既然有毅力能再三企圖實現

★經濟派在其致俄國社會民主黨各機關報的一封信（見火星報第十二期）中說道：「火星報反對九十年代末社會民主黨人底活動時，忽略了當時的情形，當時除有可以爭取細小要求的條件以外，再沒有進行別種工作所需要的條件了」。本文所引的事實，證明「沒有條件」這句斷語，是絕對不合實情的。不僅在九十年代末，即在九十年代中葉，除有可以爭取細小要求的條件以外，爲進行別種工作所需要的一切條件，當時都是完備的。除領袖人物缺乏準備以外，其他一切條件，當時都是完備的。「經濟派」不去公開承認我們這些思想家。這些領導人物缺乏準備，而却想把一切都諉之於「沒有條件」，諉之於決定道路——任何思想家都不能使運動離開這道路——的環境。試問這不是盲從自發是什麼？這不是「思想家」推崇自己的缺點是什麼？

這些任務，那末暫時的挫折只是小小的不幸。革命的經驗和組織方法的靈巧，是可以學會的東西。只要有替自己造就應有品質的熱心就是了！只要一覺悟到自己的缺點，這在革命事業中就等於改正一大半！

可是當這一種覺悟性削弱下去的時候（而這一種覺悟性在上述各集團的活動者中間曾很活躍地存在着），當一部分人（甚至社會民主黨人的機關報）想把缺點推崇為美德，甚至想給自己的盲從與崇拜自發性的行為打下理論基礎的時候，這個小小的不幸，就變為真正的大不幸了。現在已經是給這個傾向（人們用「經濟主義」這個概念來表示這傾向底內容，是很不切當的，因為這個概念太狹隘了）作一總結的時候。

（列甯全集，第四卷，第三八三至三八七頁，摘錄做什麽？一九〇二年。）

……自發「論」是機會主義的理論，是崇拜工人運動自發性的理論，是實際上否認工人階級先鋒隊——工人階級政黨——領導作用的理論。

這種崇拜自發性的理論，堅決反對工人運動底革命性質，反對使工人運動向着反對資本主義基礎的方向進行。牠主張工人運動完全祇向着那些爲資本主義所「可以履行」，「可以接受」的要求那方面進行；牠完全主張採取「阻力最小的路線」。自發論是工聯主義底思想。

這種崇拜自發性的理論，堅決反對使自發運動帶着覺悟的和有計劃的性質。牠反對黨走在工人階級面前，反對黨把羣衆提高到覺悟的程度，反對黨領導運動。牠主張運動中的覺悟份子不要妨礙運動按照自己的道路前進，牠主張黨祇聽從自發運動，做這種運動底尾巴。自發論是減低覺悟份子在運動中的作用的理論，是「尾巴主義」底思想，是一切機會主義底邏輯的基礎。

在俄國第一次革命以前，這個理論就已經出現於舞台了，這個理論，其實際結果，就使牠的信徒，所謂「經濟派」，否認在俄國有獨立的工人政黨底必要，反對工人階級爲推翻專制制度而進行的革命鬥爭，鼓吹運動中的工聯主義的政策，總而言之，把工人運動交給自由資產階級去領導。

舊火星報底鬥爭和列甯在做什麼？一書上對「尾巴主義」理論所作的精彩

的批評，不僅打倒了所謂「經濟主義」，而且還創造了俄國工人階級底眞正革命運動底理論基礎。

假如沒有這種鬥爭，當時就莫要想在俄國來創造獨立工人政黨，就莫要想由這個政黨在革命中起領導作用了。

但是這種崇拜自發性的理論不僅是俄國的現象。牠在第二國際所有一切政黨裏都是廣泛流行的，雖然表現的形式是稍微有些不同。我所指的是第二國際首領們所慣用的所謂「生產力」論。這個理論辯護一切，調和一切，牠當某些事實早已爲大家聽得討厭以後，才把牠們指出來並加以解釋，指出以後，牠就安心下去了。馬克思說：唯物主義不能祇限於解釋世界，牠還應該改造世界。但是，考茨基和他的伙伴們却不管這一點，他們甯願停留在馬克思公式底前半段上。請看他們實際應用這個「理論」中的許多例子之一罷。他們說，在帝國主義戰爭前夜，第二國際底政黨曾經發表恐嚇的言論，說假如帝國主義者開始戰爭，他們便宣佈「以戰爭對付戰爭」。他們說，在戰爭正要開始的時候，這數政黨就把「以戰爭對付戰爭」這個口號拋在腦後，而實行了一個相反的口號——「爲帝國主義的祖國而戰爭」。他們說，因爲這樣變更口號的結果，使幾百萬工人犧牲了性命，但是如果以爲這裏有什麼人犯了罪過，某人叛變了或出賣了工人階級，那就想錯了。絕對沒有過這樣的事情！所有這些已經發生的事情，都是必然要這樣發生的。第一，因爲第二國際是「和平底工具」，而不是戰爭底工具。第二，因爲在當時所有的那種「生產力底程度」之下，再沒有別的辦法可想。這是「生產力」底「罪過」。考茨基先生底「生產力論」正是這樣向「我們」解釋。而誰不相信這種「理論」，誰就不是馬克思主義者。黨底作用呢？黨在運動中的意義呢？但是，黨對於像「生產力底程度」這樣的決定因素，能有什麼辦法呢？……

這種假冒馬克思主義底例子，還可以舉出一大堆來。

顯然用不着證明，這種以掩飾機會主義底真面目爲使命的假冒的「馬克思主義」，祇是這樣一種「尾巴主義」理論在歐洲方面的變形表現，而列甯還依俄國第一次革命以前就已經向這種理論作過鬥爭了。

顯然用不着證明，打破這種理論上的假冒，乃是在西歐創立眞正革命政黨的先決條件。

（斯大林：列甯主義問題第一四到一五頁。摘錄關於列甯主義底基礎，一九二四年）

（四）斯大林同志論馬克思主義列甯主義理論在爲社會主義建設勝利而奮鬥中之意義

我們可以誇耀自己在社會主義建設方面，已有許多實際工作的成績，可是關於我們在一般經濟方面，尤其是在農村經濟方面理論上的工作，就不能這樣講了。而且應該承認，我們的理論思想，並沒有趕上實際工作的成績，實際工作的成績與理論思想的發展，兩者之間有些隔離。但是理論工作不但需要趕上實際工作，而且要超過牠，只有如此，才可以武裝我們的實際工作人員去爭取社會主義底勝利。

關於理論底意義，你們都很知道，我在這裏不來多講。大家都知道，理論，如果牠是一種眞正的理論，牠就能給實際工作者以決定方針的能力，明確的前途，努力工作的把握，相信我們事業勝利的信心。所有這些，在社會主義建設事業上都有——而且不能不有——重大的意義。不幸我們恰恰在這方面，在我國經濟問題之理論研究方面，却開始表示落後了。如果不然，那爲什麼在我國社會政治生活上關於經濟問題總還流行着各種資產階級的與小資產階級的「理論」呢？這些「理論」爲什麼到現在還沒有受到應有的打擊呢？馬克思主義列甯主義政治經濟學之許多基本原理乃是反對資產階級與小資產階級理論的極好的武器，何以竟開始被人忘記，而不在我們刊物上廣事宣傳，不被重視，不被推崇呢？不站在馬克思主義、列甯主義理論基礎上來對資產階級的理論作不調和的鬥爭，就不能完全戰勝階級敵人，這一點難道不容易了解嗎？

因爲有新的實踐，對於過渡時代的經濟問題也應有新的觀察。新經濟政策問題，階級問題，建設速度問題，城鄉聯絡問題，黨底政策問題等等，都應有新的提法。如要不落在實踐之後，現在就要馬上根據新環境來把這一切問題加以研究。不如此就不能征服那些淆亂實際工作人員頭腦的資產階級理論。不如此就不能根本剷除這些根深蒂固的理論偏見。因爲只與理論方面的資產階級偏見作鬥爭，才能鞏固馬克思主義列甯主義底地位……。

……現在，新經濟政策問題，階級問題，集體農場問題，過渡時代經濟問題等等都應有新的提法。有些人把新經濟政策了解爲退却，而且只是退却，這種錯誤一定要揭露出來。實際上列甯還在開始實施新經濟政策的時候就說了，新經濟政策並不限於退却，牠同時也是準備向城市和鄉村中資本主義份子作堅決進攻的政策。還有些人以爲新經濟政策只是爲聯絡城市與鄉村而需要的，這種錯誤也是要指出來的。我們所要的並不是隨便一種城鄉聯絡，而是那種足以保障社會主義勝利的聯絡。我們之所以主張新經濟政策，是因爲牠是爲社會主義事業服務的。而當牠不能服務於社會主義事業時，我們便把牠拋到九霄雲外。列甯說過，新經濟政策之施行是認眞的而且是長期的，但他從來沒有說是永久的。

我們還得要提出關於廣泛宣傳馬克思主義的再生產論問題。應當研究我國國民經濟對照表的問題。一九二六年國家統計局所發表的國民經濟對照表並不是對照表，而是玩弄數字。巴薩羅夫與格羅曼兩人對於國民經濟對照表問題的見解，也不合於事實。蘇聯國民經濟之對照表應當由革命的馬克思主義者來製定，要是他們眞想研究過渡時代經濟問題的話。

要是我們的馬克思主義的經濟學家能指定一批專門人材，專門按新提法來研究過渡時代的經濟問題，那就很好了。

（斯大林：列甯主義問題，第二九九至三〇〇頁，第三一七頁，節錄論蘇聯農村政策問題，一九二九年）。

參攷書：

恩格斯著 德國農民戰爭之序言，見馬克思選集第二卷

恩格斯著 由空想的社會主義發展到科學的社會主義

列甯著 我們的綱領，見列甯全集第二卷

列甯著　再論職工會、時局以及托洛斯基與布哈林二人之錯誤「關於辯證法與折衷主義」一章見列甯全集第二六卷

列甯著　做什麼？，見列甯全集第四卷

列甯著　唯物主義與經驗批評主義，見列甯全集第一三卷

列甯著　我們的取消派，見列甯全集第十五卷

列甯著　關於辯證法問題，見列甯全集第十三卷

列甯著　馬克思主義與修正主義，見列甯全集第十二卷

列甯著　戰鬥唯物主義之意義，見列甯全集第二十七卷

斯大林著　關於列甯主義底基礎，第三章，見列甯主義問題

斯大林著　關於蘇聯農村政策問題，見列甯主義問題

斯大林著　論聯共黨內的右傾，第三章，第六節：「布哈林是怎樣的理論家」見列寧主義問題。

辨證法經典

程始仁編譯

上海亞東圖書館印行

辨證法經典目錄

譯者序言

辨證法有人把牠當做『安樂椅』上和人談天的消閑品，這實在是誤會，不然就是自甘暴棄，不然就是明知故昧。我們爲解除此誤會，針對那自甘暴棄和明知故昧的人起見，特把河上肇氏所輯的馬，昂，列三氏關於辨證法的名言與列氏的『什麼是物質？什麼是經驗』一篇從德文譯出，以應中國社會科學界的需要。研究的程序應該是第一是形式邏輯與辨證法的區別；第二是唯心論的辨證法與唯物論的辨證法的區別。辨證法到了馬克思，昂格思和列寧（笛池根與普賴漢諾夫自然也有相當的功績）才完全奠定了牠的革命的歷史的唯物論的基礎。所以馬，昂，列三氏關於辨證法之言論精闢獨到實足爲思想界不朽的典型，名之曰『辨證法經典』，實在不是什麼誇大的話。

至於唯物論的辨證法如何的精闢獨到，讀者可以求之於本書。惟是本書所言，多屬辨證法之簡括的理論，我們要知道辨證法並不是像資產階級的形式邏輯全在抽象的形式的公式上去繞圈子，牠完全是拿眼前活潑潑的事實（自然之中與社會之中的）做材料的，我們生活日用，時時刻刻都生息在辨證法的現象中而不自知，資產階級知道牠的效用而望而却步，這裏有三個原因

一，『是非非是』的變動不居的方式，顛覆了『是是非非』的形式邏輯一成不變的方式。馬克思說：

『……若果就合理的形式說，辨證法對於波爾若阿希和他的偏頗的代辯者是一種苦惱和恐怖，因爲牠於現存事態之肯定的理解中，同時就包含着對於現存事態之否定的理解，又包含着必然消滅的理解，他對於在不斷的動流中各種變易的形態，從牠的經過方面去觀察，牠任何恐懼也沒有，按着他的本

質是批評的而且是革命的。』——馬克思資本論第一卷第二版序。

別的不說，我們就拿政治和經濟的形態做例罷。資本主義否定了封建制度，而在牠的母胎內却養成牠自身的否定，就是在牠的發展中養成龐大的普羅來塔利亞特，普羅來塔利亞特以他的專政的政治形態否定了資本主義，但是到了資本主義的一切建築物掃盪以後，完全成了一個新的社會，同時普羅來塔利亞特的專政形態卽國家形態也就歸於無用。

昂格思說：

『普羅來塔利亞特取得了國家的政權（Staatsgewalt）之後，首先就把生產工具變爲國有的產業（Staatseigentum）。但是因這一個動作，牠便消滅了牠自己普羅來塔利亞特的本身；因這一個動作，牠便消滅了一切階級的差別和階級間的矛盾，而且同時連國家也消滅了。在階級矛盾當中進展着的一切舊社會——過去以及現今所存在着的一切社會——都必須有這個國家，這就是說，都必須有一個剝削階級之組織，以便維持一切生產的客觀條件，尤其是以便藉强力來迫使被剝削階級在現存的生產方法所決定的壓迫條件（如奴隸制，農奴制，工錢勞動制）之下，永遠地過活。　國家是整個社會的合法的代表，是社會之綜合成爲明顯可見的一個集體；但是國家之所以成爲社會的代表，就是因爲牠是某一個階級的國家，而這個階級在某一個時期中是單獨的代表整個社會的。　在古代有奴隸主的國家，因爲當時奴隸主便是國家唯一的公民；在中世紀時代有封建貴族的國家；而在我們這個時代有資產階級的國家。　等到最後國家眞正的變成社會之代表的時候，牠（國家）本身便成爲廢物了。　一旦社會上沒有了壓迫階級，一旦階級的統治由現代無政府的生產所造成的個人之生存競爭以及由這種競爭所產生的衝突和極端的矛盾，都一起消滅了的時候，——從那時起，便沒有壓迫，便無須乎一個特殊的壓迫權力—國家—了。 當國家眞正代表全體社會的時候，牠以社會的名義取得生產工具的所有權，便是牠的第一個行動同時也便是牠（國家）本身最後的一個獨立行動。 國家的權力對於社會關係之干涉各處各地都將成爲不需要了，而國家權力的本身也將自行永眠了。 此時物品的管理機關和生產過程的指導機關便代替了治人的政府，國家並不是被「廢除」（abgeschaft）的，而是自行衰亡下去（absterbt）的。 我們應該站在這個觀點上來估量「自由人民的國家」這一句話——這一句話曾經暫時的可以當做純粹煽動性的口號，可是牠從科學意義上講來畢竟是站不住的。 同時所謂無政府主義的要求國家從今天到明天就應當廢除的話，從科學的意義上看來也是同樣的。』——昂格思的 Dühring's Umwälzung der Wissenschaft 頁三〇一—三〇三我們從昂格思這一段論國家的文字中，明明白白地看出辨證法的眞理，即是馬克思所謂『牠於現存事態之肯定的理解中同時就包含着對於現存事態之否定的理解，又包含着必然消滅的理解』。這就是『是非非是』的方式的演變。此其一。（參看普賴漢諾夫的馬克思主義的根本問題日譯本頁一一九——一三五）

二，牠的『從量變到質』的突變的方式，打破了資產階級只談『進化』不講『革命』的謬論。就拿『德模克拉西』這一政治形態來做比罷。牠在資本主義的社會裏和在普羅來塔利亞特的社會裏因爲『量』的不同而牠的『質』也就因之而異，烏理安諾夫（Uljanow）說

『德模克拉西包含着平等的意義。如果我們能夠從消滅階級的意義上去了解平等，則普羅來塔利亞特爲平等與平等的口號而爭鬥有何等重大的意義，也就不言而喻了。但是德模克拉西的平等祇是形式上的平等而已；所以

在社會全體份子對於生產工具的使用平等獲得了之後，也就是說在勞動的平等和工資的平等獲得了之後，在人類的眼面前必然地立刻會發生一個從形式上的平等到實際上的平等的更進一步的問題，也就是說，發生一個實現以「各盡所能各取所需」爲原則的平等問題。要經過怎樣的階段，應該用那些實際方法人類才能夠達到這一個最高的目的——這些我們不知道，而且也不能夠知道。但有一點頗關重要的，就是我們應該說明平常波爾若阿對於社會主義的無限制的欺騙，任他們的觀念中一若社會主義是一件無生命的，死殭的，永古不變的東西，殊不知事實上卻只有社會主義時代，才開始發生迅速的，眞正的，實際的人羣進化。在這進化運動之中起初有大多數人民，繼則全體人民都來參加了，這種進化是社會和個人生活的各方面都在進行着的一種運動。

「德模克拉西，是一種國家的形式——是牠的各種形式之一」因此，同一般的國家一樣，牠也是一種强力加於人類之有組織，有系統的實施。這是從牠的一方面說的。可是從牠的另一方面來講，德模克拉西是在形式上承認一切公民的平等，就是說，一切公民都有平等的權利，來決定國家建設和國家的行政」，而從這一點又跟着發生了德模克拉西發展的一個階段，牠首先就使普羅來塔利亞特緊密地聯合起來，成爲一個革命的階級以反抗資本主義，而且使牠有機會能夠去打毀和破壞資本主義而使之成爲片屑般的，並且從地面上掃除一切波爾若阿的國家機關（不管牠是共和政體的）常備軍，警察機關，和官僚機關，而代之以更德模克拉西化的機關，可是這依然是一個國家機關，不過牠是由工人階級的武裝羣衆所組織的，這個武裝組織到了那時，已經成爲全體人民參加軍事的組織了。

『此時就發生「從量改變到質」的情形了。 德模克拉西發展到了這個階段時，牠就脫去了資本主義的社會的框子而開始牠的社會主義改造。』

（Stat und Revolution 中文譯本頁一六六——一六八。）

在資產階級的形式的德模克拉西裏面能以『使普羅來塔利亞特緊密地聯合起來爲一個革命的階級以反抗資本主義而且使他有機會能夠打破和破壞資本主義而使之成爲片屑，一般並且從基礎上掃除一切波爾若阿希的國家機關，』這誠然是『從量變到質』的現象了，此其二。

三，研究各個具體的事實不忘牠的普遍性，談到一切普遍的事實不忘牠的具體性。

笛池根說

『不管你對每一個單獨的部分知道得如何詳盡，你僅藉這種方法還是不能理解整個的機器或整個的有機體，宇宙並不是一堆無組織的碎片，而是一個活潑潑的歷程；我們不能僅從牠底諸部分理解牠，但也應從牠底整體去理解牠。我們對於星之是否起於銀河，星之是否會變成和我們底地球一樣的星球，牠底上面是否也有樹也有動物，也有理性的動物，這一類的問題，可以暫時不去深究牠們。可是有一點是很顯明的，即一般都是發展的，一切的自然都是演進的，宇宙是個無終始的整體，是由無數的小片所構成的，是自由行動的，是永遠的推變，總是與牠自己相吻合且總是同一個世界。』（笛池根的辨證法的邏輯，柯譯頁五五—五六。）

這就是從各個單獨的部分理解整個的部分，從單一的原理理解普遍的原理。但是若果只曉得一般的，普遍的原理而忽略了每個時代每個環境之具體的事實也是不行的。烏理安諾夫就是反對這種偏見最厲害的，他說

『無論在自然之中和在社會之中，「純粹的」現象是不嘗有的，而且也是不

能有的，這正是馬克思的辨證法——就是明明白白地告訴我們人類的認識不能在牠的全體的複雜性中毫髮無遺地理解對象，所以純粹的概念之爲物旣已是表示關於人類之認識的一定的制限性與片面性那樣的馬克思的辨證法——所敎導我們的。所謂「純粹的」的資本主義在這個世界中是不會有的，而且是不能有的。在其中常常存有封建制度，小市民制度，其牠別種的什麼制度的殘餘。』(Deborin Lenin als revolutionärer Dialektik)

這就是說光知道一般的抽象的單純的原理是不夠的，必須要理會一般的現象之中各個特殊的具體的事實。此其三。這些都是犖犖大者。辨證法的現象在這個大宇長宙之中雖說是俯拾卽是，然而能以完全理解得的，實在是寥寥可以指數。以布哈林之積學，烏理安諾夫尚批評他不曾懂得辨證法，而況我們這些理論和實踐兩樣都異常貧乏的人嗎？然而眞理之在天壤，總是一點一滴的發見的，後人的偉大的發見總是前人的一點一滴的辛勤的積累的結果，則我們從今做起，為現在的我們與來者盡此一點一滴之勞，我們也就奮勉起來，不覺得有什麼慚愧了。

一九三〇年二月，譯者。

Das Geheimniss des spekulativen Konstruktion

思辨的構成之秘密

（一八四四年，馬克思）

這篇論文是馬克思和昂格思合著的神聖的家族，一名批評的批評之批評（Die Heilige Familie oder Kritik der kritischen Kritik）的第五章秘密的小雜貨店之批評的批評或是施柴里加君的批評之批評的第二節思辨的構成之秘密的全文。

「巴黎的祕密」之批評的說明的祕密，是思辨的構成，就是海格爾的(Hegelschen)構成的祕密。 自從施柴里加君(Herr Szeliga)說明『在文明中的野蠻』和在國家之內的無法爲『祕密』以後，他就開始他那『祕密』地思辨的生涯 思辨的構成就一般的特徵說，數句話就夠了。

至施柴里加君對於『巴黎的祕密』的辦法個個人皆適用。

若是我從現實的蘋果，梨子，楊梅巴旦杏形成果實的一般的表象，若是更進而想道，我從現實的果實所獲得的抽象的表象的果實是存在於我的外部的本質，是的，梨子，蘋果等等的眞的本質，我將說明——思辨地表明——果實是梨子，蘋果，巴旦杏等等的實體。那末，我說，所謂梨子，在梨子並不是本質，所謂蘋果，在蘋果也不是本質。這些物件中間的本質的東西，不是牠的眞實的，由感覺可以直觀的存在，乃是由我從牠們所抽象所換移的本質，卽我的表象的本質果實。那末我說，蘋果，梨子，巴且杏等等不過是果實的單單地存在形式方式罷了。自然，我的終極的爲感官所支持的悟性，能以從梨子區別蘋果，從巴且杏區別梨子，但就我的思辨的理性說呢，這等感覺的區別是非本質的，是怎樣都可以的。在我的思辨的理性看來，蘋果也罷，梨子也罷，同是一樣的，梨子也罷，巴且杏也罷，都是一樣的，就是說，都是果實。特殊現實的果實，毋寧說是假相的果實，這假相果實之眞實的本質，就是實體，卽抽象的果實。

用這種方法，我們決達不到各種決定的特殊的豐富。那全智識只限於一切的鑛物只是眞實的鑛物的見解裏面的鑛物學者，單不過是一個想像上的鑛物學者。思辨的鑛物學者，對於任何鑛物，口裏只是說鑛物，而他的智識，遇到現實的鑛物，也只是限於反覆地說些鑛物的言語罷了。

於是從各種現實的果實造成一種抽象的果實——果實的思辨，爲的要達到那具有現實內容的外形，應該用任何種方法努力從果實即實體再歸到現實的各種各樣的，通俗的果實，就是再歸到梨子，蘋果，巴旦杏等等。 所以從現實的果實造成（所謂果實的）抽象的表像很容易，從（所謂果實的）抽象的表象造成現實的果實却非常之難，若果我不丟開抽象，而從抽象移向一個抽象的反對物是不可能的。

因此，思辨的哲學家又排棄所謂果實的抽象，但是用思辨的，神祕的方法排棄牠的，就是，在外觀上他好像沒有排棄牠。 於是在實際上，他不過是越過抽象移到假象。 例如他這樣地推論：若是蘋果，梨子，巴旦杏，楊梅，眞實地不過是實體，是果實，那末，我們就要問，果實在我看來怎樣忽而現爲蘋果，忽而現爲梨子，忽而現爲巴旦杏呢，而我之對於統一，實體，即單單的果實的思辨的直觀在感覺上所得到的形形色色的外觀這樣的矛盾究從何而來?

思辨的哲學者就答道，那是因爲果實之爲物斷不是死的，無差別的，靜止的，而是有生命的，自相區別的，運動的東西。 通俗的諸果實之差別性，不但對於我的感覺的悟性，就是對於單單的果實，對於思辨的理性都是有意義的。 各種通俗的果實是唯一的果實（單單的果實——河上肇註）的生之顯現，是單單的果實所形成的結晶。 那末譬如單單的果實於蘋果則賦予以蘋果樣的規定性，(Dasein)於梨子則賦予以梨子的規定性。 所以我們站在實體的立場，與其說是梨子是單單的果實，蘋果是單單的果實，巴且杏是單單的果實，毋寧說單單的果實定立牠自己爲梨子，單單的果實定立牠自己爲蘋果單單的果實定立牠自己爲巴且杏，至於那使蘋果，梨子，巴且杏等等相互地區分的差別，就是單單的果實的自身差別，並且使各種特殊的果實做單單的果實的生活過程中之種種的環。 於是這單單的果實決不是無內容無差別的統一物，牠是當做全體的統一物，一個形成『有機地組織的系列』做各種果實的『總體』的統一物。在這個系列的各環中單單的果實取得一個更發展更決定的規定性，到了結果牠遂成爲一切果實的『總滙』同時又是生生不已的統一物。這樣的統一物，例如和肉體的一切肢體常消融於血液中，又常自血液中造出一樣含有從自己當中造出各種果實，又同樣地在自己當中消融掉的東西。

我們看若是基督教只有一位神的化身，那末事物有多少思辨的哲學也就要有多少神的化身，如同牠在此處對於每種果實都有一個實體的，即絕對的果實之化身一樣。對於思辨的哲學者們於你最有利益的事是在於造成各現實的通俗的果實之存在，而所囁嚅的是牠有蘋果，梨子，巴旦杏和葡萄。但是我們在思辨世界重新尋出的蘋果，梨子，巴旦杏和葡萄不過是外觀的蘋果，外觀的梨子，外觀的巴旦杏與外觀的葡萄，因為這些東西都是單單的果實之抽象的悟性物的生命要素，就是牠自身的抽象悟性物。那末，在思辨中，你所喜悅的，是重新尋出一切的現實的果實，但是那具有高級的神秘意義的果實，是從你的頭腦中成長出來的，而不是從物質的土地成長出來的果實，就是單單的果實之化身，絕對的主體之化身。 你雖然從抽象，從超自然的悟性物的單單的果實，復歸到現實的自然的各種果實的時候，而所賦予各種自然的各種果實還只是一個超自然的意義而把牠們變成單單的抽象。 於你最有利益的事，是在那一切果實的生之顯現中，即蘋果梨子巴旦杏當中，指出那單單的果實之統一體，因而實現這各種果實的神秘的關聯，和在這各種果實中，單單的果實怎樣一步一步地實現牠自己，並且指出必然地，例如從單單的果實當做葡萄的決定性進而到當做巴旦杏的決定性。 所以通俗的各種果實也並沒有自然的性質而只是牠們的思辨的性質，從這種思辨的性質，牠們在那絕對的果實的生活過程中取得一定的地位。 一個普通人，當他說有蘋果梨子的時候，並不相信有什麼特別方法來說 但是一個哲學者，當他用思辨的方法表出這些東西的存在的時候；他是說了些特別的方法。 他做了一個奇蹟，他從單單的果實的非現實的悟性物造出蘋果梨子等等現實的自然物，換句話說，他從他自己的抽象的悟性，創造此等果實；此一悟性，他視爲外部的絕對的主體，而在此處則又假定爲單單的果實，並且在他所說出的各各的生存中，完成一種創造行爲。

思辨的哲學者只是把周知的，在現實的直觀中表現出來的蘋果，梨子等等的性質，假定是由自己所發明的諸規定；他只是賦予那抽象的悟性單獨能以創造的東西，即抽象的悟性的各種形式，以現實的各事物的名稱；終之，他自身的活動，爲單單的果實的絕對的主體的自己活動；就是說，他由他自身的活動，從蘋果的表象移當梨子的表象，去完成繼續的創造，不待言的了。

這種作用，以思辨的語法名之，則實體之理解爲主體，爲內部過程，爲絕對人格，而這種理解，遂形成海格爾的方法論之本質的特徵。

爲使施柴里加君易於理解起見，供給以上那樣的註釋，是必要的。若是施柴里加君以前是把現實的諸關係，例如法律與文明消融在祕密的範疇之中，並且就這樣地轉化祕密爲實體，那末現在他才登到眞正的思辨的高峯，即海格爾的高峯，並且轉化祕密而爲獨立的主體，這種主體遂化身爲現實的狀態和人格，而這個主體的生之顯現則爲伯爵夫人侯爵，靑年女工門房，公證人醫者及戀愛的陰謀，舞蹈會，木扉等等。他從現世界造出了所謂祕密的範疇，然後從這個範疇造出現實的世界。

施柴里加君比海格爾高出兩倍，這是不可爭議的，而他的著述中的思辨的構成之祕密也就很明顯地暴露出來，海格爾曾把哲學者借助於感覺的直觀和表象從此一對象移到彼一對象所遵循的過程，用詭辨的匠心解做想定了的悟性物自身的，即絕對的主體的過程。然而海格爾，在思辨的說明之內，常常給我們一個現實的，抓住事物自身的說明，這種思辨的發展的內部中的現實的發展，致使讀者迷罔，以爲思辨的發展是爲着現實的發展而現實的發展是爲着思辨的發展。

在施柴里加君，這兩種困難都免除了。他的辨證法是沒有任何欺瞞的。他用値得賞讚的正直與極眞率的坦白造作他的藝術品。但是他無論在什麼地方都沒有發展現實的內容，所以在他看來，思辨的構成沒有一切有妨礙的附屬物，沒有一切二重意味的隱覆而是以牠的本來面目的美訴諸眼前的。在施柴里加君很明顯地指出，思辨怎樣地一方面好像自由地、先天地從自身造出牠的對象，但是他方面又因爲思辨把那對於對象之合理的，和自然的依存性詭辨化地除去的原故，思辨便陷於非合理的非自然的隸屬於對象，而對象的偶然的，個人的各種決定，思辨對之又不能不把牠構成爲絕對地必然的和普遍的。

Die Thesen über Feuerbach

關於傅渥耶巴赫的論綱

（馬克思）

在昂格思著的『傅渥耶巴赫與德國古典哲學之終結』裏 馬克思的『關於傅渥耶巴赫的論綱』載在後面為附錄，昂格思在前書的序言的末尾有這樣的述說

『我於馬克思的舊賬面中 發見關於傅渥耶巴赫的十一條論綱。本書附錄所載就是牠。這種論綱是馬克思為後來工作寫出來以備思想的覺察的，絕對不是以印行的目的而寫的，但牠是蘊藏着新世界之天才的萌芽的最初的文書，是無上的寶物。』

不過近來馬克思的原稿又新被發見，這種新發見的原稿與昂格思以前所公表的稍有出入。就是黎雅查諾夫氏所把牠詳細比較校訂 與馬克思親筆原稿的寫眞版同發表於 Marx-Engels Archiv 第一卷（一九二六年），就是此處所採錄的。

一

從來一切的唯物論（傅渥耶巴赫的唯物論也算在內）的主要缺陷是，對象呀，現實呀，感性呀，只在客觀的又直觀的【一】形式之中去理解牠們，不是把牠看做感性的人類的活動，實踐，不是主觀地理解。【二】因而活動方面，在抽象地與唯物論對立中，從觀念論發展起來；觀念論，自然是不認現實的感性的活動。【三】傅渥耶巴赫想理解感性的，與思想客體實際上有區別的客體，但是他沒理解人類的活動自身，理解做對象的活動。於是他在基督敎的本質中，【四】只把理論的行為看做眞正的人類的行為，同時實踐又只被理解和固定於汚下的猶太人的現象形態中，因此他沒有理解着『革命的』活動，即實踐的，批評的活動之意義。

【一】這個原文 Der Gegenstand, die Wirklichkeit, Sinnlichkeit.——水谷氏譯做『對象，實在及感性』。佐野氏譯做『對象　現實性　感性』。

【二】原文 Sinnlich-menschliche Tätigkeit。因此，水谷氏的譯文爲「人類的感覺的活動」，佐野氏的譯文原來做「人類之感官的活動」。

【三】這一節，由昂格思改如下文。——『因此，結果是活動的方面，與唯物論反對而從唯心論——但是，因爲唯心論不消說是不認現實的，感性的活動的原故，這種活動只是抽象的——發展。』（上文的佐野氏的譯文爲——因此結果，活動的方面不是從唯物論說明乃是從反對的唯心論說明。——但是這種說明只是抽象的。因爲唯心論當然不承認現實的感覺的活動。』)

【四】昂格思在這個上面附註爲書名。因此，從來的譯文是『、他在「基督教的本質」中。」

二

對象的眞理是否到達人類的思想的問題，不是什麼理論的問題，乃是一個實踐的【一】問題。在實踐之中人類應當證明眞理，卽他的思想的現實性和力，思想的此岸性(Diesseitigkeit)。思想——離實踐而孤立的思想——的現實性或非現實性的爭論是一個純然的(Scholastische)【二】哲學問題。

【一】及【二】這兩個附註的文字，在馬克思的原稿中，施以單線。昂格思則略之而附以活字。

三

關於環境與教育之變化的唯物論的學說，忘記，環境應爲人類所變化且教育者應該敎育其自身。因此牠就不能不把社會分爲兩部分：此一部分超越彼一部分。【一】環境與人類活動之變化的一致，又自己變動僅僅可以看做革命的【二】實踐，和合理地理解做革命的實踐。

【一】由昻格思改正的本節全體——「所謂以人類是環境與敎育的生產物，因此變化了的人類爲別種環境與變化了的敎育的生產物的唯物論的學說，忘記了環境應該爲人類所變化並且忘了敎育應該是敎育其自身的。於是這種唯物論的學說進而把社會分爲此一社會超越彼一社會的兩部分（例如洛伯特歐文 Robert Owen）。

【二】在昻格思的改訂文中，沒有 Oder Selbstveranderung 的蹤跡。

四

傳渥耶巴赫從宗敎的自己隔離（Selbstentfremdung）的——一個宗敎的與一個現世的世界之二重化的——事實出發。【一】 他的工作是在把宗敎的世界消納於那現世的基礎之中，【二】但是現世的基礎自己高擧自己，並在雲端固定牠的獨立的王國，這種事實只【三】能從現世的基礎之自己潰裂與自己矛盾去說明。 因此這種現世的基礎不可不理解其自身與其自身之矛盾，且不可不實踐地使之革命化。【四】 那末，例如自從俗世的家族被發見爲神聖家族之祕密以後，俗世的家族在理論上，在實踐上都應當絕滅。【五】

【一】昂格思的訂正文——「傳渥耶巴赫從宗敎的自己隔離的，卽一個宗敎的表象的世界與一個現世的世界之世界的二重化的，事實出發。」

【二】昂格思在此處插入的文句——「他的這種工作完成以後，還有應當做的主要的事體他却疎忽了。就是（現世的基礎自己 ·只能從·……去說明）的事實。」

【三】昂格思的訂正文——「僅僅一樣。」

【四】昂格思的訂正文——「這現世的基礎自身不可不首先理解牠自身的矛盾 然後由排除這個矛盾而實踐地革命化。」

【五】昂格思的訂正文——「應當被理論地批評和實踐的變革。」

五

傅渥耶巴赫對於抽象的思想不滿足，而想到直觀；【一】但是他並沒有把感性當做實踐的【二】（感性的，）人類之感性的活動，

【一】昂格思的訂正文——「訴諸感性的直觀。」

六

傅渥耶巴赫把宗教的本質消融於人類的本質之中。 但是人類的本質決不是在各個的個體中的內在的抽象物。 就牠的現實性說呢，牠是社會的諸關係的總體。

不願涉及這現實的本質之批評的傅渥耶巴赫於是就勉強

(1)從歷史的進行中抽象出來，爲自己而確立宗教的情操，和假定一個抽象的——孤立的——人類的個體。

(2)那末本質只能解做『種』，當做內部的，暗默的，與多數個人自然地結合的普遍性。【一】

【一】昂格思的訂正文——『因此，在他看來 人類的本質只能當「種」 當做內的，暗默的，單單結合多數個人的普遍性。」

七

因此，傅遲耶巴赫不看見宗教的情操自身就是一個社會的生產物，他並不看見他所分析的抽象的個人【一】是屬於一定之社會形態的。

【一】昂格思在這個下面插入 in wirklichkeit（在事實上）二字。

八

一切【一】社會的生活在本質上都是實踐的。誘導【二】理論至於神秘主義的一切神秘，在人類的實踐中和這種實踐的理解中尋着牠的合理的解決。

【一】馬克思的原文的冒頭 Alles，昂格思把他刪除了。所以從來的譯文把「一切的」落去。

【二】馬克思的原文中的 veranlassen，昂格思則易之爲 verleiten。水谷氏關於此處的譯文爲『使理論誤踏入神秘主義的一切神秘』。

九

直觀的唯物論，換句話說，不把感性當做實踐活動的唯物論所達到的最高頂就是各各的個人和市民社會【一】的直觀。

【一】昂格思把馬克思的原文 die Anschauung der einzelnen Individuen und der bürgerliche Gesellschaft 改做 die Anschauung der einzelnen Individuen in der "bürgerlichen Gesellschaft." 水谷氏的譯文改做「公民的社會」中各個人之直觀。」

一〇

古唯物論的立場是市民社會，【一】新唯物論的立場是人類的【二】社會或社會的【三】人類。

【一】昂格思把原文 die bürgerliche Gesellschaft 變做 die "bürgerliche" Gesellschaft。

【二】原文 die menschliche Gesellschaft 昂格思則易之為 die menschliche Gesellschaft。

【三】原文 die gesellschaftliche Menschheit 昂格思則易之為 die vergesellschaftete Menschheit『社會化的人類』。

一一

哲學者只能對於世界下種種地解釋；問題是在變革世界。【一】

【一】昂格思在此處補入 aber（但是）的文字。

Gegensatz von Materialistischer

und idealistischer

Anschauung

唯物的見解和唯心的見解之對立

（一八四五年，馬克思，昂格思）

在馬克思的『經濟學批評』序言之一節中，這樣地說 『佛爾德爾希 昂格思· ·取別的途徑（參觀他的英國勞動階級的狀況 "Lage der arbei er den Kla sen in England"——編譯者）與我達到同一的結果（唯物史觀——編者註）並且當他一八四五年春同定居於不律塞（Br:ssel）時，我們決定共同寫出我們對於德國哲學的唯心論的反對意見，實際上，是清算我們從來哲學的良心。實行這個計畫是用海格爾後期哲學的批評的形式。厚八折版的兩冊原稿送到外斯特發倫（Westfal n）好久，我們接到了通知，說是情形變化不能出版。——我們自己理解問題的目的已達 即欣然把牠委之於鼠嚙的批評（引自宮川實氏譯文。）這種草稿的一部分，曾揭載於去年（一九二六年）刊行的 Marx-Engels Archiv 第一卷。 茲所抄錄，不過其中之一部分而已。六號活字的部分，是原著者刪除了的，皆收（ ）內，再包括於（ ）而附有《 》記號的部分 是原著者先把牠刪除了後來才把全體塗抹掉的。

（我們僅僅知道一個唯一的科學，歷史的科學。歷史可以從兩方面（被）觀察（如歷史）可以分成自然的歷史與人類的歷史。不過這兩方面（從時間上）是不能分離的；無論人類生存到什麼時候，自然的歷史和人類的歷史總是互相限制的。在這裏，我們不說自然的歷史，所謂自然科學；但不可不論一論人類的科學。為什麼呢，因為所謂臆底俄邏輯[I, 80-81]這樣東西，不是立足在歷史的曲解上面，便是從歷史完全抽象出來的東西。臆底俄邏輯自身，不過是歷史的各方面之一而已。）

我們以之開始的各前提，若果決不是任意的，那末就決不是獨斷，而是現實的各前提，從這些前提我們只要在思想中就可以抽象得到的。　這些前提是現實的各個人，他們的行動和他們的物質的各種生活條件，以及那些已經存在的東西和用他們自身的活動造出來的。　這些前提，是可以用純粹的經驗的方法確定的。

一切人類史的最初的前提，自然是活着的人類各個人的生存條件，（此等各個人之所以與獸類區別之最初的歷史的活動，不是他們去思想，乃是他們開始去生產他們的生活資料。）那末這可以確定第一次的實際狀態，就是這些各個人的肉體的組織和由這些肉體的組織所對於他們的外界自然所發生的關係。　我們在此處自然既不能論到人類自身之生理的性質，也不能論到由人類所發見的（日譯者注　不是由人類造成的）自然的各條件，即地質，山河，氣候以及其他各關係（並人類之特殊的解剖學的性質。）　（這些關係不僅爲決定（他們人類本來的，自然發生的組織，即人種差別，並且決定一直到現在的人類全般的發展或停止發展。））一切的歷史的記述，都應當從這（全歷史的）自然的基礎（出發）和在歷史的經過中依人

類活動所加的變化之自然的基礎出發

我們可以依意識，宗教，其他任意的事物，從動物去區別人類。不過人類自身當他們一旦開始生產他們的生活資料時，就開始把自己從動物中區別出來。所謂生產生活資料，是一個進步，這個進步就是由他們的肉體的組織所決定的。人類生產出他們的生活資料以後，便間接地創造他們的物質的生活。

人類所用以生產他們的生活資料的方法，首先要看已經存在的生活資料和再生產的生活資料的性質如何而定。

※這種生產方法不能僅從牠是各個人之生理的存在的再生產一方面觀察。毋寧說牠是這些各個人活動之一定的方式，就是表現他們生活之一定的方式，即是他們的一定的生活方式。各個人怎樣表現（表現自己）他的生活，那便是他們各個人的存在的方式。那末，各個人存在的方式（由此指出自己）和他們用他們的生產（方法），

（在所說的事物內）（在所說的事物中）生產什麼（如在那些生產之中）以及他們用那些生產怎樣去生產是一致的。因此，各個人的存在方式是要由他們的生產之物質的條件來決定的。

這種生產始起於人口之增殖。這種生產自身，又以（由於）各個人相互間的交通為前提。這種交通的方式（為）又為生產所決定。

以下兩段是遺稿中完全遺漏的脫頁　茲姑補入。

那末，事實是這樣的用一定的生產方法做生產的活動（在一定的生產關係之下）之一定的個人加入這一定的社會的和政治的各種關係。經驗的觀察（單純地根據現實的事實的）應當在各種情形之下（可能地）經驗地，並且除去一切神祕化與思辨而指出社會的和政治的組織與生產的聯絡（我們在此地知道，怎樣。）社會的組織與國家常自一定的個人之生活過程產生出來，但此等個人不是像浮現於他自己或別的表象中的乃是現實地生存的，換句話說，乃是活動的，從事於物質生產的，（並且行動）且在一定的物質的制限，前提和條件之下並脫離他們的任意而獨立的制限，前提和條件而活動的個人。

（此等個人所造的表象是他們對於自然關係的，或則是他們相互間的關係的，或則是就他們自身之性質而說的表象。在這一切情形裏面，這些表象是他們的現實的關係與活動，即他們的生產，交通，他們的社會的政治的《組織》——《關係》之——現實的或幻想的——意識的表現 明矣。與此相反的主張，只有以在現實的，受物質決定之個人的精神以外，還有一個遊離的精神為前提；才有可能。縱然這些個人之現實的各關係之意識的表現為幻想，縱然他們在表象之中背乎現實性，就是這些事也是他們局限物質的活動方法及由這種方法而起的局限的社會關係的結果。）

觀念，表象，意識的生產，第一就是直接連繫在人類之物質的活動與物質的交通裏面，換句話說就是織在現實生活的語言（發音）中間。人類表象，思想，精神的交通在這裏還表現出牠是他們的物質關係之直接的產物。就精神生產方面說，如牠在國民的政治，法律，道德，宗敎，形而上學等等的語言所表現的，也是一樣。人類是他們的表象，觀念等等的（表象）的生產者。（雖說是人類，但是他們也是破他們的物質生活之生產方法他們的物質的交通和這種交通在社會的，政治的組織中擴大的發展所決定的人類），只是既說是人類，他們就是被他們的生產力之一定的發展，和適應這種一直到最高形式的生產力的交通之一定的發展所決定的現實的，活動的人類。意識不外乎是意識的存在（Sein），而人類的存在（Sein）也就是他們現實的生活過程。在應底俄邏輯（Ideologie）全部之中，人類和他們的關係，也就和在卡邁拉（Camera）中現出的倒影一樣。網膜上的對象的倒影，是從網膜中直接的物理的對象生出來的，這種現象，也是從人類的生活過程生出來的。

德國的哲學是從天降到地，此處則與之相反，是從地昇到天，就是說，這不是從什麼人類所說的，所想像的，所表象的，也不是從那曾說曾思想曾想像曾想表象的人類出發到具有肉體的人類，乃是從（現實的）現實活動的人類出發，並且又從他們的現實的生活過程出發說明這種生活過程之臆底俄邏輯的反射和反響之發展，就是人類頭腦中的幻想也是物質的，確切的經驗及與物質條件相結合的生活過程之必然的追加(Supplement)。於是道德，宗教，形而上學和其他之臆底俄邏輯以及適應這些臆底俄邏輯的各種意識形態，馬上就不能保有那獨立的外觀，牠們沒有歷史，牠們沒有發展，只是發展物質生產和物質交通的人類，當牠們這樣的現實性變化的時候，他們的思想和思想的生產也與之俱變。不是意識決定生活而是生活決定意識，第一個觀察方法是從（作為的）生活的個人（其自身）的意識出發，第二個適應現實生活的觀察方法，是從現實生活的各個人（其自身），出發而意識只看做（那個）他們的（這些實踐地活動的個人之）意識。

這種觀察方法不是沒有前提的。牠是從現實的各前提出發，對於這些前提一刻也不忽視。牠的各前提不是囿於任何幻想及膠固中的人類，乃是在一定的條件之下，活現在眼前的現實與經驗之發展過程中的人類。只要這種活動的生活過程一旦說明了，那末這歷史便不再是像那些（局於）自身還是抽象的經驗論者的死的事實之聚集，也不再像那觀念論者想像的主體之想像的行動。

什麼地方停止了思辨（Spekulation），有了現實的生活，什麼地方的現實的實證的科學，即人類之實踐的活動與實踐的發展的說明便開始。意識的空話停止，現實的知識便應當取而代之。獨立的（科學）哲學，當現實性的說明之始，也就失了牠存在的理由。到了最後，則取哲學之地位而代之的只能是從人類之歷史的發展的觀察所抽象出來的最普遍的結論之總括。這種抽象離開了現實的歷史，其自身決無何等的價值。這種抽象之所能爲役的只在使歷史資料之整理易於從事，並暗示這種資料之各羣層的配列。但是牠決不能同哲學一樣與人以可以整頓歷史之各時代的處方或圖式。反之，無論是過去的時代也罷，或是現代也罷，當我們從事於（歷史的）資料之觀察和整理時，（從事於種種資料之羣層間的現實的實際的相互聯絡的探究），從事於現實的說明時，才發生困難。此等困難的（解決）除去，是由各前提決定的，而這些前提決不是在此處所得而有的，乃在各時代中各個人的現實的生活過程和（實際的）活動的研究中，才可以得着的。

* * *

最後，我們還從進化的歷史觀得着下列的結論：一，在（社會的）生產力的發展中，生出一個階段，在這個階段裏惹起了在現有的各關係之下，只足爲害而不是生產力毋寧說是破壞力（機械與貨幣）的生產力及交通手段。　而與此相因而至的就是發生了一個階級，這個階級只擔負了社會的一切負擔而不享受牠的任何利益，這個階級是從社會擠壓出來的，是被逼着對於其牠一切階級都是毫不妥協地對抗的一個階級；這一階級形成社會中一切分子之大多數，而經過根本革命之必然性的意識，卽康穆尼斯的意識（Kommunistische Bewusstsein）亦由是而生，自然若果瞭解這一階級的地位，結果也可在其他階級中興起這種意識。　二，一定的生產力可以適用於其中的各條件就是社會的一定階級之統治的各條件，而此一階級從牠的占有所生出來的社會的權力，在每次的國家形態中都有實踐的，觀念的表現，所以每一個革命鬬爭，都是自己起來反對那以前統治下來的階級。　三，在從來一切革命中，活動的方式，常常毫髮無遺地不變動的，所成爲問題的，只是從事於這些活動的另一種變更，就是重新把勞動分配於他人，但是康穆尼斯的革命（Kommunistische Revolution）是向着從來的活動方式而起的，並且廢除勞動（這種勞動是以在某某支配之下，某某活動方式而廢除的．），並且廢除一切的階級支配與階級自身。為什麼呢？因為康穆尼斯的革命是由一個階級做出來的，此一階級，在社會中決不適用任何階級，不承認任何階級而在今日社會中已經是一切階級國民性等等之解除的表現。四，對於這種（意識）康穆尼斯的意識之大量的造出和對於這問題自身的貫徹，人類的大衆的變革是必要的，而此一變革只有在實踐的運動中，在革命中，才能得到的。因此，革命不只是因為支配階級決計不能用其他方法使之毀滅而必要，也是因為使之毀滅的階級（譯者註——革命的階級，）只有在革命中才可掃除一切舊來的因襲而從事於社會的新建設而必要。

因此，這個歷史觀是立在下面的一點上的：就是特特地從直接的生活之物質的生產出發去發展現實的生產過程去理解那與這種生產方法相聯結而由之造出的交通機關，於是以各種階段之中的（並在牠們的實踐的，觀念的映像，即國家之中的）市民社會爲全歷史的基礎，並且以他們視爲國家的行動說明，這種種的社會，同時又從這各種市民社會去說明各種理論的產物及宗教哲學道德等等之意識形態並且從市民社會去研究這些事物的發生過程，然則這事物自然也是在全體性中（並且也是向着各種方面相互間的相互作用）才能以說明的。這個歷史觀在各時代中不是像唯心史觀那樣向着一個範疇去研究的乃是常常立在現實的歷史地盤上面的，不是從觀念去說明實踐乃是從物質的實踐去說明各觀念形態，因而又得着下面的結果，就是一切的意識形態及生產物不是由精神的批評，由『自己意識』（證明）的解決或是『怪異』，『幽靈』『瘋狂』等等的轉化所能解決，而止是由唯心論的欺罔所從出的現實社會各關係之實踐的變革才能解決的，換句話說歷史的，也就是宗教的，哲學的以及其他理論的推進力，不是批評而是革命。 這個歷史觀，指出歷史之爲物不是把自己終於消融在視爲『精神之精神』的『自己意識』之中的，乃是在尋出歷史的各階段中預先已經存在了一個物質的成果，一個生產力的總合，一個由歷史創造出來對於自然及對於各個人相互間的關係，而各世代的這些東西，都是從牠們先代繼承來的，牠們所繼承的就是生產力資本與環境的總體，這個總體一方被新世代所變化，同時他方又決定新世代自己的生活條件，並且又給新世代以一定的發展，即特殊的性質，又因而指出，環境造人類，同樣地又是人類造環境。 這各個人和各世代所視爲先代既殘之生產力，資本及社會交通的總額，就是那些哲學者們所表象做爲『實體』『人類之本體』的，他們所神化，所爭鬥的，現實的基礎，這一現實的基礎，是一個雖然這些哲學者們當做『自己意識』和『唯一者』去反對牠，而却一點也無礙於其對於人類發展的作用和影響之現實的基礎。 這些各世代之既成的生活條件，又決定在歷史中周而復始的革命恐怖，其強度是否足以充分地變革一切存在物的基礎，並且若是這全體變革之物質的要素即一方面各種生產力，他方面那不但反對從來的（交通）社會之各個條件，並且反對從來的『生之生產』自身，就是對於做牠的基礎的全行動而使之革命化的革命羣衆的形成，沒有存在，那末這種變革的觀念是否已經一再地叫出——如康穆尼斯的歷史所證明的，——對於實踐的發展完全是一樣的。

Die Metaphysik Der Politischen Oekonomie

經濟學的形而上學

（一八四七年，馬克思）

這篇是從馬克思一八四八年用法文發表的 Misére de la Philosophie『哲學之貧困』的第二章『經濟學的形而上學』選譯出來的。這章的第一節題曰『方法』在這一節裏面記述關於經濟學之研究法的七個注意。此處所抄錄是牠的第一第二及第七個注意。最後所載的『階級對立及階級鬥爭』爲本章第五節最後的文章，同時也就是『哲學之貧困』的結尾的文章。『階級對立及階級鬥爭』的題名是編者假設的。

譯者按：此處譯文與河上氏所編譯的原本稍有出入，乃是把第三，第四，第五，第六四個注意完全補譯出來的。

第一個注意

『我們決不是從時間的順序，乃是從觀念的順序，造作歷史。經濟的各階段或各範疇，實際發現的情形也有同時的，也有以順序倒置的，……不拘怎樣，經濟學的理論在理性之中同樣地有牠的邏輯的傳授與編制；發見了這樣的順序的說法，實在是我們自己誇張的地方。』（蒲魯東第一卷，第一四六頁）

當蒲魯東君對於法國人把海格爾所說的文句倒置了的時候，的確，他完全想使他們吃驚。我們現在應當來談談這兩個人首蒲魯東君，次海格爾。蒲魯東君爲什麼比其他經濟學者出一頭地？又海格爾在蒲魯東的經濟學中所做的是什麼任務？

經濟學者們把資產階級的生產關係，分業信用，貨幣等等看做固定的不變的，永久的範疇。已完全尋出這些範疇的蒲魯東君，則要向我們說明這種範疇，原則，法則觀念，思想之形成及發生的行爲。

經濟學者們對我們說明我們在以上所說明的各種關係之下，怎樣去生產；至於使這種關係發生之歷史的運動，却不會說明。把這些經濟的關係視若原則，範疇，抽象的思想的蒲魯東君，則只把這些思想納入一定的順序，而此種順序在各種經濟學的論文的結論中已經按着甲乙丙排列好了的。經濟學者們的材料是人類的已經活動和正在活動的生活，而蒲魯東君的材料是經濟學者們的獨斷。然而若是我們不追究生產關係之歷史的發展——範疇之爲物不過是這歷史活動的理論的表現；——若是我們對於這種範疇，僅僅用自己所成立的觀念，用脫離現實各關係而獨立的思想去看，那末，無論如何，總得要把這思想的根源移諸純粹理性的運動之中。但是純粹的，永久的，非個人的理性怎樣產出這樣的思想？理性怎樣地運用去產出這樣的思想？

若是我們有蒲魯東君關於海格爾主義的那樣大胆，那我們就要說理性是在牠自己裏面從牠自己去區別自己。這是什麼意思呢？因為非個人的理性除了自己以外，既沒有牠可以定立的基礎，又沒有牠可以對立的客體，更沒有牠可以與之結合的客體，只有顛倒過來，牠自己定立自己，自己對立自己，自己構成自己，別無他事——這就是地位，對立，構成（Position, Opposition, Komposition）。若用希臘語說，就是命題（These），反命題（Antithese）與綜合（Synthese）。為那些對於海格爾派的用語尙不熟悉的人起見，我們換個合度的形式來說，就是肯定（Affirmation），否定（Negation），否定之否定（Negation Der Negation）。這是人人的日常用語。蒙蒲魯東君的赦免，這種語言不是希伯來語，乃是與個人脫離的，純粹理性的語言。 我們現在所有的，不是尋常的個人及尋常個人所用以說話相思考的方法，而只是脫去所謂個人的要素之尋常方法自身。

像這樣只從事於抽象而不從事於分析，那末在最後的分析之中，一切事物只表象為邏輯的範疇，這還是什麼可以驚奇的事嗎？ 若是我們把形成一處屋宇之個別性的一切東西，按次剝落，就是說，若是我們把這屋宇所由以成立的建築材料，從牠所用以與其他為區別的形式抽象出來，結局，我們只餘一個本體——若是我們再從這本體的輪廓抽象出來，結果我們只餘一個空間——最後，若是我們再從這空間的容積抽象出來，結果我們除了所謂量之邏輯的範疇之純粹的量以外，沒有別的，這有什麼可以驚奇的事呢？ 若果我們從一切的主體（河上註——對象）從他所偶然遇見的有生的和無生的東西人或物，像這樣地抽象下去，那末最後我們可以說：我們所保留的只餘那視為實體之邏輯的範疇。 於是想着借助於這樣的抽象去分析並且他們越遠離對象，越妄想着洞見對象的那些形而上學者們——這些形而上學者們，在他們方面可以說，世界的事物不過是從邏輯的範疇在地布之上所組成的刺繡罷了。這點就是哲學者與基督教徒的區別。基督教徒忽視邏輯（Logik），只認爲『邏果思』之化身，而哲學者絕不只與化身相終始。所存在的萬物生活於地上及水中的一切生物可以從抽象歸納於一個邏輯的範疇之中，而我們可以用這種方法把現實世界完全淪沒在抽象世界，邏輯的範疇世界之中，還是什麽不可思議的事？

存在的萬物，生活於地上及水中的一切生物只借着任何種運動而存在而生活，即如歷史的運動產生各種社會關係產業上的運動給我們以各種產業的生產，皆是如此。

我們從抽象把一切事物轉變於邏輯的範疇之中，同樣地，若是想達到抽象狀態中的運動，純粹的公式運動，運動的純粹的邏輯的公式，只須從種種運動之差別的特質抽象便得。若是我們首先在邏輯的範疇之中，看到一切事物的本體，那末，在運動的邏輯公式之中，尋到絕對的方法，此一方法不僅說明一切事物，並且包含事物的運動，也是可以想像的事。

這就是海格爾所說的絕對的方法，海格爾說『方法是沒有任何事物（客體）可以與之對抗的，絕對的唯一的最高的無限的力。這方法是在一切事物之中，重新發見自己自身，重新認識自己自身的理性之傾向。』（邏輯學第三卷）

若是一切事物歸納於一個邏輯的範疇，一切的運動，一切的生產行為歸納於方法，由是而之焉，則生產物與生產事物，（對象）與運動之一切關係，自然地歸納於一個應用的形而上學之中。凡海格爾所試用之於宗教法律等等的，蒲魯東君則圖試行之於經濟學。

然則這絕對的方法究為何物？牠是運動的抽象。運動的抽象為何物？運動的抽象是抽象狀態中的運動。 抽象狀態中的運動是什麼? 牠是運動的純粹的邏輯公式，就是純粹理性的運動。 純粹理性的運動是從何物生來? 是從自己定立自己，反對自己，終之又把自己組成一個，就是自己規定自己爲命題，反命題，綜合，換句話說，是從自己肯定自己，否定自己，否定自己之否定生來的。

理性如何把自己看做一定的範疇把自己定立爲一定的範疇? 這是理性自身和牠的辯護者們的問題。

然而，理性一旦達到定立自己爲命題的時候，這命題便由於牠自己反對自己，分裂爲兩個矛盾的思想，就是肯定與否定，然與否。 這兩個包含於反命題之中的矛盾要素的鬬爭，形成辯證法的運動。 然是否，否是然，然同時爲然與否，否同時爲否與然；而矛盾卽如是使其均衡相劑相消。 此兩矛盾思想的融合遂形成一種新的思想，卽這兩種思想的綜合。 此一新的思想又復裂成兩個矛盾的思想，而此兩矛盾思想又復形成一新的命題。於是一羣的思想即由這種創造的勞動生出。此一思想羣進而爲視若單純範疇的辨證法的運動，又以相矛盾的思想之一羣，爲其反命題。從這相矛盾的兩個思想羣又生出兩者之綜合的一個新的思想羣。

從單純的範疇之辨證法的運動生出羣，同樣地，從這樣的辨證法的運動生出系列又同樣地從系列的辨證法的運動生出體系。這種方法適用於經濟學上的各範疇，於是而有經濟學之邏輯與形而上學，換句話說，就是把世界所周知的各經濟範疇，譯成一個幾不爲人所知的語言，於是這些經濟範疇所呈露的外觀，好像是現今從純粹的理性頭腦新發生出來的東西，於是這些範疇好像是從單單的辨證法的運動的活動相互地發生，相互地結合相互地編制的。所以讀者在具有其範疇羣系與體系的全局勢的形而上學之前，無須乎震恐。無論蒲魯東君所努力攀登彼矛盾體系之絕頂的一切的大辛苦如何，他絕不能超越那單純的命題與反命題的兩個最初階段；他雖然攀登這絕頂止兩次，而這兩次之中，還有一次是落轉來的。

又我們前邊所說明的，只是海格爾的辨證法，此後，我們將看蒲魯東君如何把海格爾的辨證法弄成低下到極其貧弱的地步。 就是在海格爾則一切已經發生，或現在正在發生的東西，都恰恰是在他自己的思想中生出來的。 故歷史的哲學毋寧說只是哲學的歷史，他自己獨得的哲學的歷史。『依時間之順序的歷史』早已不存在，所存在的只有『理性中的觀念之連續』而已。 他確信世界可以由思想的運動而構成，但是他只是把各人腦子裏的思想有系統地去再造用這絕對的方法去分類罷了。

第二個注意

經濟範疇只是社會的生產關係之理論的表現，卽抽象。 眞正的哲學者蒲魯東君倒置事物，其在現實的各關係中，則只看見那各種原則，各種範疇的化身，而此種原則或範疇，又是靜止在如哲學者蒲魯東君所說的『人類之非個人的理性』之胸的。

經濟學者蒲魯東君充分地了解人類在一定的生產關係之下，造出毛織物，麻布，絲織物。但是他不了解這些一定的社會關係同毛織物，麻布絲織物一樣，也是人類的生產品。社會關係是與生產力密接地相結合的。人類因新生產力之獲得，遂變化他的生產方法，而生產方法之變化，又獲得他們的生活資料的方式的變化，於是一切社會關係都因之而變化。磨粉的手搖車生出封建君主的社會，磨粉蒸汽車生出工業資本家的社會。但是同樣的人們，他們適應着他們的物質的生產方法而造成社會關係，又適應着他們的社會關係造作各種原則，觀念，範疇。

所以這些觀念這些範疇也和牠所表現的關係一樣，不是永久的。牠們是歷史的，一時的，過渡的產物。

我們生活於生產力之增大，社會關係之分解，觀念之形成的不斷的運動之中，一定不動的東西只是運動的抽象，——不死之死。

第三個注意

全社會之各種生產關係，形成一個全體。蒲魯東君把經濟的各關係也同樣地看做各種社會階段，而此等社會階段是由彼生此地相互產生如同從命題生出反命題一樣，並且在邏輯的聯續中實現人類之非個人的理性。

在這個方法中的惟一難點是，蒲魯東君當他要把這些社會階段一個一個地分離時，若是不從其他各社會關係，即是還未由他的辨證法的運動產生出來的各關係便不能把牠說明。若是蒲魯東君以純粹理性為媒介而移到其他各階段的造作，他自己便碰到他是否得到一個新生兒童問題，並且忘記了這些階段也是和那始初的階段年齡相若。

那末，他若是要達到做他全經濟發展之基礎的價值之構成，就不能忽視分業競爭等等的關係。但是這些關係，在蒲魯東君之理性的系列中，即在邏輯的聯續中依然不存在。

當我們從經濟學上的各範疇建築一個觀念的殿閣時，我們便分崩了社會體系的肢體。社會的種種部分轉化於次第顯現的其他各社會實際說來，這運動的時間連續的，邏輯的公式怎樣能以單獨地說明那一切關係的共同存在，彼此相依於其中的社會實體？

第四個注意

現在我們看，當蒲魯東君運用海格爾的辨證法於經濟學時，其所加於他的辨證法的是怎樣的變化。

在蒲魯東君，一切的經濟學的範疇皆有兩方面，即善的方面與惡的方面。他觀察此等範疇也就和那帶鎗的民兵(Spiessbürger)觀察歷史上大人物一樣，拿破崙是個偉大人物，他曾做了許多善事，但是他也曾做了許多惡事。

在蒲魯東君，善的方面與惡的方面，有益部分與有害部分，是合在一起形成各經濟範疇中的矛盾。

於是應當解決的問題，就是保持善的方面而除去惡的方面。

奴隸制度和其他範疇一樣，也是一個經濟範疇。那末，牠同樣地有其兩面。假使我們丟掉奴隸制度的惡的方面而專談牠善的方面，不消說問題只在那直接奴隸制度，即蘇林那姆，柏拉西林，及北美的南方各州的黑人奴隸制度。直接奴隸制度與機器等等(編譯者——日本淺野晃譯本做『機械與信用等等』，本譯從一九二一年德文原本)同為資產階級的工業的樞紐。沒有奴隸制度便沒有近代的工業。與殖民地以價値的實在是奴隸制度，創造世界商業的，則爲殖民地，而世界商業又爲大工業的條件。故奴隸制度爲最重要的經濟範疇。

若是沒有奴隸制度則最進步的北美將要變成一個族長制的國家。我們把北美從世界地圖上抹去商業與近代的文明將成爲無政府，將淪胥以沒。若是讓奴隸制度消滅，則美國將絕跡於世界地圖。

於是奴隸制度，因爲牠是一個經濟範疇，故常存留於各國民的制度中。近世各國民只知道對於奴隸制度加以掩飾而在新大陸則公然地施行這種制度。

蒲魯東君怎樣開始救濟奴隸制度呢？他提出這樣的問題保存這種經濟範疇之善的方面而除去其惡的方面。

海格爾不曾提出什麼問題。他只知道辨證法。蒲魯東君之於海格爾的辨證法僅取其用語。至於他自己獨特的辨證的方法則善與惡之獨斷的差別是也。

現在我們假設蒲魯東君自身爲一個範疇，而來檢查他的善的方面與惡的方面，他的有益部分與有害部分。

若果他比海格爾的長處是敢於提出他自己所保有以解決人類最大幸福的問題那末，他的短處就是從辨證法之創造的活動生出一個新範疇而終歸無效。構成辨證法的就是相矛盾的兩方面之共存，兩者的鬥爭以及在新範疇之中兩者的融合。那末，卽使我們只提出問題以除去惡的方面，便是把辨證法的運動切斷。這範疇由牠自身的矛盾性的結果自己定立自己，自己反對自己，這樣已經不是範疇，毋寧說只是蒲魯東君徘徊，疲勞苦惱於二者之間。

當在用合法的手段難以脫去的困難之途中，蒲魯東君便忽然做一次眞正偉大的飛躍，此一飛躍使他用唯一的語言達到一個新範疇。而理性中的系列卽曝露在他的驚異的眼前。

他採取第一個最好的範疇，並且任意給牠一個特質以救濟這範疇的有害部分，這有害部分是他知道去蕩滌的。那末若是我們相信蒲魯東君，則租稅所以救獨占之害；交易的平衡所以救租稅之害；土地所有所以救濟信用之害

像這樣一步一步地取得經濟的各範疇，而又以此一範疇做彼一範疇的解毒劑，蒲魯東君遂用矛盾與矛盾的解毒劑之混合物寫成兩卷關於矛盾的書，蒲魯東君名此書曰『經濟的矛盾之體系，』眞對極了。

第五個注意

『絕對理性中一切這樣的觀念是一樣的單純或普徧。：實則我們只有從立足之地建築我們的觀念，才可由是達到科學。但是眞理自身是離辨證法的各形相而獨立並從我們的精神的各種結合解放出來。』（蒲魯東第二卷九七頁）

在此處，我們因爲現在曉得他的祕密的一種劇變，就看出來經濟學的形而上學突然變成幻想！蒲魯東君始終不曾說過實話。使善惡互相對立；爲了要除惡而提出問題，又使此一範疇爲對於彼一範疇的解毒劑，而辨證法的運動的方法，眞從新歸納成這樣單純的方法，由是而之焉，則各種範疇絕不再有自發性；觀念絕不再有作用，而失却牠內部的生命。既不能繼續地定立自己，也不能繼續地分崩自己。範疇之連續僅僅變成了一個立足地。辨證法不再是絕對理性的運動。辨證法已經沒有了，所尙存在的，只有精之又精的純粹道德。

當蒲魯東君談到悟性內的系列各範疇的邏輯連續時，他積極地宣言道，他不願提起遵由時間順序的歷史——就是說，照蒲魯東君的意思，各範疇所顯現於其中的歷史連續。在他看來，從前一切東西，都是理性在之純粹的愛泰爾(Aether)中實現的。一切東西都應當借助於辨證法而發生於此純粹的愛泰爾。現在呢，辨證法應用到實際上去了，那末理性於彼便失却助力。蒲魯東君的辨證法違反了海格爾的辨證法的約束，所以蒲魯東君應該這樣地說，我所給你們的經濟的範疇的順序，已不是這些範疇相互地發展的順序。經濟的進化已不是純粹理性的進化。

那末，蒲魯東君所給與我們的究爲何物？是現實的歷史，照着蒲魯東君之悟性，就是各範疇在時間順序所顯現的連續？不是。是那從觀念中生出來的歷史？也不是。於是既不是範疇的世俗的歷史，也不是牠的神聖的歷史，那末，他現在究竟給我們的是什麼一種歷史　就是他自己的矛盾的歷史。我們將要看見牠怎樣地勾引蒲魯東君。

在我們未從事於那引起注意之第六個極重要的注意之研究以前，還應當有一個重要的注意。

我們現在承認蒲魯東君的，依着時間順序的現實歷史就是觀念，範疇，法則所顯現

的歷史的順序的假定

各原則皆自有其顯現自己的世紀。譬如個人主義的原則有十八世紀，同樣地強權的原則則有十一世紀。故世紀屬於原則而非原則屬於世紀。換句話說原則造歷史，不是歷史造原則。總之，我們爲着救濟原則與歷史問一問自己這原則爲什麼恰恰地顯現於十一世紀或十八世紀而不顯現於其他任何世紀，那末，我們一定知道要被逼着一個一個去研究十一世紀的人類與十八世紀的人類是些什麼人類，他們各自的慾望，他們的生產力，他們的生產方法，他們的生產原料是什麼，總之，從一切生存條件所發生的人對人的各關係又是什麼。而澈底地研究這樣一切的問題，豈不是研究各世紀中人類之非神聖的現實的歷史，即是表現這些人類同時他們是他們自己的戲曲的著作者和扮演者嗎？但是到了我們認定人類爲他們自己的歷史的著作者與扮演者時，那我們就要走着迂迴的道路，復行歸到眞實的出發點，因爲我們曾經率由的永久的各原則，在此處已經放棄。

然而蒲魯東君又未嘗向着空想家所取之傍道勇猛精進以獲得歷史之大道。

第六個注意

我們贊成蒲魯東君取道傍道。我們承認，當做永遠不動之法則，永久之原則，理想之範疇的經濟關係，先活動的行爲的人類而存在；我們更承認，此等法則此等原則此等範疇自有始以來卽潛伏於『人類之非個人的理性之中。』我們已經曉得，在這不動不變的悠久之中，決沒有歷史，有之，也不過存在於精之又精的觀念中的歷史，就是反映於純粹理性之辨證法的運動的歷史。但是蒲魯東君由於他主張在辨證法的運動中，觀念已沒有彼此的區別，故廢止運動之影與影之運動——借着牠，我們還可造出一些貌似歷史的東西，也未可知。他却把他的無能歸咎於歷史，歸咎於一切，甚至歸咎於法蘭西語言。 哲學者蒲魯東君說『當我們說或事發生或物興起時，缺乏正確 在文明之中也恰和在宇宙之中一樣，一切常存，一切常動……這種事體，在社會經濟全體，亦是如此』（第二卷一〇二頁）

蒲魯東君想說明歷史，但他不能不否定牠，他想說明社會各關係的連續，但他又否定或事之可以興起，他想說明社會各階段的生產，但他又拒絕或物之可以發生，則對蒲魯東君動作而又使他動作矛盾的創造力是如何偉大，於此可知。

所以在蒲魯東君既沒有歷史，也沒有觀念的連續，幷且他的著作還在那兒，而且恰好就是照着他自己的言語『依據觀念之連續的歷史』的這本著書。 他的那樣能容許他一躍而越過他的一切矛盾的公式——因爲蒲魯東君是公式的人，——是怎樣發見的呢？

他爲了這個目的曾發明一個新理性，這個新理性既不是純粹的，純潔的，絕對的理性，也不是在各世紀中活動的，行為的人類之共通的理性，乃是一個完全特別的理性，即視若人身之社會的，視若主體之人類的理性。　此一理性在蒲魯東君的筆下又往往引伸為『社會的天才』或為一般的理性，最後又為『人類的理性』　這用許多名稱裝點的理性一望而知只是具備善惡兩面善惡兩面之解毒劑與其問題的蒲魯東君自身的個人的理性。

『人類的理性不創造真理；真理則隱藏於絕對的永久的理性之深淵。　牠只能顯示這樣的真理。　但是牠所顯示的真理一直到現在總是不完全，不充分，因而又是矛盾的。　故經濟範疇也只是被人類的理性，被社會的天才所發見，所顯示的真理，因為這種真理還是一樣的不完全並且包藏着矛盾的萌芽。　蒲魯東君以前，社會的天才只着眼於對立的要素而忽視同時存在於絕對理性之中的統一的綜合的公式。　所謂經濟關係，不過是那不充分的真理，那不完全的範疇，那自相矛盾的概念之在地上的實現；

故其自身是矛盾的，因而現出善與惡的兩面

去發見完全的眞理，十分豐富的概念，否定矛盾之綜合的公式，這是社會的天才的任務。

任蒲魯東的幻想之中，這社會的天才從此一範疇到彼一範疇地來往馳騁，結果，就是他以範疇的全軍要從神即絕對理性，獵取一個綜合的公式而不可得的，亦存於此處。

『起初，社會（社會的天才）規定一個本源的事實，即最初的假說，……一個眞實的二律背反，這二律背反之矛盾的結果，能以從精神的內部演繹出來，同樣地也可以在社會經濟的內部發展；於是產業的發展，完全是從觀念的演繹出來的，遂分成有利效用與破壞的作用之兩個傾向：……爲的要調和這帶着兩重面目的原則而除去其矛盾，於是社會又從這原則生出第二個原則，接着又從第二個生出第三個原則，而這樣的就是社會天才進行之路，一直到他一切的矛盾的創造之後，——雖然還沒有證明，但是我現在假定人類中的矛盾會有個結果的——遂一躍而復歸到牠以前所有的一切位置，而牠所有的一切問題，都解決在一個單一的公式中』。（第一卷一三五頁）

以前矛盾怎樣變成解毒劑，現在命題也就怎樣變成假說。在蒲魯東，這種用語的變化，不足使我們驚訝。所謂只是純粹，而其視線又有所局限之人類的理性，每進一步，都要碰着須待解決的新問題。人類理性在絕對理性之中所發見的而又為前一命題的否定之新命題，在人類理性，就是綜合，這一綜合人類理性確很平常地取之以為當前問題的解決。所以這種理性常常狼狽在各種新的矛盾當中，一直到牠達到矛盾的終局，才覺悟到牠的一切命題及綜合只是矛盾的假說。在牠的惶惑之中『人類的理性，即社會的天才一躍而復歸到牠以前所有的一切位置，而牠所有的一切問題，都解決在一個單一的公式中』。因而這單一的公式，就是蒲魯東君的真實的發現。這一公式就是構成價值。

我們只在關於某一定的目的時造作假說。由蒲魯東君的臆說出來的社會天才所定立的目的是從各經濟範疇除去其惡的部分而保存其善的部分。在他看來，善，最高的幸福，眞正的，實際的目的，就是——平等。然而社會的天才究爲什麽排去不平等，博愛，加托力教，簡單地說，其他一切原則，而獨有取於平等？因爲『人類只是爲着一個最高的假說，而使這無數的形形色色的假說，使之互相運行，』這一最高的假說就是平等。換句話說因爲歷史是蒲魯東君的理想，他幻想着分工，信用，工廠中的合作 die Kooperation in der Werkstatt) 簡單地說一切經濟的關係都只是爲着平等的幸福而發見的，而結局還是適得其反。若是歷史和蒲魯東君的虛構每逢一事彼此相矛盾，於是他便結論道，矛盾是存在的。若果矛盾是存在的，那末他也只是存在於其凝固之思想與現實的運動而已。

於是經濟關係之善的方面常是平等所肯定的，惡的方面常是平等所否定而肯定不平等的。一切新範疇都是社會的天才用以除去爲以前的假說所創造的不平等的假說。簡單地說，平等就是當社會的天才輾轉於經濟矛盾的圈內時，常常存在眼前的，本來的企圖，神祕的傾向，攝理的目的。所以神之攝理，與其說是蒲魯東君的愉悅純粹的理性，毋寧說是使蒲魯東君進行他的全著述的機關。他曾把此書中論租稅的全章舉以奉諸神之攝理。

神之攝理，攝理之目的，這是我們現在用以說明歷史之進行的偉大的名詞。其實這個名詞並沒說明什麼。牠至多不過是一個修辭學上的方式，即敷衍事實的許多方法之一。

蘇格蘭裏面因工業發展而使土地所有獲得新價值，是事實。這種工業給羊毛開闢了新販路。爲的要生產大量的羊毛，就不得不把耕地變成牧場。爲的要完成這種變化，就不得不集中財貨。爲的要集中財貨，就不得不廢除小作地，放逐成千的小作人於故鄉之外，而代之以數個監護數百萬羊羣之牧人。所以蘇格蘭內土地所有因爲繼續改變的影響，結果是人爲羊故而被驅逐。我們現在說，蘇格蘭中的土地所有之制度的攝理之目的是以羊逐人，就是我們已創造了攝理的歷史。

的確，對於平等的傾向是近百年的事。誰人說，具有與現在完全不同的各種慾望，各生產手段等等的以往各世紀，完全是由於攝理的而爲着實現平等去努力的，那末他首先就要以現世紀的人類與生產手段取過去世紀之人類與生產手段而代之，並且是否認那遞相繼續的各世代所因之以變革其受自先代所得之結果的歷史運動。經濟學者們很知道，同是一樣的事物，在某一時代爲精製品，在別一時代則僅爲新生產品的生產原料的事實。

我們做效蒲魯東君假定，社會的天才爲着所謂把小作農變成有責任而平等的勞動者的攝理的目的，不毋寗說，即席而作，並無目的地去創造封建諸侯，那末我們就要完成一個目的與人物的僞造，這一僞造其價値可與在蘇格蘭爲了不善的滿足去實行土地所有之制度而以羊驅人的攝理相埒。

但因爲蒲魯東君對於攝理，感覺到有不可言說的興趣，所以我們把畢倫諾威·巴爾久孟君(de Billeneuve Bargemont)的經濟學史指示給他，此人也是追求攝理之目的的人。這個目的已不是平等而是加托力敎。

第七的與最終的注意

經濟學者們用奇妙的方法處理事物。在他們以爲現在只有人爲的與自然的二種制度。即封建制度是人爲的制度，資產階級的制度是自然的制度。在這一點上，他們和那些嚴別宗敎爲兩種的神學者們相似。他們自己以外的各宗敎，是人類的發明，而他們自己的宗敎，則爲神之啓示。經濟學者所謂現存之各關係——資產階級之各關係——是自然的，意思是說，此等關係是富之生產與生產力之發展，均依自然法則而進行的。因此，此等關係自身是不受時代影響的自然法則，牠是常常應該支配社會之永久的法則，所以從前曾有過歷史，現在連歷史也沒有了；從前有歷史，是因爲封建制度曾使之存在。爲什麽呢，因爲封建制度中所存在之生產關係完全與經濟學者所視爲自然而永久的資產階級社會之生產關係不同。

然而封建制度亦自有其普洛來塔亞特（Proletariat），——包含資產階級的萌芽的農奴，封建制度也有兩個對抗的要素，此等要素學者把牠和資產階級社會的要素同樣地呼做善的方面和惡的方面，而對於善的方面博得勝利的又常是惡的方面，這是不加疑惑的。由促進鬥爭而生出造作歷史的運動的爲惡的方面。若果經濟學者之於封建政治時代對於騎士之德行，對於權利義務間之美的調和，對於城市之家長的生活，對於田舍中家庭工業之繁榮，對於組成的組合，同業組合等類團體的工業之發展，總而言之一句話，對於形成封建制度之善的方面的一切感發興起而企圖消除其投暗影於善的方面之一切，——那末農奴制度，特權制度，無政府狀態其結果究竟如何？或許是要絕滅喚起鬥爭的一切要素，或許是將資產階級的發展窒息於其萌蘖之中。或許要提出抹殺歷史之無理取鬧的問題。

到了資產階級勝利的時候，不論封建制度之善的方面或惡的方面皆不成問題。在封建制度之下，爲資產階級所發展的生產力，則歸於資產階級的掌握。一切舊經濟形態，適應此等形態之私法的關係，舊社會之公式的表現的政治狀態均行破壞。故若欲正當地判斷封建的生產則應當把這種生產當作基於矛盾的生產方法去觀察。不可不明白的是，在這種矛盾的內部富是怎樣生產的，生產力怎樣與階級的衝突同時發展，此等階級之一，即惡的方面一直到牠自己解放的各物質條件達到成熟爲止，怎樣不斷地生長社會之禍害。這種事體就是生產方法，即生產力發展於其中的各關係，然而此等關係決不是永久的法則，而是適應人類及其生產力之一定的發展狀態的關係，並且那發現於人類生產力之中的變化，必然地要引起他的生產關係之中的變化，這不是極其明顯的麼？就中最重要的問題，是文明的成果，已獲得的生產力不被排除，故破壞產生生產力之傳統的形態是必要的。從此以後，革命的階級便成爲保守的。

資產階級與普洛來塔亞特——其自身爲封建制度時代之普洛來塔亞特的子遺——並時而起。在歷史發展的進展中，資產階級必然地發展他的對抗的性質，此一對抗的性質之初起也，其形式若隱若現，不過存在於潛在的狀態之中。當資產階級發達的時候，新無產階級近代的無產階級即在其胎內同時發達。無產階級與資產階級之間的鬥爭也自然發展此一鬥爭，在牠尙未爲雙方階級所感覺，所注目，所評價，所理解，所承認及其終也公然宣告之前，不過現出部分的與一時的衝突破壞的行爲。他一方面若是一切屬於資產階級的分子都有共同的利害關係，他們遂形成與他一階級對抗之一階級，一旦他們彼此互相反對，他們便有着相互對立，兩不相容的利害關係。此等利害關係之衝突，發生於資產階級之生活的經濟條件。事情是一天一天地明白了，就是資產階級活動於其中的生產關係，不是統一的，單純的性質，乃是一個抗爭的性質；在此等產生財富的關係中，也同樣地產生貧乏；在此等的關係中發展生產力，同時也發展壓榨力；此等關係只有在不斷地絕滅資產階級的各個員的富和創造一個不斷地增大的無產階級的情形之下，才造出資產者的富，即資產階級的富。

這樣的矛盾的性質越發明顯，資產階級生產之科學的代表者的經濟學者們，以彼等自己之學說越發陷於矛盾而形成各種學派。

有等宿命論的經濟學者，其在學說上對於資產階級生產方法之弊害的冷淡，也就和資產階級自身在實際上對於助他們獲得財富的無產階級之不幸的冷淡是一樣的。

這個宿命論的學派中，有古典派與浪漫派。若亞丹·斯密李嘉圖的古典派是代表尚與封建社會之殘餘勢力鬥爭，而只努力於蕩滌經濟關係中的封建的舊染之汚，增大生產力並給與工業及商業以新的動力之資產階級。若身爲這一時期的歷史的經濟學者亞丹·斯密與李嘉圖，其使命只在証明在資產階級的關係之下怎樣獲得財富；使此等關係在範疇中在法則中，公式化，並証明此等範疇與法則在富之生產上，如何優於封建社會的法則與範疇。映在他們眼中的，無論是自然的或經濟的，不過是與一切人類之誕生所伴之而起的痛苦是一樣的罷了。

浪漫派則屬於現代，在現代之中資產階級與無產階級直接相對峙，而貧乏與富同樣地增大。這個時代的經濟學者現身爲索然之趣之宿命論者，並從其立腳高處白眼以臨彼造作財富之人類的機器。他們不過反覆述說他們的先驅者所遺留之說明，其所不同者則在彼等之先驅者出之以平凡，在彼等出之以嬌態而已。

其次，則爲人道主義派　他們於現在的生產關係之惡的方面有心得。他們爲安慰其良心起見，極力隱蔽現實的衝突。他們正當地訴說無產階級的困窮，資產階級相互間之放縱無極的競爭。他們對於勞動者，貌爲中庸地忠告勞動者勤勉於勞作，而少生子女；他們又勸告資產階級對於生產競爭要加以熟慮。這個學派的全體學說，則有理論與實際，原則與結果，理想與運動，內容與形式，本質與現實，權利與事實，善的方面與惡的方面間之無限的區別

慈善學派是完全的人道主義派。他們否認矛盾的必然性，他們要把一切人類造成資產階級，他們希望在這種理論從實際區別出來而不含有矛盾的限度內實現理論。在實際上，雖然我們處處遇到矛盾，而在理論上，消除這種矛盾是容易的事，自不待言。於是此等理論遂成爲現實的理想化的東西。故慈善學派想保存資產階級的各關係所表現的範疇而除去其矛盾，而此一矛盾，爲資產階級的各關係之所從出，且不能與之或離者也。他們想熱烈地和資產階級（社會）的實際鬥爭，但是若和別的人們比較，

他們眞是刮刮叫的資產階級。

經濟學者爲資產階級之科學的代表，猶之乎社會主義者和康穆尼斯特爲無產階級的理論家是一樣的。當無產階級還沒有發展到足以構成一階級，因而無產階級與資產階級的鬥爭還沒達到政治的性質的時候，即當生產力在資產階級的母胎裏還沒充分地洞見那無產階級的解放與新社會的形成所必要的物質條件的時候，此等無產階級的理論家不過是爲着要充分滿足被壓迫階級的要求而想出種種的組織並尋求革新的科學之空想家而已。但是歷史進展到適當的程度，而無產階級又與歷史一樣地顯明的時候，他們並無須乎在他們的頭腦子裏面去尋求科學；他們只須從發生在他們眼前的事實去說明，並以自己爲其代言之口舌足矣。當他們尋求科學和只造作種種組織的時候，即他們在鬥爭之初期，在貧困之中，只看見貧困，而沒有看見那顚覆舊社會之革命的，變革的方面。但是自是以後，科學才成爲歷史運動之意識的產物，並且牠已不復再是敎訓的，而是革命的了。

現在我們再回到蒲魯東君。

各種經濟的關係皆有其善面與惡面；這是他不致陷於矛盾的唯一之點。他看見經濟學者所明白顯露的善的方面；他又看見社會主義者所公然表示的惡的方面。他從經濟學者借得永久關係之必然性；他從社會主義者借得就貧困論貧困的幻想。他自己想借助於科學，這他和他們兩方是一致的。在蒲魯東君科學自身只是局促於一個科學公式的狹隘的領域內；他是一個追求科學的人。因此，蒲魯東君自詡爲他已經給經濟學與康穆尼斯特下了批評，——但是他是深深地站在兩者之下。他站在經濟學者下面，是因爲他相信者是當做一個具有魔術的公式的哲學者，便可以只純粹地涉及經濟瑣屑事項；他站在社會主義者下面，是因爲他既沒有勇氣超出資產階級的地平線，也缺乏光明，或則這只是想像的去超出資產階級的地平線。他想成爲綜合的，但是他不過是一個綜合的謬誤；他想飄忽於資產階級與無產階級之上；他只是一個徘徊於資本與勞動經濟學與康穆尼斯穆斯之間的小資產階級。

＊　＊　＊

階級對立與階級鬥爭

大工業聚集了大羣互不相識的人們於一處。因利害不同的競爭把他們分裂，但是工銀之維持與對於其主人的共同之利害，又用一個同一對抗的思想把他們結合起來，——這就是團體。這個團結有二重目的，就是爲着能以對於資本家可造成一般的競爭而廢除勞動者自己相互間的競爭。起初的對抗的目的，雖說只是工銀的維持，但當資本家方面他們自己都團結起來壓迫他們，那末這孤立的團結也要互相結合，而在勞動者爲着對抗聯合的資本起見，則組合的維持，更視工銀之維持爲必要。這些組合在英國經濟學者眼中只是爲工銀而設的，他們看見勞動者怎樣地爲了這些組合犧牲他們的工銀的一大部分，非常驚訝，這事是眞實的。在這樣的鬥爭——眞正的內亂——中間未來厮殺所必要的一切要素自己都結合起來並且發展前去。一旦達到了此點，這種團結便帶着政治的性質。

經濟的關係首先把國民的羣衆轉化爲勞動者。資本的統治爲這種羣衆造成一個共通的地位，各種共通的利害。所以這種羣衆，就其對於資本言之，則已是一個階級，然而就其自身言之，則還不是一個階級。在我們僅就二三階級中所指示的鬥爭之內去看，此等羣衆始相結合，自身亦卽於是形成一個階級。他們所擁護的利益成爲階級的利益。但是這一階級對於那一階級的鬥爭，是一個政治鬥爭。

關於資產階級可以區別之爲兩個階段，一個是資產階級在封建制度與絕對專制君主制度之下自己形成一個階級的階段，一個是他們已經形成了階級，並且顚覆封建

Marx' "Zur Kritik der Politischen Oekonomen"

馬克思的『經濟學批評』

（一八五九年，昂格思）

這是馬克思的『經濟學批評』公布的那年，昂格思在倫敦勞動者雜誌（Das Volk）上所發表的。還有先年『新時代』（Neue Zeit）雜誌上又揭載過一次，但是現在新時代不在手中，此處所載乃係其全文——雖云全文　但自始卽不曾完全。這個批評文字，在其公布之先經過馬克思的校閱　從一八五九年八月三日昂格思給馬克思的書信可以曉得。

譯者按：一八五九年八月三日昂格思給馬克思的信說「Hierbei der Anfang des Artikels über Dein Buch. Sie e genau durch, und wenn es Dir in toto nicht gefällt, so zerreisse es und schreibe mir Deine Meinung. Ich bin aus dieser Art Schriftstellerei durch Mangel an Uebung so eraus, dass Deine Frau über meine Unbeholfen eit sehr lachen wird.（這是序你的書的文字的開端。請你仔細看一看　若有你覺得不妥之處，請卽刪改，並望將你的意見告我。我對於這類文字，缺乏練習，因此，你的夫人將要十分笑我拙劣無用。）」——Der Briefwechsel zwischen Friedrich Engels und Karl Marx. II Ed.

無論是那一國民，我們不說一年罷，且說幾個星期，只要停止勞動，就會死掉，這是任何孩提之童都曉得的。適應種種慾望的生產物的量需要社會總勞動之各種的而且在分量上有一定的量，又是誰也知道的。用一定的比率分配社會勞動的必然性，並不是爲社會生產的一定形態所廢除而只能把牠的顯現的方法變更，這是無待證明的。自然法則完全不能廢除的，其在歷史的各種狀態中所得而變更的只是那法則實現自身的形態。而在社會勞動的關聯適用爲各個人的勞動生產品的私人交換的社會狀態中，這勞動的比率分配自身所實現的形態，正是這生產品的交換價値。

科學正是由於說明價值法則怎樣地貫徹其自身而成立的。所以假使我們願意開手『說明』一切與法則似乎相矛盾的現象，我們就應該在科學之前供給科學。李嘉圖的錯誤就在他在他的論價值的第一章中先把那一切首先應該說明而始有發生可能的範疇，假定為已有的範疇以圖從價值法則證明其一致。

不消說他一方面學說史的證明，誠如君之所說，價值關係的理解，明瞭與不明瞭，以幻想為緣，或科學地規定，無論如何是同一的。因為思想過程自身從這個關係發生，其自身就是一個自然過程，所以現實地理解的思想，無論如何是完全同一的，並且這思想只有按着發展的成熟程度，並又按着用以思想的器官之成熟程度可以漸次地區別牠。其他一切皆屬空話。

俗流經濟學者毫不懂得那逐日之中現實的交換比率簡直和價值量是不能一樣的。決沒有一個預先安排好的，意識的，社會的生產規定，資產階級社會的本質，正是這的統治與君主專制以圖建立資產階級的社會的階段。此等階段中的最初階段是長期的而且需要極大的努力。資產階級也爲着反對封建諸侯開始圖謀部分的結合。

對於資產階級從都市自治團體起到他們自身形成階級止中間所經過的各歷史階段，曾有人想做種種研究去尋求牠。但是若果從事充分地評隲無產階級當着我們眼前所用以形成他們的組織爲一個階級的同盟罷工，團結與其他各種形態，於是他們或陷入實際上的恐怖或曝露其先天的侮蔑。

被壓迫階級是以階級矛盾爲基礎的社會的生活條件。所以被壓迫階級的解放，必然地含着一個新社會的創造。若是被壓迫階級可以解放，那末，一定要達到一個階段，在這個階段裏面那已獲得的生產力與現行的社會制度已決不能並存。在一切生產工具之中，最大的生產力就是革命的階級自身。革命要素之階級的組織，以一切生產力之已經存在爲前提，而此一切生產力完全可以在舊社會的母胎中發展出來。

這是不是說舊社會顛覆之後就要興起一個運用新的政權的新的階級統治？不是。

勞動階級解放的條件，是一切階級的廢止，也就和第三身分的資產階級的等級的解放條件，爲一切身分的廢止，是一樣的。

勞動階級在取舊資產階級的社會而代之的發展過程中，要有一個與階級和牠的矛盾絕不相容的組合，而絕不是固有的政治權力，因爲政治權力就是資產階級社會內部的階級矛盾的公然表現。

當這個時候，無產階級與資產階級間的衝突，就是階級反抗階級的鬥爭，用最高的表現說，就是一個全體的革命的鬥爭。

一個以階級對立爲基礎的社會還是歸着到凶殘的矛盾，即人與人的衝突上面，我們也用得着驚訝嗎？

我們不要說，社會運動絕不是政治運動。沒有一個政治運動同時不也是社會的運動。

只有在那沒有階級和階級對立的狀態中，社會進化才不致成爲政治革命。一直到了這個時候，就是在社會的各種的全體的變革之前夕，社會科學的最終的語言常常是這樣的喊着：

『鬥爭，不然就是死；血戰，不然就是什麼沒有。問題是不可避地這樣地提出。』（喬治·桑德 George Sand）

Das allgemeine Resultat

經濟學研究之一般的結論

（一八五九年，馬克思）

這是馬克思從經濟學的研究得到的，而一旦得到之後，卽成爲他的研究的導線的公式化之一般的結論，簡單地說，就是馬克思用自己的筆寫成的唯物史觀的公式。這公式與前邊所揭載的「唯物的與唯心的見解之對立」中所說的 eine Zusammenfassung der allgemeinsten Resultat·，die sich aus der Betrachtung der historischen Entwicklung der Menschen abstrahieren lassen 相當。自然是「這樣的抽象，在牠的自身——離開現實的歷史——毫無何等的價值」的。但是若果注意這種東西一下，則彼於吾人之研究，卽成爲極重要的導線。若欲洞悉其底蘊，則在「經濟學批評」序言之中。就其在序言中之地位與年代次序言之，則在一八四四年與一八四五年之間，但是此處是從序言的日期而把牠收在一八五九年之內。

譯者按：我的譯文是把河上氏編譯所省略的頭三段原文補譯在裏面的。

我按着這資本，土地私有，工銀勞動；國家，國外貿易，世界市場的順序以研究資產階級的經濟的體系。在起首三個標題之中，我研究現代資產階級社會所劃分的三大階級之經濟的生活條件；其餘的三個標題之因果關係，明白地放在眼前。關於資本論的第一部分，是從下面（1）商品；（2）貨幣卽單純的流通；（3）一般的資本的論文成立的。頭兩篇論文作爲本書的內容。全體材料是以專論的形式供獻給我的，而此等專論各自分離得很遠，乃是爲着自己明瞭起見，不是爲着印刷寫就的，至此等論文遵照既定的計畫施以總括的改作，則將視乎客觀情形若何而定。

我不印行我所不經意的一個普汎的緒論，因爲經過熟慮之後，各種先事企圖在我看來，好像於證明的各種結論有礙，並且完全贊成我的讀者應當從各個別的而漸次升到一般的。反之，關於我自己經濟學研究的進行的幾個指示，似乎可以在此處表明出來。

我的專門研究是法律學，但是此種法律學我只把牠當作哲學及歷史的附屬的原理去研究。當一八四二年至一八四三年，我任萊因新聞編輯的時候，對於所謂物質的利害問題才陷入困難。萊因省議會對於森林盜伐和土地私有之分割的討論，當時萊因省省長夏泊爾爵士和萊因新聞公開的關於莫塞爾農民(Moselbauern)的狀況的正式辨駁，末了又有關於自由貿易與保護關稅的辨論，給我從事於經濟問題的第一個鼓勵。一方面在當時『愈益遠行』(weiter zu gehen)的壯志非常尊重專門學識，遂在萊因新聞裏面如聞其聲地形成一種微弱的法國社會主義與共產主義的哲學色彩的回聲。我宣明反對這種劣的事件，同時我又在和『阿爾蓋邁因奧格斯堡格新聞』的論難中，坦白地承認，我以前的研究不容我去討論關於法國的傾向的任何批評。我很熱烈地利用萊因新聞諸理事人相信因新聞軟弱的態度，可以轉環那已經來到的死刑的宣布的幻想，把我自己從公開的舞台上引到研究室裏去。

企圖解決我所苦惱的疑問的第一步工作，是海格爾的法律哲學之批評的搜討，其序論已載諸一八四四年在巴黎刊行之『德法年鑑』。我的研究所得之結論是法律關係和國家形態既不是從牠自身可以理解的，也不是從所謂人類精神之一般的發展所能理解的，乃是在物質的生活條件——此等物質的生活條件之總合，海格爾追蹤十八世紀英法人把牠總括在『資產階級社會』的名目之下——而資產階級社會之解剖的研究，則可求之於經濟學。我對於經濟學之研究，始於巴黎，後以基左氏的放逐命令之結果，移居不律塞，更繼續研究。我自己研究所得的，而既得之後，便成為我的研究

的導線的一般的結果可簡單地化爲如左的公式

人類在他們的社會的生產之中，達到一個一定的離意志而獨立的必然的關係，即適應他們的物質生產力與一定的發展之生產關係。此種生產關係之總合形成眞實基礎之社會的經濟構造，而在這眞實基礎之上，矗立着法律的，政治的建築物，又有適應牠的一定的社會的意識形態。物質生活的生產關係，是一般的，社會的，政治的，精神的生活過程的條件。決定人類的存在的，不是人類的意識，反之，決定人類之意識的，却是他們的社會的存在。社會的物質生產力，在牠的發達的一定階段內，便要與從來牠所活動於其中的現存的生產關係，或僅用法的表現之私有關係衝突。此等關係從生產力的發展形態，變成牠的桎梏。於是到了社會革命的時代。因爲經濟基礎的變動，則全體的巨大的上層建築物，亦或緩或急地隨之而變革。當我們研究這些變革的時候，應當時常區別可以用自然科學忠實地證明的經濟生活條件的變革與人類之所由覺悟此矛盾，並由之而排除此矛盾的，法律的，政治的，宗教的，藝術的或哲學的，簡單地說，觀念的形態。人們不能依他自己所想的去批評某個人是什麽，他們也就不能依他們自己的意識去批評這樣變革的時代，而應當依物質生活的矛盾，即社會的生產力與生產關係間現存的衝突去說明他們的意識。一個社會組織，不到一切生產力發展到牠不能與之適應的時候，是不會滅亡的；而新的更高的生產關係，不到牠的物質生活條件在其舊社會的母胎中已經卵育成熟，是不會取舊社會的組織而代之的。所以人類常常只以他所能解決的問題爲問題，再正確一點來觀察，那末我們可以看見問題自身時常只在牠的解決所必要的物質條件已經存在，或至少是在牠的生成的過程中才會發生。在大地圖裏面我們可以把亞細亞的古代（希臘，羅馬）的，封建的，及近代資產階級的生產方法，劃出一個經濟社會組織的進步的階段。資產階級的生產關係，是社會生產過程的敵對形態，所謂敵對，不是個人的敵對的意義，乃是由個人的社會生活條件生長出來的敵對的意義，然在資產階級社會的母胎內發展的生產力，同時就造出解決這個敵對的必要的物質條件。於是人類社會之前史，就以這種社會組織而終。

一

德國人已經證明他在一切的科學領域內比之其他各文明國民，已經並駕齊驅，而在許多的科學領域內，且駕乎其他各文明國民而上之。只有一種科學，牠的指導者內，未見有德國人的名字，——這種科學，就是經濟學。理由是很明白的。經濟學是近代資產階級社會之理論的分析，所以要以發達的資產階級的狀態為前提。在德國，自從宗教改革戰爭及農民戰爭以來，特殊的是三十年戰爭以來，亘數世紀不能達到這種狀態。荷蘭脫離帝國，使德國貿易被逐出世界市場，其工業發展遂陷於不振的狀態；並且當德國人從內亂戰爭孜孜汲汲地恢復起來的時候，當他們把他的資產階級的一切精力——這精力決不是强大的——用到反對各小公爵及帝國男爵課其臣下之產業的關稅限制與貿易取締的戰爭的時候，當帝國直轄都市墮入有規律的小商人（即Zunft小商人）與都市貴族之手的時候——在這個中間，荷蘭英國與法國已經在世界貿易上占了先着，在殖民地內又重新開闢殖民地而工廠手工工業發展到了極盛時期，到了，結果英國遂以首先給牠的煤鐵以價值的蒸氣，跨在近代資產階級發展的先頭。但當正宜從事於反對那束縛德國的資產階級的物質的發展，直到一八三〇年頭之中世紀的陳腐可笑的遺物的戰爭之際，德國的經濟學是不可能的。到了關稅同盟的建設，德國人才開始達到僅能一般地了解經濟學的狀態。自此以後，實際上為着德國的資產階級才開始英法經濟學的輸入。學者及官僚馬上便把這輸入的材料（經濟學）據為己有並用與德意志的精神不甚可信的方法把牠改作。於是從著述家的產業騎士，商人，學校校長與官僚的雜炊中，誕生了一種德意志的經濟文獻，此種文獻就其荒誕無稽，淺薄愚盲，以及冗漫剽竊之點而言，則只與德意志之小說同一軌轍 於是在這些具有實踐目的人們當中，始產生工業家的保護關稅學派。 這個學派的巨擘李士特(List)至今還是生產德意志 的資產階級 經濟文獻的翹楚，但是他全部的光榮的作品，都是從法人傳愛利爾(Ferrier)，即大陸封鎖制度之理論的鼻祖，剽竊去的。 與此派反對的商人的自由貿易學派，則在四十年代產生於東海諸州，此派是以童騃的，然而似於自己有利的信仰心去模仿英國自由貿易論者的議論。 最後在這些曾從事於規律的理論方面之學校校長與官僚之中，則有如勞伍君(Herr Rau)之缺乏批評，槁木死灰的植物品彙蒐集家，如施泰恩君(Herr Stein)君之翻譯不曾消化的海格爾式的文章的乖巧的思辨家，或如摭拾文化史領域內之唾餘的黎爾君(Herr Riehl)。 於是最後產生的，則為官房學。 這等官房學是那些官吏志望者之於國家試驗所宜知的，即從

一切荒唐無稽的愚論而浸潤於折衷的經濟的湯水之中的一種雜炊，

當德國的資產階級學校校長及官僚還像這樣傭精勞神以誦習那視爲不可犯的『度格馬』（Dogman）的英法經濟學之第一要素而努力益求了解時，德國的無產階級的黨已出現。　無產階級黨的理論的全體存在是起於經濟學的研究，而當無產階級黨出現之際，又誕生科學的，獨立的，德意志的經濟學。　此種經濟學是本質地依據『唯物史觀』（die Materialistische Auffassung der Geschichte），而唯物史觀的特徵，則已在上邊所引用的著作內簡單地敍述。　因爲這篇敍文的主要之點，已揭載於 Volk，故希望讀者把牠參考一下。　『物質生活的生產方法，是一般的，社會的，政治的和精神的生活過程的條件』這個命題，卽出現於歷史上的一切社會的與國家的各關係，一切宗敎的和法律的制度，總而言之，一切理論上的見解，只有了解那各各相適應的時代之物質的生活條件，而物質的生活條件，是從物質的條件引出來的時候，才會理解的命題，不但在經濟學是一個革命的發見，即在一切的歷史科學（除去自然科學以外，一切科學都是歷史的，）也是一個革命的發見。『決定人類的存在的，不是他們的意識，而決定他們的意識的，却是他們的社會的存在』。這個命題是很簡單的，只要不是膠固在唯心論的瞑眩之中的人，都應當自己會理解的。但是這個問題，不但對於理論，就是對於實踐，也是一個最高的革命的斷案『社會的物質生產力，在牠的發達的一定階段內，便要與從來牠所活動於其中的現存的生產關係，或僅僅用法的表現之私有的關係衝突。因為經濟基礎的變動，則全體的巨大的上層建築物亦或緩或急地隨之而變革。……資產階級的生產關係，是社會生產過程的敵對形態，所謂敵對，不是個人的敵對的意義，乃是由個人的社會生活條件生長出來的敵對的意義，然在資產階級社會的母胎內，發展的生產力，同時就造出解決這個敵對的必要的物質條件』。若是更追求我們的唯物論的論綱，且運用之於現代，則一個強力的，一切時代中最強大的革命的希望，立卽湧現於吾人之前。然而若是更綿密地考察，便立刻曉得人類的意識是依平他的存在，並且沒有反對的，這一個表面很單純的命題，同時在牠的第一個推斷之中，對於一切的唯心論，又最隱密的唯心論直接發生衝突。關於所有的歷史之一切因襲的觀念都被這個命題否定。政治的說明之一切傳統的方式，完全廢墜於地；愛國的義勇激烈地反抗這種無節操的見解。因此這一新的觀察方法必然地不但與資產階級的代辯人衝突，並且與那些想以自由平等博愛的呪文去震撼世界的多數的法國社會主義者衝突。

然這個新觀察方法，在這個上面惹起了德意志的俗流民主主義的聒噪家的大憤怒。不拘他們怎樣懷着私心去剽竊牠，利用牠，但是無論如何，總是帶着非常的誤解。

單就歷史上的唯一的事體去說明唯物史觀是一個需要多年靜心研究的工作，因爲在此處僅僅托之空言是沒用的，只有大量的由批評而明瞭的，十分有力的歷史的材料，才可以解決這樣的問題，這是很明顯的。二月革命把我們的黨投入政治的舞臺，並且使牠不能做純粹的科學目的的探求。不拘怎樣，這個根本觀念，好似一條紅線貫穿着黨的一切文獻的出產。在這黨的一切文獻出產中，處處證明行動是怎樣常常地從直接的物質的衝突發生，但不是從與行動相伴的空言發生的，反之，那政治法律的空言怎樣也和政治的行動及結果是從物質的衝突發生出來的。自從一八四八年至四九年的革命失敗以後，到了一個時期，在這個時期之內，從國外到德國去行動，愈益成為不可能，我們的黨遂把一班亡命者所爭的陣地，委棄於俗流民主主義者——這是唯一的可能的行動。當那隨其心之所喜，憧憧往來，今日喧噪，明日又復化為兄弟之誼，後日則更變成一切汚穢不堪的醜行，彰聞於世界之際，當他們步行乞食全美，為着要同等分配所鹵獲的幾個塔列(Taler)而惹起新騷動之際，——我們的黨為着研究又歡喜，因此得着休息的機會。黨有一個絕大的長處，為着理論的基礎去獲有一個新的科學的見解，這個科學的見解的完成使黨大爲滿足；黨之所以能決然不致如亡命之『偉人』墮落如彼之深者正以此。

這研究的第一個果子就是此書。

二

在這樣一種著作裏面，其問題不能只在從經濟學一章一章地取出雜亂無章地去批評，即不在此一個爭論或彼一個爭論個別地分離開去研究。問題却在自始即把經濟的科學中雜然並陳的東西做一個有組織的總括，即使資產階級的生產和資產階級的交換的法則得一個總括的說明。像經濟學者不過是這種法則的通譯者和辯明者，所以這一發展同時就是經濟學的全體文獻的批評。自從海格爾死後，便沒曾有過一種企圖在科學的固有的，內部的連絡中使牠發展。官許的海格爾派所得自大師而據爲己有的只是極單純的智識之操縱，然卽在這種極單純的智識的操縱上，也屢屢以其至堪取笑的拙劣而運用之於一切事物。海格爾的全部遺產之於彼等，則只是限於由之而整頓一切問題之純粹的模型與夫除去缺乏思想與積極的知識以外毫無目的的可言的單詞熟語的目錄。所以有如波恩大學某教授所說，這些海格爾的門徒，什麼都不知道，但是關於任何事物皆能著述。不消說，其後也還是這樣。然而這些先生們，不管他們如何自負，却是充分地自覺他們的弱點，就是他們對於大問題，沒有接觸的可能；舊的繁縟的科學從勝過積極知識的地方主張他們的領域；到了傅渥耶巴赫首先對於思辨的概念發出警告，海格爾之流風，漸就衰歇，而具有固定範疇之舊形而上學的王國，在科學之中似乎又重新開始。

這種事情有其當然之根據。經過迷入純粹空言的海格爾後繼者統馭，結果當然是一個科學之實證的內容，再行凌駕其形式的方面的時代。然德意志也於此時適應一八八四年以來强大的資產階級的發展注其全部非常的精力於自然科學，而以此等自然科學——思辨的傾向在其中並無何等重要——之流行也舊形而上學的思想方法又重新蔓延，至於極端的俄爾夫派的凡平言論。

海格爾之跡不可復尋，新的自然科學的唯物論發達了。而此唯物論在理論上與十八世紀之唯物論毫無差別，所不同者只是牠益發具有豐富的自然科學的材料，特殊地是化學的及物理的材料而已。及乎極端的思論之再生，我們遂於畢爍爾(Bücher)與富赫特（Vogt）看見前康德時代之狹隘的俗人的思想方法，雖至絕對地信用傅湼耶巴赫的摩萊碩特（Moleschott）也始終以其極滑稽的方法周張於最簡單的範疇之間。資產階級常識之頑固的駄馬，當其在離現象於本質離結果於原因的鴻溝之前，自然狼狽不能前進。但是若吾人欲馳騁狩獵於抽象思想的崎嶇領域之中便不應當驅駄馬以行。

那末，這裏有一個與經濟學無何等關係的別一問題，須待解決。對於科學究會怎樣從事的呢？ 一方面則有海格爾派的辨證法，此等辨證法存在於海格爾所遺留於彼等的完全抽象與思辨的形態之中；一方面則有平凡的，今後流行的，實質上則為俄爾夫派的方法，資產階級的經濟學者也有遵此方法去著作彼此不相聯絡的厚書的。 俄爾夫派的方法在理論上被康德，特別地是被海格爾一手打破，牠的實際上所可繼續存在的只有惰性與其他單純方法之缺乏而已。 他一方面，海格爾派的方法，依牠的現存的形式，絕對無用。 海格爾派的方法，在本質上是唯心論的，然而此處所切要的是一個比以前一切事物更為唯物論的世界觀的發展。 海格爾的方法從純粹的思想出發，而此處則應從赤裸裸的事實出發。 一個依自己的告白，而出於無，通於無，歸於無的方法，若是完全以這種形態在此處是決沒有分的。 不拘怎樣，這種方法在一切現存的邏輯的材料中，是唯一的有用的。 這種方法是不會批評過的，是不可克服的。 偉大的辨證論者（海格爾）的敵人中，任他是誰，都不能在這個方法足以自豪的建築物上，找出罅漏，這種方法早被遺忘了，因爲海格爾學派不曉得怎樣去用牠。所以，無論如何，我們應當先對於海格爾的方法，與以徹底的批評。

海格爾的思想方法之勝於其他一切哲學者的思想方法之點，就在做他的方法之基礎的偉大的歷史的精神。其形式是那樣抽象的，那樣唯心論的，然而他的思想之發展與世界史的發展仍是平行前進的，而後者只是前者的證明罷了。若是正當的關係由是而顚倒，並由是而逆立，而現實的內容，還是普遍地加入哲學之中；在海格爾尤其如是。他所以與他的弟子不同的，是他不像他們那樣誇其無知，乃是萬世之中最有學識者之一。他是企圖在歷史中證明一個發展，一個內部之關聯的第一人。並且自今日看來，在他的歷史哲學中不免有許多地方似乎好笑，但是若是我們拿他和他的前輩以及在他之後曾經對於歷史做一般地熟考的人比較比較，那末，他的根本的見解之所以偉大，雖至今日還値得驚異。這種偉大的歷史觀普遍地貫通現象論，美學，哲學史其材料之處理也處處是歷史的，卽與歷史有一定之關聯——假定雖說牠是抽象而偏頗的。

這個劃時代的歷史觀是新唯物觀之直接的理論的前提，而在邏輯的方法，亦由是而生出一個結合點。若是這已被遺忘了的辨證法，已經從『純粹思想』的立場，達到這樣的結果，若是這個辨證法在這個立場上面和以前一切的邏輯及形而上學算終了局，那末這個辨證法就應該不只是詭辨穿鑿。然而全體官許的哲學所曾經忌憚，現今還在忌憚的這方法的批評，決不是細微的事。

從海格爾的邏輯裏面把他在這個領域上所包括的眞實發見的核心剝出，並且把辨證法從牠的唯心論的覆被之中脫引出來，使牠成爲單純的形態——這一形態是思想發展之唯一的正當形態——馬克思是從事於這種工作的唯一人物。爲馬克思的經濟學批評之基礎的方法，依我們看來，其重要殆不亞於唯物論的根本觀念的一個結果」

經濟學批評依據馬克思所得的方法，還可用兩種方法來創作歷史的又邏輯的。因爲發展在歷史和文獻的反映上，大體講來都是由極單純的而趨於極複雜的關係，所以文獻史的發展給經濟學一個自然的導線，在這一導線上，結連着批評並經濟的範疇，於是在大體上和邏輯的發展現出同一的序列。這一形態因爲探究現實的發展，所以有一個一見卽非常明瞭的長處，而實際上却是精之又精而又極其通俗。歷史的進行常是飛躍的又鋸齒狀的，因此便不能不普遍地探究，又因此，不但收入許多不甚重要的材料而思想的進行亦不能不屢屢中斷；加之經濟學的歷史若是沒有資產階級的社會是不能寫的，因此這種工作，以缺乏一切準備之故，將無底止。邏輯的運用方法於是就單獨地進行。但是這種方法實際上不過脫去歷史的形態與混亂的偶然性之歷史的方法。歷史以什麼開始，思想進行也要以什麼開始，並且因爲各種要素都可以在牠的古典性的，完全成熟的發展點上去觀察的原故；思想進行之愈益發展不外乎是由現實歷史自身所供給的法則，所修正的映像而已。

我們遵着這種方法從橫在我們眼前之歷史的，實際的最初而又最簡單的關係，即最初之經濟關係出發。其次則分析此種關係。所謂牠是一種關係，就是說牠有其彼此相互關係的兩方面，兩方面之各一面又爲個別的觀察；而牠們的相互關係的方式即相互作用便由是而生，於是就遇到要待解決的矛盾，因爲我們不是觀察那單起於我們腦子裏一個抽象的思想進程，乃是觀察一個實際上已經起於任何時代或則還在興起的一個現實的過程，所以這些矛盾也就在實踐中發展和或許已經尋着牠們的解決。我們研究這種解決的方式，並且我們曉得這種方法是由一個牠的對立的二方面，我們現在不可不使之發展的新關係的成立而成就的。

經濟學是以商品開始，就是從生產物——無論牠個人或是由於自然發生的共產團——互相交換的瞬間開始。加入交換之中的生產物爲商品。然而只有使兩個人或兩個共產體間結成關係，卽生產者與消費者——此等生產者與消費者到了此時已不能結合在同一個人身上——間的關係的物，卽生產物，才是商品。在此處我們剛有一個特殊的事實的例證這一特殊的事實會貫串了經濟學的全體，並且引起了資產階級經濟學的頭腦中的混亂。經濟學所從事的不是各事物，乃是人與人之間的關係，至其極也就是階級間的關係。然而此等關係是常常結附在物的上面且表現爲物。這個關聯，不錯，在各個情形之下此一經濟學者，或彼一經濟學者對之也有幾希之明的，但是到了馬克思才亘着經濟學的全體，把牠的效力發見，由是使那極困難的問題，變成簡單明瞭，資產階級的經濟學者現在也可以理解了。

若是我們現在從牠的不同的兩方面去觀察商品，就是從已經完全發展的商品，而不是從牠在兩個原始的共產團間自然生長的交換所發展的商品去觀察商品，那末，商品就在使用價值與交換價值的兩個觀點之下表現於吾人之前，於是我們馬上就進到經濟學論爭的範圍以內。誰個要想從立在現在新發展的階段上的德意志的辨證法，勝於舊時卑俗的政談演講的形而上學的方法，至少也要和鐵道勝於中世紀的運輸一樣的事情得到一個明確的例證，那末，他就要誦習亞丹・斯密及其他任何著名的官許經濟學者的著作，研究交換價值與使用價值，使這些先生們怎樣地苦惱，要把牠們劃然區分，而在每各個中間抓住牠的特有的規定性是如何的困難，然後再比較馬克思方面的明瞭而簡單的發展。使用價值與交換價值發展以後，商品將視為一個直接的統一表明牠怎樣地走入交換過程。若果於此遇到什麼矛盾，我們可以重讀二十頁二十一頁。現在我們所注意的只是此等矛盾不僅有理論的，抽象的興趣，同時並且反映着從單純交換行為之直接的交換關係的本質所生的困難，即交換初期之未發達的形態所必然地陷入的不可能性。解決此等困難就是把代表其他一切商品的性質，移之於一個特殊的商品，即『貨幣』。貨幣即單純的流通，將在第二章內進而討論，就是（1）當做價值尺度的貨幣，於是用貨幣計算的價值，即價格，便含有更精的決定性；（2）爲流通工具（3）爲現實貨幣的兩個決定性之統一，爲資產階級的全體的物質之富的代表者。第一分册的說明於是告終，至於貨幣變爲資本的轉化，則保留於第二分册。

我們知道，在這個方法裏面，如何理論的發展完全無須乎經過純粹的抽象。這個方法反需要歷史的例證，即是需要和現實爲不斷的接觸。所以這些例證插入許多形形色色，就是論到社會發展之各階段上的現實的歷史的經過，又論到自始探究經濟關係之決定性的顯著的完成之經濟文獻。那末各個的多少偏於一面的或錯亂的理解方法的批評本質上，已在邏輯的說明中行之，並且是可以簡約的。

Der Brief an Kugelmann

vom 11 Juli 1868

給古蓋爾曼的書信（一八六八年七月十一日）

（馬克思）

這封書信是從 Brief an Kugelmann（給古蓋爾曼的書信集）中選出來的。列寧在這書信集的序文（一九〇七年）中，對於此處所抄錄的書信與以如下之注意

「一八六八年七月十一日的書信給與馬克思主義的宏且深的認識，並有特別的興味。在這封信裏用對於俗流經濟學者論爭的形式，極明瞭地說明所謂「勞動價值說」。而「資本論」的淺薄的讀者所易蹈，因而爲資產階級的「教授的科學」的一打的代表者所頑强支持的對於馬克思勞動價值說的反對論　馬克思也在此處與以簡單，單純又極明瞭的分析。馬克思於是爲解明價值法則起見，指出他取怎樣的道路　又怎樣的道路是可以取的。他逆用極端的反對論來傳習他的方法。他明白像價值說一望而知的，那樣純理論的抽象的問題與要求「混亂的永續」的「支配階級的利害」相關聯。研究馬克思初讀資本論的人們，當研究全資本論的最難解的第一章時　希望他同時把這一封書信反覆地讀一讀。」

樣產生的。合理與自然的必然却只是以盲目作用的平均去貫澈牠自己。於是俗流學者，當他不曝露其內部聯絡而反主張事物在現象中所表現者不同，自信是做了一個偉大的發見。實則他自鳴得意的，是他囿於假象而以之爲最終之物。那末，究竟科學之用爲何？

然而這事於此還有其他背景。對於內部聯絡的洞察同時在對於現存事態之永久的必然性的一切理論的信仰，實際的崩壞以前助之顛覆。所以延長無思想的混亂，在此處是統治階級的絕對的利益。

而且那些除了說人們對於經濟學簡直不應當設想之外毫不知道玩別的科學的花樣的告密式的饒舌家，爲何而被雇傭，於此可知。

Materialistische Dialektik und Marxismus

唯物辨證法與馬克思主義

（一八七七年，昂格思）

這是放在可以視爲昂格思主要著作的『反箇靈格論』(Herrn Eugen Dühring Umwälzung der wissenschaft)卷頭的『序言』(Einleitung)第1節『概論』(Allgemeines)的全文。『反箇靈格』是合第一篇哲學，第二篇經濟學，第三篇社會主義三大篇而成的，而這篇序言是在各篇之先置諸卷頭的。

近代社會主義照着牠的內容，是一方面在近代社會之中盛行的所有者與無所有者，工銀勞動者與資產階級的階級對立，他方面在生產中盛行的無政府狀態的認識生出來的。但是照牠的理論的內容看來，最初好像是十八世紀偉大的法國啓蒙論者所確立的根本觀念之愈益徹底，所謂愈益合理的發展。牠也和各種新理論一樣，應當首先與以前的思想學問結合，所以牠的根柢也是存在經濟的事實之中。

其在法蘭西，那些爲將來革命而啓發世人的偉大的人們，自己就是極端的革命的。他們不承認任何種類的東西有外部的威權。宗教也罷，自然觀也罷，社會也罷，國家秩序也罷，通統要毫不假借地受批評；通統要在理性的審判之前辯護牠的存在，不然，其存在便應當無望。理性成爲一切事物的唯一的尺度。這就是像海格爾所說的，世界倒轉過來的時代，最初的意思是說，人類的頭腦和由他的思想所發見的原則要要求做爲一切人類之行爲及聯合的基礎，但是後來的意思又廣汎些了，就是說，與這些原則相矛盾的現實，其實徹頭徹尾都顛倒了。從來一切的社會，國家的形態，一切傳統的觀念都成爲不合理的而視爲廢物；世界是被偏見指導着的；一切的過去只值得憐憫與侮蔑。現在才發現曙光，從今以後，迷信，不義，特權，及隸屬將爲永久的眞理，永久的正義，以自然爲基礎的平等以及不可委讓的人權所驅逐。

現在我們知道，理性的王國不是別的，只是資產階級理想化了的王國；永久的正義，在資產階級法律中才見諸實行；平等的結局仍歸到在法律之前的資產階級的平等；而所視爲基本人權之一的，——還是資產階級的所有權；以及理性國家，盧梭的社會契約說的實現，然而也只能當做資產階級的，德模克拉西的共和國實現罷了。所以十八世紀之偉大的思想家們，也和以前的一切先達一樣，不能逾越他們自己的時代所加諸彼等的限制。

然而與封建貴族及資產階級的矛盾同時並起的，還有搾取者，被搾取者，優閒階級與勞動窮人的一般的矛盾。這使資產階級的代表者不止把自己當做特別的階級的代表者，並且可以當做全痛苦民衆的代表者，就是基於這種事情。不但此也。自始，這種矛盾就加在資產階級身上，資本家沒有工銀勞動便不能存在，從中世紀的同業組合的主人發展到近代資產階級，同時適應這種發展，同樣地從同業組合的職工與非同業組合的日傭勞動者發展到無產階級。雖然在大體上，資產階級在他們和貴族的鬥爭中，同時也需要代表當時各勞動階級的利益，但是每當一種偉大的資產階級的運動的時候，那已經有多少發展的近代無產階級之先驅者的階級獨立的運動，總是要勃發的。

例如在德國宗教改革戰爭與農民戰爭的時代，則有湯馬斯敏測爾派；在英國大革命中，則有萊凡列爾斯；在法國大革命中，則有巴夫。當那還未發展的階級革命的騷亂的時候，則有與之適應的理論同時並起；在十六十七世紀，則有理想的社會狀態之烏托邦的描寫；在十八世紀則已經有康穆尼斯姆斯的理論（摩理萊與馬伯萊（Morelly and Mably））平等的要求，已不再限於政治的權利，並且擴張到各個人的社會地位；不但階級的特權應當廢除，即階級差別自身也應當廢除。於是禁欲的，成爲斯巴達的康穆尼斯姆斯，就是新學說的最初的表現形態。結果遂生出三個偉大的烏托邦論者聖西蒙（Saint Simon）——在他資產階級的傾向與無產階級的傾向還保有一定的意義；傅立葉（Fourier）和歐文（Owen），——歐文在最發達的資本主義的生產的國家，並且受了由這種生產所造出的矛盾的影響，把他自己關於廢除階級矛盾的提案與法國的唯物論相結合而爲有組織地發展、這三個人中的共通之點是，他們都不是在其間由歷史產生的無產階級的利益的代表者。他們和啓蒙主義者一樣，不是想解放一個一定的階級而是想解放全人類。他們也和啓蒙主義者一樣想有一個理性與永久正義的王國，但他們的王國却與啓蒙主義者的王國有天壤之別。雖然，這基於啓蒙主義者之原則而建立的資產階級的世界，也是不合理的和不正當的，所以應當同封建制度與其一切舊的社會狀態一樣地投諸垃圾箱中。那末，所謂眞實的理性與正義還沒會支配世界，其原因就在於人們到現在還不曾眞正地認識眞實的理性與正義。這是缺乏現在就出現並且已經認識眞理之天才的個人；就是說，這樣的天才現在出現，已經眞正地認識眞理的話，並不是一個從歷史的發展關係而帶着必然性的繼續的，不可避的事情，乃是一個純然的僥倖。若早五百年而有斯人者出，那末人類便早五百年免却錯誤，鬥爭及痛苦。

這種思考的方法就本質說，是所有英法及包含偎特靈格（Weiling）的初期的德國社會主義者的思考方法。 社會主義是絕對的眞理，理性和正義的表現，並且爲着用自己的力量以支配世界而只須把牠發現就夠了；因爲絕對的眞理是超出時間，空間與人類，社會的發展的關係的，所以何時何地發見這眞理只是偶然。 因此絕對的眞理，理性與正義又因各派之鼻祖而不同而各個鼻祖的絕對的眞理理性與正義的特性又以各人的主觀的悟性，生活條件以及他的智識和思想的訓練爲條件，故絕對眞理間的論爭除了牠們互相磨滅以外，決不能有其他解決方法。 因此除了一種折衷的中庸社會主義以外，什麼也不能生出來，這種折衷的中庸主義，實際上，直至今日還支配着法蘭西與英吉利兩國中大多數的社會主義勞動者的頭腦，牠是一種從各宗派的創立人之比較卓越的批評的言語，經濟的學說與社會未來觀的——容納極龐雜的陰影的——混合物，恰恰和溪流中的小圓石一樣，在論爭之流中各個要素的規定性之鋒稜，爲其易於實現，而益發磨滅的混合物。 要把社會主義造成科學，首先要把牠放在眞實的基礎上。

在這中間，德意志的新哲學是與十八世紀法國哲學併世而生和繼之而起至海格爾而臻乎極則。這新哲學的功績是視爲思想的最高形態之辨證法的復活。古希臘哲學者都是生就的天成的辨證論者，而其中最稱博學的，亞里士多德早就研究辯證法的各種基本形態。反之，新哲學，雖然在牠們之中也有過辨證法的顯著的代表，（例如笛卡爾和斯賓挪莎）然而受了英國的特別影響，並且漸次地墮入所謂形而上學的思考方法，就是十八世紀的法國人，至少在他們的特別的哲學的勞作上，差不多完全是被這形而上學的思考方法所支配的。但是除了本來的哲學以外，他們也同樣地供獻了辨證法的傑作；我們只要想起邸德羅（Diderot）的拉摩之甥與盧梭的人類不平等的起原論就得了。我們在此處只簡單地敘述兩種思想方法的本質以後，我們還要更詳細地討論這個問題。

若是我們考察自然，或人類的歷史，或我們自身精神的活動，我們首先就要得着一個各種關聯與各種交互作用之無限的錯綜的映像，而在這種錯綜之中，任何事物也沒有停止在何種性質，何種地方與何種狀態的，一切都是在變動生滅　這種原始的平凡的，但是依事物的性質，却是正當的世界觀，就是古希臘哲學的世界觀，並且首先由海拉克勵特明白地說出來的萬物存在而又非存在，因爲萬物都在流轉，在不斷地轉變，不斷地生滅過程之中。　然而這種世界觀雖然牠可以正當地理解各種現象之全體映象的一般的性質，却還不夠說明那全體映象之所由構成的個別的現象；並且什麼時候我們不能說明這個別的映象，我們也就什麼時候不能明白全體的映象。　我們要知道此等個別，就應當把牠從牠的自然的或歷史的關聯中抽出來，並且照着牠的特性及其特殊的因果去研究牠。　這是自然科學與歷史鑽研的最初的工作；而在古代希臘人用那百事以搜集材料爲先的理由，此等研究部門只居於隸屬地位。　精密的自然研究之端緒，始於亞力山大時代之希臘人，其後至中世紀之阿拉伯人，更加發展；但是眞實的自然科學則自十五世紀之後半期才漸漸開始，自此以後以不斷地增長的速度而進步。對於自然爲個別的分析，對於自然現象與自然對象，爲一定部類的分類，與其依據自然之形形色色的解剖學上的形體爲有機體之內部的研究，則是最近四百年在自然的認識上所給與我們的偉大進步之根本條件。然而這種分析，分類或研究同時遺留下來只把自然物及自然現象認爲各個別，把一個大關聯置之度外的習慣，就是說，不是在運動而是在靜止狀態中，不是在本質上變化的存在；乃是恆久不變的存在，不是生的是死的。於是如倍根洛克之所爲，因此種觀察方法從自然而移植於哲學，遂造成過去數世紀的特別的褊狹固陋的形而上學之思想方法。

在形而上學者，事物和在此中的思想映象的概念，是看做孤立的，各不相謀的，彼此不相關聯的，固定的，堅確的，永久不變的研究的對象。他想的總是兩個不容假借的極端他的話是然然，否否，過此則爲惡。在他以爲一個事物或是存在，不然便不存在，一個事物不能同時爲自身又爲他物。積極與消極絕對地互相排斥，因果也是一樣地相互而爲不動之矛盾。這種思想的方法，因爲牠是所謂健全的理解之思想方法，所以初看好像是極可首肯的。然而這健全的理解，雖然在牠的故步自封的領域之內，是一個很可尊敬的伴侶，假使牠再進一步去研究廣大的世界，便遭着可驚的冒險事業；而且形而上學的觀察方法，雖然在依據對象的性質擴張到很廣的領域上，是可以承認的，而且是必要的，然而早晚必然地要達到一個界限，逾此界限，則此種方法便成爲片面，狹隘而抽象的以至陷於不可解決的矛盾，因爲牠只看見各個別的事物而忘其關聯，只看見這些事物的存在而忘其生滅，只看見牠們的靜止而忘其運動，沒有別的，就是只見樹木而不見森林。例如在各種日常的事變中，我們曉得並且我們能以確切地說動物生存或非生存；然而假使我們再更正確地研究，則我們要看出這是時常成爲極混雜的問題，像那自行苦惱想去發見一個殺害胎兒爲殺人罪的合理的界限之法律家所熟知的；而且要確定死的時間的剎那，是同樣的不可能，所以依生理學的證明，死不是　時的瞬間的現象，而是極長的過程。　各有機體也是同樣地時時刻刻相同，又時時刻刻不同；時時刻刻消化牠從外面攝取的物質，而排洩別的物質，時時刻刻牠的細胞死去並生出新的細胞；早或遲的一定時間以後，這有機體的物質完全更新，被他種原素所更代，所以各種有機體常常相同而又常常不同。　我們再同樣地做更精密的觀察則看出以下的事實。　如積極和消極的對立的兩極，一方衝突而同時他方則又有不可分離的關係；不論一切的矛盾如何，牠們是相揉相劑的；又如原因與結果是只在適用於各個別的事情中而認爲妥當的表象，但是當我們把各個別的事情當做與全世界有一般的關聯去觀察時，原因結果歸於一致，結局歸着到一般地相互作用的觀察，在這種相互作用之中，原因與結果，不斷地互變其地位。　在此時此地爲結果者在異時異地則又爲原因，反之在此時此地爲原因者，在異時異地則又爲結果。

一切這樣的現象與思想方法，在形而上學的思想範圍內，是不適合的。但是辨證法卻與之相反，牠在事物與事物概念的印象的關聯，連鎖，連動及其生滅上，去把握事物與事物概念的映象，如上面所說的各現象皆是辨證法自身思想方法的確證。自然是辨證法的證據，我們對於近代自然科學應當感謝牠爲着這種證據供給一些極豐富的，與日俱集的材料，並由這些材料證明在自然裏面，自然科學供給這些材料，結果是推到辨證法的而不是推到形而上學的　但是直到現在，曉得辨證法地去思想的自然科學者，尚不可得，所以今日理論的科學中所流行，而又使無論先生與學生，無論著者與讀者，一樣地絕望之無限的混亂，是可以從已發見的結果與傳說的思想的矛盾證明的。

全宇宙，宇宙和人類的發展，以及這種發展在人類頭腦中的精密的說明，那末只有用辨證法的方法，卽對於生滅的一般的相互作用，進步或退步的變化不絕地考慮，才能以成功。而且在這個意義上，新哲學也就馬上出現。康德的生涯就因此開始，他把牛頓所謂不變的太陽系和太陽系的——在牠給與了一度有名的最初的衝擊之後——永久的繼續云云的牛頓學說取消，並且證明牠爲一個歷史的過程，就是說，太陽系和一切行星都是從迴轉的星雲發生的。於是他就得到一個結論，就是以牠這樣地發生可以預定將來必然的滅亡。他的意見在半世紀後則有拉普拉斯數學地奠定其基礎，再半世紀後則有分光鏡證明這樣燃燒的瓦斯體在宇宙中的生存是有各種不同的凝結的階段的。

這種新的德意志的哲學，在海格爾的體系中達到了極點在海格爾的體系中，才把——這是他的大功績——自然的，歷史的，精神的世界之全部，當做一個過程，就是當做常常在運動，變化，變形和發展說明了，並且企圖指證這種運動與發展中的內部關聯，從這樣的觀點出發，人類的歷史已不再是無意義的強暴行爲之雜然的混亂，而是人類的發展過程。此種强暴行爲在已成熟了的哲學者的理性審判之前，似乎是一律在排斥之列，而人們趕快把牠忘掉才好。至於人類的歷史過程，則思想的使命是在通過一切的迷途去尋求那漸次的發展行程之踪跡，幷由一切外觀上的偶然性，指出那內部的合律性。

但在此處，海格爾一樣地不會解决這個問題。他的劃時代的功績是在提出問題。這是任何個人所不能適當解决的問題。海格爾——與聖西蒙同——雖然是當時的極其博學多通之士，然而他還是第一爲他的知識的必然的限制的範圍所限制，第二爲他的時代的有一定的深廣的知識及見解所限制。此外還有第三個理由。海格爾是唯心論者，就是說在他看來，他的頭腦的思想，不是現實事物與現象之多多少少抽象化了的映象，反過來說，事物和牠的發展乃只是世界以前已經存在於什麼地方的理想之實現化了的映象。於是萬物倒置，而世界之現實的關係，亦完全顛倒。所以雖然有許多各個的關係是爲海格爾很正當很天才地理解了的，然而若依據上面所述的原理就其精細之處言之，不能不說是補苴罅漏，矯揉造作，簡單說，就是不合理。 海格爾的體系是一個龐大的早產——然而也就是最後的早產。 就是說這個體系還是陷入一個不可救濟的內部的矛盾，一方面這體系有了視人類歷史爲發展過程的歷史觀做基本的前提，而此一過程在性質上又不能從所謂絕對眞理的發見找到牠的知識的極點，但他方面又主張這體系又是此等眞理的總體。 一個包括一切的，永久完成了的自然和歷史的知識的體系與辨證法的思想的根本原則相矛盾；然而此等原則，不但決不排斥那對於外界全體的有系統的知識可以一代一代地造成偉大的進步，反而包含着這一事實的。

洞察了從來德國唯心論的全體不合理的結果，必然地要引到唯物論，但是要十分注意的，這不是引到十八世紀的單單形而上學的，全然機械的唯物論。 十八世紀的唯物論，對於一切過去的歷史只是簡單地，不問分說的，革命地排棄，近代唯物論則反之，牠在歷史中看到人類的發展過程，而發見這過程的運動法則，是牠的使命。無論是在十八世紀的法國哲學者，無論是在海格爾所流行的自然觀，都是以自然爲一個運行於狹隘的循環，同時又是常住不變的全體，如牛頓所說的永久之天體，如林耐所說的各種不變的有機體的世界是也。唯物論則反之。牠網羅自然科學最近的進步，由是而自然在時間上也有其歷史，由是天體也和那在適當條件之下住在天體中的各種有機體一樣地生滅，這循環的話頭，假使是可以容許的話，也將由是更無限地擴大範圍。無論如何，唯物論在本質上是辨證法的，決不再需要君臨其他科學之上的哲學。一旦對於各個別的科學要求其在事物及事物的總關聯上明瞭牠的地位，各種研究這種全關聯的特殊科學便成贅疣。其在以前的全體哲學中，現在尚能保持獨立的，就是思想及思想之法則的學說，——形式邏輯與辨證法。其餘一切皆歸在自然及歷史的實證科學之中。

雖然自然觀是要依着研究所供給的適當的實證的知識材料之程度去完成其變革，但是那爲歷史觀引導一個決定的方向轉換的歷史事實是老早有的了。一八三一年在里昂發生了最初的工人暴動；一八三八年至一八四二年第一次全國的勞動運動，即英國的卡爾提斯特的運動，達到了最高點。無產階級與資產階級間的階級鬬爭，一方面適應着大工業的發展，一方面適應着新獲得的資產階級的政治支配的發展，出現於先進國家的歷史之前。主張資本與勞動的利害一致，視一般的調和與一般的民福爲自由競爭的結果之資產階級的經濟學說，越發明顯地被事實曝露出牠們的欺騙。所有這些事情早已是不可否認的了，就是法英的社會主義雖然是極不完全，却也是一樣地不可否認的了。然而尙未完全被驅逐的古代唯心論的歷史觀，對於以物質利害爲基礎的階級鬥爭，對於一般的物質利害毫無所知；生產與一切經濟關係在這歷史觀裏面僅視爲『文化史』的附屬的要素，附帶地表現而已。這些新事實廹着不能不對於一切過去的歷史做一個新的研究，而在這新的研究之中，便會指出從來一切的歷史都是階級鬬爭的歷史，而此相互鬬爭的社會階級，又常常是生產關係與交通關係，一言以蔽之，各時代的經濟關係的產物；因此，各式各樣的社會的經濟構造，都是現實的基礎；從這個現實基礎，對於可以對於各時代中之法律的和政治的秩序，並宗教的，哲學的，以及其他觀念方法的全部上層建築物，做一個最終的說明。於是而唯心論驅逐出牠的最後之避難所歷史觀，而產生唯物史觀，並發見由人類的存在去說明他們的意識，而不由他們的意識去說明他們的存在的方法。

然而以前的社會主義和這個唯物史觀之不復相容，和法國的唯物論之自然觀和辨證法，及新的自然科學之不相容是一樣的。以前的社會主義，也會極力批評現存的資本主義的生產方法，但是不能說明牠，並且不能終於克服牠；不過把牠當做壞的罵罵而已。 然而現在的問題，是在對於這個資本主義的生產方法，一方面說明牠的歷史的關係與牠在一定的歷史時代之必然性，並且說明牠的滅亡的必然性，他一方面又要發覺那還依然藏匿着的資本主義之生產方法的內部性質，因爲從來的批評，都是多注重惡的結果，而少注重事物的過程自身。 這種工作是因爲剩餘價值的發見而發生的。由是證明，不支給工價的勞動的占有，是資本主義的生產方法，並由此方法所完成的搾取勞動者之根本方式；資本家雖然他以勞動在市場當商品的市價購買勞動者的勞動力，但他還要從這所購買的勞動力，搾取比他所已支付給勞動力的還多的剩餘價値；這種剩餘價値結果就形成價値總額，從這個價値總額，那不斷地增大的大資本，通統集積在有產者階級的手中。 資本主義的生產與資本的生產之始末說明了。 唯物史觀與依剩餘價値爲媒介的資本主義生產之秘密的暴露這兩大發見，我們應當感謝馬克思。因爲這兩個大發見，社會主義成了科學，而此等發見對於這一科學的問題，是在使牠在牠的一切細目與一切關聯中愈益完成。

以此之故，當歐根笛靈格君自鳴得意地轟轟烈烈地跳上舞台，而宣言由他自己所完成的哲學，經濟學及社會主義之全體的變革時，問題於是就跨到理論的社會主義與死滅了的哲學的領域之內了。

Was ist Materie?

Was ist Erfahrung?

什麼是物質？什麼是經驗？

（一九〇八年，列寧）

這篇文字是從列寧的『唯物論與經驗批評論』第三章，『辨證法的唯物論的與經驗批評論的認識論』（"Materia ismus und Empiriokritizismus' Kapitel III, 'Die Erkenntnistheori des Dialektis hen Materialismus und des Empiriokritizi mus"）第1節『什麼是物質？什麼是經驗？』（Was ist Materie？Was is Erfahrung？）譯出來的。此一問題，是唯物的辨證法的中心問題之一，而列氏所說，又包羅近代哲學與自然科學其與昂格思的『反笛靈格』的Duhring's Umwalzung der Wissenschaft後先輝映尤可為昂氏與馬克思的唯物史觀的理論張目故譯此節以示一斑。

編譯者。

唯心論者，不可知論者（馬赫主義者也包含在內）常以這兩個問題的第一個進迫唯物論者；唯物論者則以第二個問題進迫馬赫主義者（即唯心論者——編譯者。）

我們試說明爲什麼成爲這樣的。

阿芬納留斯關於物質的問題這樣地說：

『精鍊的完全經驗之內，沒有「物理的東西」——形而上學的絕對概念中的「物質」，因爲在那樣概念中的「物質，」與其說是抽象，毋甯說是牠是從一切中央關節的抽象中的對立關節的聯合。 在原理同格之中，就是說在

「完全經驗」之中沒有中央關節，而對立關節是不可思議的，「物質」也是一樣，在形而上學的絕對的槪念中是完全無物。』（『關於心理學對象之槪念的註解』二三四頁與二三五頁，第一一九節）

從這種無道理的言語明明白白地看出一件事：阿芬納留斯把物理的東西或物質叫做絕對和形而上學，因爲照着他的原理同格的理論（或是『完全經驗』——更新式的說）對立關節不能離開中央關節，物體不能離開我，非我不能離開我（斐希特這樣地說過。）這種理論是欺矇的主觀的唯心論，我們已經在適當的地方說明了的，還有阿芬納留斯對於『物質』的攻擊，是什麼性質，也是明白的：唯心論者否認離心理而獨立的物理的存在，因而也反對哲學爲這樣一個存在而造作的槪念。阿芬納留斯不否認物質是『物理』的東西（就是說這最爲人所周知而直接給與人類的東西，牠的存在，除了海市蜃樓的居民以外，沒有人置疑的，）他只要求承認他那關於物體與我不可分的結合之物質的理論。

馬赫脫除哲學的窠臼，並簡單地說明這種思想：

『我們所謂物質，就是要素（感覺）的某種合律的關聯。』（感覺之分析二七〇頁。）

馬赫相信用這樣的主張，他對於普通的思想方法是行了一個『激烈的變革。』其實這不過是用『要素』這個字眼兒遮蔽着牠的裸體的腐舊的主觀的唯心論罷了。

最後和唯物論狂鬥的英國的馬赫主義者皮亞蓀遠說：

『從科學的見地看來，把感官的知覺之某種多少固定的羣一齊結合起來，並名之爲物質，因而把牠們分起類來，不會有什麼異議的。——我們把牠們這樣結合名之爲物質，與約翰司徒阿特彌爾的定義非常接近，他的定義是物質是感覺的固定的可能性；這樣的物質的定義與那謂物質爲運動之物的 義迴

然不同。』（"The Grammar of Science" 1900, 2nd, P 249）

這裏沒有所謂『要素』的遁辭，並且唯心論者公開地要求和不可知論者握手了。

讀者該知道經驗批評論創始者的這樣一切的觀察，無論如何都只在着眼於思想與存在，感覺與物理之關係的舊來認識論之問題的範圍以內。俄國的馬赫主義者要在這裏看出與『最新的自然科學』或『最新的實證主義』至少有什麽勾當可幹的無限凡庸，是當然的。我們所曾徵引的一切哲學者或是公開地或是暗暗地，都是把與唯物論反對的唯心論的傾向去替代唯物論的哲學的根本傾向（從存在到思想，從物質到感覺）。他們的物質的否定卽感覺之外部的客觀的源泉的否定就是適應感覺所必要的客觀的實在的否定，是久已著名的認識論的問題的解決。然而恰恰相反，那被唯心論者與不可知論者所否認的哲學的傾向的承認，却用下面的定義表現出來：物質就是用牠對感官的作用而造成感覺的東西；物質就是給我們以感覺的客觀的實在等等波格達諾夫論及昂格思並且這樣論及好像是專門與拜爾托夫論爭似的，他非難這種定義道這種定義不過表示那『公式』（我們的『馬克思主義者』忘記附加道，這個公式是昂格思的）的簡單地反覆申說（經驗一元論第三卷第十六頁）就是在哲學上的此一傾向，物質是第一位，精神是第二位在其他的傾向則相反。 全俄的馬赫主義者都非常喜歡反覆稱說波格達諾夫派的『論駁，』但是只要這些人稍微想一想，就會明白照本質說來，除了兩者之中那一個爲第一位的這個定義外，要想再給這認識論上之兩個最後的概念以別的定義是不可能的。 什麼叫做『定義？』 就是首先把某種概念插入其他一個更廣汎的概念之中。 譬如，我們下個定義說驢馬爲動物，那末，就是我們把『驢馬』的概念插入一個更爲廣汎的概念之中。 於是就發生問題，除去存在與思想，物質與感覺，物理的與心理的而外，那更有什麼可以做認識論的動作的更爲廣汎的概念？ 沒有。 這是最大限度的極廣汎的概念，依事實的本質看，（假使我們不管那術語如何儘量地變化）認識論一直到今，並沒有超出此等概念之上。若是要求這兩『列』的最大限度的概念中所『反覆稱說』的此一或彼一爲第一位，以外的定義，非術學卽愚盲　我們就以上面所說的關於物質的三種觀察來說罷。他們究竟歸結到那一點呢？　他們都歸結到此等哲學者從心理的或則從我進到物理的或進到物體，例如從中央關節到對立關節，或是從感覺到物質——或則從感官的知覺到物質。在事實的本質上，馬赫，阿芬納留斯，和皮亞蓀於他們本身哲學的系統的傾向的指示以外，還能給其他的根本概念的『定義』麽？　他們能用特殊的方法，對於什麽是我，什麽是感覺，什麽是感官的知覺等問題下一個和這個有別的定義麽？　當馬赫主義者要求唯物論者於物質自然存在，物理的居第一位，而精神，意識，感覺，心理的居第二位的定義的『反覆稱說』以外，給一個物質的定義時，要認識他們所說的怎樣的顯著的無意識，就提出這個問題而已足。

馬克思和昂格思的天才所表現的不同有如次之一點他們輕視那用新字眼用難解的術語和狡猾『主義』（ismen）的術學把戲，而老老實實地說在哲學之中有唯物論的傾向與唯心論的傾向，而其間又有不可知論的各階段。要在哲學之中發見一個『新』見地所引起的痛苦，同要創造『新』價值論，『新』迆代論等類所引起的痛苦，是一樣的精神的貧弱。

阿芬納留斯的門徒嘉爾斯坦蔭傳說道，阿芬納留斯在他的私人談話中曾表明道，『我也不曉得物理的，也不曉得心理的，我只曉得第三者。』一個著作家評述道，阿芬納留斯不會給第三者以概念，派特綍爾德對於這個評述有如下之答覆『我們曉得他決不能樹立這樣的概念。在「第三者」中缺乏對立的概念……一切（關於第三者——列寧）是什麼的問題，提出來是非邏輯的。』（'Einführung in die Philosophie der reinen Erfahrung," II. Bd., S. 329.）派特綍爾德懂得第三者的概念不能下定義。　但是他不懂得，『三者』的暗示，就是一個簡單的遁辭，因爲我們誰也曉得，什麼是物理的，什麼是心理的，但是現在誰也不曉得『第三者』是什麼。　阿芬納留斯用這個遁辭只抹煞了痕跡，但是事實上，他是表明我（中央關節）爲第一位，而自然（物體）爲第二位（對立關節）。

不消說，物質和意識的對立物也不過僅僅在很狹的範圍內，就是說單單在認什麼爲第一位，什麼爲第二位的認識論的根本問題的界限以內，才有絕對的意義。　過了這種界限，這對立物之相對性是無疑的。

我們看一看『經驗』這個語辭在經驗批評論裏怎樣地使用。　『純粹經驗批評』的第一項採取如下之意見

『物體的任意的一部分，對於人類的個體，有這樣的關係，就是說，當物體的任意的一部分被指定時，人類的個體就確定經驗「所經驗者爲何；」「何者爲

經驗，」以及「何者由經驗而發生，」「何者依乎經驗」……。』

因此經驗常常是用我與物體的同樣的概念決定的，在這個時候他那『不可分的』結合的理論暫時還繼續地隱藏。 那末我們再向前讀『純粹經驗的綜合概念』卽經驗的綜合概念實則就是『如右所表現的經驗的，而此一表現在牠的一切成分中，只有物體的任意的部分爲前提。』（三頁及四頁） 若是我們承認物體離開人類的『說明』與『表現』而獨立存在，那末唯物論地解釋經驗便有可能！ 『純粹經驗的分析的概念』是『如下面所表現的，卽本來自身不是經驗的一點也不混入，而其自身含經驗無他物。』（第五頁） 經驗就是經驗！ 而視此等似是而非的夢話爲眞實的意味深長的還大有人在！

這裏還應當附帶說明的是，阿芬納留斯在『純粹經驗的批評』的第二卷裏把『經驗』看做心理的『特殊的偶然事情』，分經驗爲『物的價值』(sachhafte Werte)

與『思想的價值，』(gedankenhafte Werte）又說明道『廣義的經驗』也是包含在思想的價值之中的，並且『完全經驗』或與原理同格視同一體（『註解』）一言以蔽之曰欲望是思想之父。『經驗』包藏着唯物論的與唯心論的兩個哲學的傾向，並承認此等的交錯。我們的馬赫主義者以十分的確信承認『純粹經驗』爲正當事物；但在哲學的文獻中各種傾向的代表者都同樣地指摘阿芬納留斯對於這樣概念的濫用

『純粹經驗究應爲何物——黎爾寫道——在阿芬納留斯依然沒有解決，而且他對於牠的說明「純粹經驗是本來經驗而外決無他物混入的經驗」明顯地是在繞圈子。』("Systematische Philosophie" in "Die Kultur der Gegenwart", Berlin Leipzig 1907, S. 102)

在阿芬納留斯看來，『純粹經驗』——翁德寫道——意思是或爲任意的幻想，或

爲在『物性』的特質的說明中所具有的經驗內容。(Philos. Studien, XIII. Band, 九二頁及九三頁）阿芬納留斯敷衍經驗的概念。『全部哲學的意義全視乎這術語的正確的定義而定，』柯倨賴附說『我們應當說阿芬納留斯自己並不曾努力下一個正確的定義。』("Revue neo-scholastique" Février, 1907 第六一頁。）諾爾曼斯密說『經驗的術語之不確定，對於阿芬納留斯之在外觀上取與唯心論鬥爭的形式的唯心的全部著作中，實在是阿芬納留斯的忠僕。』("Mind" Band XV第二九頁。）

『我所以公然表明，我的哲學的內部的精神和靈魂是人類除去經驗決無他物，並且只有由於經驗才達到他所達到的一切……』

這豈不是一個熱心的純粹經驗的哲學者！說這句話的人，就是主觀的唯心論者斐希特。(Sonnenklarer Bericht an das grössere Publikumusw 第一五頁。）古典派的唯物論者和唯心論者對於經驗概念的解釋兩不相侔，在歷史上是很明顯的。

現在各種階段的教授哲學在關於『經驗』的朗讀之中，衣被着他們的反動的思想，一切內在論者都引經驗爲己助。 馬赫在他的『認識與誤謬』的第二版序文中贊揚威廉·耶路撒賴姆教授的著作，在這著作中有這樣的話

『神的本體的存在，與一般的正確的經驗決無矛盾』【一】。

那些置信於阿芬納留斯及其一派的，以爲用『經驗』這個語詞可以超越唯物論和唯心論的『腐舊』的差別，實在可憐。 當法俞題諾夫和游施凱維赤攻擊有些離開純粹的馬赫主義的波格達諾夫說他誤用經驗這個語詞，不過這些先生們徒然地發明他們自己的無識。 關於這一點，波格達諾夫是無過的，他只盲從地蹈襲馬赫和阿芬納留斯的混亂的覆轍能了。 當他說『意識和直接的心理的經驗是視同一律的兩概念』（經驗一元論第二卷第五三頁），但是物質『非經驗』，乃是被所有已知所引起的『某種未知』（經驗一元論，第三卷，VIII頁）的時候，他便唯心論地解釋經驗。 自然他不

是在這一個小語詞之上建立唯心論的小體系的最初的人，也不是最末的人。【二】若是他反駁反動哲學者們道，企圖着去脫出經驗的限界之外，事實上只是『引到空虛的抽象和十分矛盾的狀態，而此等抽象和狀態的諸要素又皆取自經驗，』（第一卷第四八頁）他便是使人類意識之空虛的抽象與那人類外部並離人類意識而獨立存在的東西相對立，就是說，他唯物論地說明經驗。

【一】W Jerusalem: "De kritische I'ealismus und die 'eine Logik," wien 1905, S. 222.

【二】拜爾富俄爾特•巴克斯同志在英國自好久以前即用這種方法練習。法國批評家曾就他的著書"The roo's of reality"很譏諷地說他『經驗只是意識的一個別名。你還是公然地承認你是唯心論者罷。』（Revue de philosophie, 1907, Nr. 10, S. 339.）

不論他的唯心論的出發點怎樣，（體是感覺或『要素』的合成，）馬赫依然是常常地迷入『經驗』這個語詞的唯物論的解釋上去。他在"Mechanik"（3.Auflage 1897, S. 14）裏面說道『不是從我們自己推究出來的，乃是從經驗得來的。』在這裏，經驗與從自己去推究是反對的，就是從外部給與人類的某種客觀的東西就是唯物論的意思。更舉一例

『我們在自然中所觀察的，自然會不知不覺，不加分析地印在我們的表象之中，而此等表象遂就其最普遍的，最强固的各點模仿自然的過程。我們據有此等經驗做我們常在手邊的寶庫。』（同上書第三七頁）

我們現在以自然為根本，以感覺與經驗為枝葉。若是馬赫對於認識論的根本問題正確地把握住此等見解，或則會把人類從一大堆荒唐無稽的唯心論的『合成物』中救出。再舉第三個例

『思想與經驗親密的聯絡遂產生近代自然科學。經驗生思想，而思想又與

經驗相比較，相變化』（認識與謬誤第二〇〇頁）。
馬赫的獨有的『哲學』要在此處去開，而這位著者自然而然地轉移到以唯物論的見地去觀察經驗的自然科學之普通的立場。
結論：馬赫主義者在其上建設他們的體系的『經驗』這個語詞，好久以來就爲唯心論的各體系執掩護之役，而現在則又爲阿芬納留斯及其一派服役，使之從唯心論的立場到唯物論的立場，和從唯物論的立場到唯心論的立場有做折衷主義的推移的可能。這個概念的各種『定義』只是表現昂格思所明白發表的哲學中之兩種根本的傾向。

Zur Frage der Dialektik

關於辨證法的問題

（列寧）

譯篇是列寧的遺著而揭載於『在馬克思主義旗幟之下』（第二卷 1925）的全文。

統一的分裂和統一之中充滿着矛盾的構成分之認識（參看拉撒爾的關於海拉克勵特的『認識』第三部開首所徵引皮龍（Philon）的海拉克勵特的論文）是辨證法的本質（本質之一，縱使不是唯一的基礎的特徵或主要的特徵，也是基礎的特徵之一）正因爲此海格爾也提出這個問題。（亞里士多德在他的『形而上學』裏常以此問題爲苦，而和海拉克勵特，即和海拉克勵特的理想鬥爭。）

辨證法的內容的這一方面的正確性，是應當在科學的歷史之手證明的。通常對於辨證法的這一方面（例如在普賴漢諾夫）是不十分與以注意的。對立物的統一性當做取例的總合，（單就通俗化的原則說，昂格思也是這樣做——「例如，種子」「例如原始共產主義」）但不能當做認識之法則（及客觀世界之法則）

數學裏面的正數與負數，微分與積分，

力學裏面的作用與反作用，

物理學裏面的陽電與陰電，

化學裏面的原子的結合與分解。

社會科學裏面的階級鬥爭。

對立物之統一性（更正確些說「統一」，但是「統一性」與「統一」的表現上的區別，在此處並不是什麼本質的區別。在某種意義裏兩者都是對的）的意思就是認識（發見）自然的一切現象與進行（包含精神與社會）中的充滿的矛盾的相互排斥的，相互對立的傾向。對於一切世界之進行，如對於「自身運動，」如天然的發展，如在生的存在的認識的條件就是牠們的對立物之統一的認識。 發展就是對立物的鬥爭。 發展（進化）的兩個根本（或者是可能的？或者是發現於歷史中的）見解是縮小與擴大的發展，反覆的發展；並且是對立物之統一的發展（相互地排斥的對立物之統一性的分裂與此等相互間的關係）。

第一個見解是死的，貧乏的，乾燥的，後者是生的。 只有後者供給理解一切實存的『自身運動』的鎖鑰；只有牠供給理解『突躍』『連續中的斷絕』舊者絕滅而新者發生的鎖鑰。

對立物之統一（合一，統一性，作用均衡，）是條件的，一時的，過渡的，相對的。 相互排斥的對立物之鬥爭是絕對的和發展運動是絕對的一樣。

注意呀， 絕對主義（懷疑主義，詭辯論等等）與辨證法的區別是在其中的次之一點，就是在（客觀的）辨證法中，相對與絕對自身的區別也是相對的。 在客觀的辨證法，絕對也包含在相對之中。 在主觀主義與詭辨論相對只是相對的，並且排斥絕對。

在運動的第一個見解，則自身運動把牠的推進力，牠的源泉，牠的動機（或此等源泉移到外部——神，主觀等等）投諸暗影。 在後者的見解主要的目標正在『自身』運動之源泉的認識、

馬克思在資本論中，首先分析資產階級的商品社會之極簡單的，極普通的，極基本的，極大量的，極日常的，極習見的關係商品交換。 這種分析在極簡單的現象中（在資產階級社會的細胞中，）發見現代社會的一切矛盾（卽一切矛盾的胚胎） 再進一步的敍述就徹頭徹尾地指示我們此等矛盾（生長及運動）與此等矛盾構成分子的總合之社會的發展。

這應當是一般的辨證法的敍述的（關於牠的研究的）方法（因爲在馬克思，資產階級的辨證法簡直不過是辨證法的一種特殊的情形。） 以極簡單的，極普通的，極

大量的事物等等，例如樹葉子是青的，約翰是人，尖耳犬（Spitz）是狗其他等類的任意的說法開始。在這裏我們已經（海格爾已經天才地認識的）有了一個辨證法個別的事物與普遍的事物。（關於這點參考施威格烈〔Schwegler〕譯的亞理士多德的『形而上學』第二卷八〇，四〇三第四冊第八章至第九章『因爲我們自然不能有這種意見，說是屋子（一般的屋子）存在於目力所及的屋子以外。』）

因此對立物（個別與普遍對立）是同一的個別只存在於導引到普遍的關聯中。普遍只存在於個別之內，或通過個別而存在。一切個別均爲（用任何方法）普遍。一切普遍形成個別的一部分，一方面或本質。一切普遍只近似地包容一切的個別。一切個別到了普遍之中總是不完全的等等。一切的個別，經過無數的推移與其他種類的個別事物現象進行等等相關聯。在此處已經發見自然等等中的客觀關聯之必然性的概念元素的胚胎。偶然與必然，現象與本質早已存在於此，因爲我們一說約翰是人，尖耳犬是狗，這是樹葉，等等，我們便是以一列的特徵為偶然而只是從顯現的東西別摘本質並使他們互相對立。

我們可以（並且應當）用這樣的方法，就一切任意的說法，如就一個『細胞』說，發現辨證法的一切元素的胚胎，因而可以指出（並且應當），辨證法是一般的人類知識之總體中所固有的。他一方面自然科學（並且是應當再用任意的簡單的例子來證明的）指示我們，客觀的自然是帶着從個別到普遍從偶然到必然的轉化，推移，突躍，對立物之相互的關聯之同一性的。所以辨證法是馬克思主義的（與海格爾的）認識理論。事實的這方面（其重要不在事實的『片面』而在事實的本質）蒲顯漢諾夫簡直把牠付之等閑，而其他的馬克思主義者，又絕口不談。

認識之在海格爾（參觀邏輯）與自然科學之近代的『形而上學』，即海格爾派的折衷論者與反對論者（其實他不懂得海格爾）包爾·傅渥爾克邁（參看他的自然科學的認識論的基本特徵，）是以循環體系的形態表現出來的。

（編年史是必要的麼？）
，不必要哲學之『循環』

古代——從德模克勵特到柏拉圖又到海拉克勵特的辨證法。

復興時代——笛嘉爾特對嘉申的（斯賓諾莎？）

近代——何爾巴赫——海格爾，而海格爾越過柏克萊，休謨，康德。海

格爾——傅渥耶巴赫——馬克思。

具有無數的各種階段，近乎現實之各階段（具有一個從各階段成長到全體的哲學的體系）而視為一個有生氣的，多方面的認識的辨證法，試把牠的不可限量的豐富的內容和『形而上學』的唯物論比較比較看。　形而上學的唯物論的缺點就在沒有

能力在寫象理論上，在認識論的過程和發展上去運用辨證法。

哲學的唯心論就粗野而簡單的形而上學之唯物論的見地看來，僅爲無意義，若就辨證的唯物論之見地看來，則與之相反哲學的唯心論是認識的諸特徵之一，諸方面之一，諸界限之一之片面地逸脫地跨大地，（笛慈根）以至與物質與自然分離，『神而化之』之絕對的發展（擴大膨脹）。唯心論意思就是僧侶主義。自然然而（正確一點說並且除此以外）哲學的唯心論是一條越過人類的（辨證法的）無限錯綜的知識的各階段之一而達到僧侶主義的道路。

人類的認識之進行，不是直線的，而是如環之體系，螺旋之狀的，無止境地接近之曲線的。這曲線的各碎片，各破片，各斷片可以片面地轉化爲一個獨立的完全的直線，而這種直線，若果我們只見眼前之樹而不見森林，將直接地牽引到泥淖之中，牽引到僧侶主義（在此處牠是與支配階級之階級利益相結合的） 直線性與片面性，無生氣的事物與化石化的事物，主觀主義與主觀的盲目性，在這裏就伏着唯心論之認識論的根源。【一】然而僧侶主義（哲學的唯心論）自然據有認識論的【二】根源，並不是沒有地盤的。不加疑惑的，這是一個空花，然而這種空花，是開在活氣而多實的眞實的，力量充實的，全能的，客觀的，絕對的人類之認識的生之樹上的。

【一】據河上肇編的『唯物辨證法』爲『唯心論之形而上學的根源』原文如下 "die gnoseologischen Wurzeln des Idealismus"，但據 W. Lenin Materialismus und Empiriokritizismus, Sämtliche Werke Band XIII. 據德文『唯物論與經驗批評論』附錄本文則爲『唯心論之認識論的根源』，原文如下 "die erkenntnistheoretischen Wurzeln des Idealismus" 1927 Volksausgabe Berlin. 茲從此書改譯。

【二】與【一】同。

辨證法經典

中華民國十九年四月出版
中華民國廿四年十月再版

輯譯者　程始仁
發行者　亞東圖書館
發行所　亞東圖書館　上海五馬路棋盤街西首
分售處　各省各大書店
定價大洋五角